名师名校名校长

凝聚名师共识
回应名师关怀
打造名师品牌
培育名师群体

顾明远题

改革与超越

山区品牌学校建设探索

李钧◎著

中国文联出版社

图书在版编目（CIP）数据

改革与超越：山区品牌学校建设探索 / 李钧著.
北京：中国文联出版社，2024. 7. — ISBN 978-7-5190-5573-8

Ⅰ. G627

中国国家版本馆CIP数据核字第2024QM8916号

著　　者　李　钧
责任编辑　刘　旭
责任校对　秀点校对
装帧设计　刘贝贝　李　娜

出版发行　中国文联出版社有限公司
社　　址　北京市朝阳区农展馆南里10号　　邮编　100125
电　　话　010-85923025（发行部）　010-85923091（总编室）
经　　销　全国新华书店等
印　　刷　三河市龙大印装有限公司

开　　本　710毫米×1000毫米　　1/16
印　　张　16.5
字　　数　286千字
版　　次　2024年7月第1版第1次印刷
定　　价　58.00元

序言

做个幸福的教育人

——以个人成长经历谈校长专业成长之路

一个教师的幸福，源于对教师这个职业的认同、尊重和热爱。

一、教师梦——童年一个绚丽的梦！

我出生在一个普通的教师家庭，曾祖父是个教师，曾在河口小学任教多年，是村中最有名望的文化人，村中老少都称他为“竹朋先生”。后来，他和村中几位有心人一起牵头筹办了协和小学，为此，更是得到村民的敬重。直到现在，村中很多上了年纪的人都还记得这位“竹朋先生”。小时候，我经常听父辈们讲曾祖父的故事，对于曾祖父的学识渊博非常钦佩，对于他对村里教育所做的贡献更是无比敬仰。于是，在我幼小的心灵里，萌发了要像曾祖父一样做一个“先生”、做一个文化人的念头。

我父亲是乡村小学校长，母亲是民办教师。自懂事起，我就一直跟随父亲在学校里生活。每天耳濡目染的是热闹的校园、琅琅的书声；是父亲顶着昏暗的油灯备课改作，踏着点点星光家访；是乡村老师为了乡村孩子甘于清贫，为了教育坚守讲台。朴素的村民对学校老师都非常尊敬，虽然当时农村的生活条件不大好，但每天都会有学生或者家长把一些自家种的青菜、土豆、红薯之类的，送给住校的老师，一把青菜、一包花生、几块红薯……都饱含着村民对孩子的期望和对老师的敬重。

虽然教师的生活很艰苦、很朴素，但是，在我脑海里留下深刻烙印的，却是老师们在清贫的生活和枯燥的工作之余，运动场上欢快爽朗的笑声，二胡、笛子、琴弦悠扬的合奏，以及深夜寂静山村的蛙声和虫鸣。在这种氛围的熏陶下，我越来越钦佩多才多艺、能写一手漂亮粉笔字的老师们，总是梦想着能成为像父亲一样的人民教师。因此，我们很多儿时的游戏，也总是和上课、家访、训话有关，大家也总是抢着扮演老师的角色。这些情境，也就成了我童年时的一个绚丽梦想。

我的父亲是一名老党员，在梅州市郭田镇工作了10多年。儿时的印象中，父亲很清瘦、很严肃。后来，有一些父亲当年的老同事谈起，他们对父亲的印象，基本上就是工作上认真、严格，生活中随和、热心。当年，我在郭田镇生活学习期间，听得最多的就是“李校长调到哪里，就把‘先进’带到哪里”。后来，因为工作需要，父亲被调到横陂镇石下小学，以及老家的河尾、良树、协和小学任校长，直到退休。每到一间学校，学校都很快会成为“先进”， 学生考上重点中学的人数，总是在同类学校名列前茅。可以说，他一生都在努力践行“凡事力求最好”的人生格言，一生都在为乡村教育事业努力。用四句话总结父亲的教育生涯，就是“把教育当作毕生事业，把学习当作生活必需，把教师当作家里亲人，把学生当作自己孩子”。他给学校教师、学生、村民留下的印象就是对待工作正直、无私，对待老师真诚、惜才，对待生活勤俭、朴素，对待自己严格、自律。我从小就跟着父亲一起生活，他的工作作风、为人处世也深深地影响着我。

退休后，他依然积极协助水寨镇筹备成立镇教育发展基金会和村老人会，参加中小学“关工委”，为玉茶小学复办奔波忙碌……他的老年时光，都奉献给了家乡公益事业，特别是教育事业。一直以来，父亲对待教育的情怀和态度，也成了激励我成长的动力。

二、教育梦——长大后，我就成了你！

初中毕业，为了自己的教师梦，也为了减轻家里的负担早点参加工作，成绩优异的我选择了师范作为报考目标。读师范的三年，除了公共学科和专业学科，平时也总是“不务正业”，读了很多“无用”的书，学了很多“无用”的技能，如口琴、二胡、绘画、足球、乒乓球……当然，作为自己的专业——学科知识、教育心理学和教材教法，以及“三字一画一话”，总是要认真去学的，三年下来，没有挂科。师范三年级，我们被安排到五华师范附属小学进行教育教学实习。优秀的指导教师、规范的实习要求，让自己学到了很多东西：教学设计、班主任工作、课堂教学、改作辅导……后来，我才真正体会到，读师范时读过的很多“无用”之书、学过的很多“无用”之技，为自己以后的教育教学工作打下了坚实的基础。

1991年7月，师范毕业的我，被分配到家乡一所小学，校长就是我的父亲。我刚做教师，对于一些常规工作以外的东西，还是懵懵懂懂的，幸亏遇到好几位乐于指导年轻人的老教师——教导主任和语文组长，从他们身上，我学到了勤奋与钻研，学到了无私与奉献，再一次体验到了优秀乡村教师对教育的热爱和对学生的关爱。当然，在我父亲手下工作，也体验到了他对工作的严格和对我的苛求。那时最常听到的就是："阿钧，你字写得不错，出一下黑板报！""你带一带学校足球队和田径队。""这学期要举行全镇队列比赛，你负责训练一下。""要参加全镇鼓号检阅，鼓号队就由你负责吧！"诸如此类的。虽然很苦，但挺一挺也就过去了。后来，才慢慢懂得，那时的体验和经历，那时学到的东西，对我来说，就是一笔宝贵的财富，让我在以后面对越来越复杂的工作时，可以轻松应对、游刃有余，不至于措手不及、束手无策。

后来，我又被调到另一间乡村小学。遇到了一位要求严格、能力很强的校长——李吉生。在他身上，我懂得了什么是精细管理，什么是精益求精。吉生校长对我很赏识，要求也特别严格，在他的引导下，我加入了党组织，还先后担任了语文教研组组长和教导副主任，当然，仍兼任着班主任，还协助辅导员做一些出黑板报，训练鼓号队、足球队、田径队之类的工作。

乡村学校工作的经历，虽然没有接触到更多的新理念、新方法，也没有多少先进的教学设备，但在几年的班主任工作中，我体验到教师职业的神圣。那几年，我的足迹几乎踏遍了村里的每家每户，我记不清，有多少次为学生垫付学费、作业本费、校服费；记不清，有多少次为学生补课，找学生谈心；记不清，有多少次深夜上门，反复做家长的思想工作，第二天把学生从田间地头、工厂、商铺拉回学校……在乡村教书的这些年，我深深体会到乡村孩子读书的艰辛，在简陋的课堂中，学生灿烂的笑容和纯真的眼睛，流露出的是对知识的渴求，对老师的敬畏；在破旧的瓦房里，村民宽厚的肩膀和粗糙的大手，撑起的是家庭的希望、乡村的未来。也正是孩子们那一双双渴求知识的眼神给了我无穷的动力和信心，在我心里，孩子们的快乐是我最大的幸福，孩子们的进步是我最大的欣慰，孩子们的优秀是我最大的骄傲。

那几年，刚好是广东省梅州市五华县普及九年义务教育的关键几年，我亲身参与到了乡村教育的艰难探索和飞速改变中。幸运的我，在很多人的帮助下，学会了对自己严格要求、对工作认真负责、跟同事和睦共处，还有对学生真诚的关爱。

1996年8月，我被调往县第二小学任教导主任直至2001年年底。5年多的时间里，我一直担任高年级语文教师，负责语文科教研、德育工作、学籍管理、教仪图书、教师考勤、课程编排、学校和支部计划总结的撰写、各类册籍资料整理等烦琐的教务工作。因为直接参与学校教育教学管理，有机会经常与教育局的教研室、督导室、教仪站、教育股等业务股室的工作人员联系沟通。他们的指导和鼓励，让自己得到快速成长，也正是这些经历，让自己对于学校管理、课程教学、德育安全等工作有了初步的了解。后来，又因为牵头完成县、市一级学校的申报评估工作，学会了自评报告的撰写、申报书的填写、台账资料的收集整理，对规范化学校建设的相关要求和指标体系，有了更全面的认识，对于规范办学、督导评估也有了更深刻的理解。

而在教学研究上，自己也因为经常与教研室的同志交流，学到了很多乡村学校学不到的东西：课题申报与研究、科研论文的撰写、“三为主”（学生为主、阅读为主、语言文字训练为主）语文课堂教学、教研组建设等。而自己也在这几年先后被评为五华县“教改积极分子”、广东省“南粤教书育人优秀教师”，论文先后获市、县奖励或在市级刊物发表。

三、校长梦——做有情怀的校长，办有品质的学校！

2002年2月，开学报到的日子，春寒料峭，我一个人拿着任职通知书（任五华师范附属小学副校长），悄悄地来到师范附小，在校长办公室，见到了传说中的戴校长。他身材高大、口才超群、能力出众，这样的校长让我油然而生敬畏之心。半年多的时间里，我分管德育和卫生，在戴校长的指导督促下，对工作逐渐由陌生到熟悉，慢慢进入了“副校长”的角色。同时，在这半年多的时间里，也积累了更多关于课题实验、制度规范、精细管理的经验。2002年8月，因为五华师范学校的撤办，学校正式更名为“五华县第三小学”。

2003年1月，因为工作需要，30岁的我以副校长身份临时主持学校工作。职位的变化，不仅意味着角色的转换，同时，也意味着责任的增加。为更好地适应新岗位、接受新挑战，我一方面认真按照学校工作计划做好常规工作；另一方面，抽空与部分行政和老教师座谈，了解大家对学校当前工作的满意度，也征求他们对今后工作思路的意见和建议。同时，自己充分利用参加各级各类学习、培训、研修的机会，认真学习教育法规、学校管理、教学改革、课程改革等方面的知识，不断提升自己，边学、边做、边提升。

一年以后，2004年1月，经县教育局考察，我正式任五华县第三小学党支部书记、校长，从此，开始了我的校长历程。接下来的10多年，因为校长任期制和定期交流轮岗的需要，我先后担任县第二小学、县南山小学、县第一小学的党支部书记、校长。回顾我的校长任职经历，总体上可以分为四个阶段：菜鸟期、入门期、成长期和成熟期。每个时期的工作思路、思想状态、办学理念、关注焦点、办学特色都有着明显的阶段印记。

1. 菜鸟期：学着做，做好常规

因为刚刚接任校长，只参加过校长任职资格培训的我，对于一些校长所需要的基本素质和岗位能力，都是很欠缺的，而且，学校创办以来的10多年，前任校长管理能力和办学业绩皆在全县名列前茅，要想在这个基础上有所创新、有所突破，确实非常困难。因此，作为一个新校长，照样子学着做，做好学校常规工作，保持学校稳定，才是我当前的要务。至于形成办学理念、打造办学特色、实施改革创新，这些都可以缓一缓，等到自己全面了解学校历史和现状，做好充分的前期准备之后再实施。

作为一个新任校长，一般比较在意别人（包括上级、同事、家长、群众）对自己的看法，所以，新任校长普遍的状态就是："心中有工作，眼里有别人。"早到校、晚离校，常听课、常巡查，常调研、常座谈，就是我当时的工作常态。

刚做校长，总是心怀梦想、充满激情，想要大展身手，想要干一番事业。那时，我心里就暗下决心，一定要通过自己的努力，"做一名卓越校长，办一所特色学校"！而这种状态，往往更容易激发一个人教育梦想的萌生，也是一个人专业成长的关键时期。因为还没有形成比较成熟的教育理念，办学的思路还是不够开阔，我那时候关注的焦点，也就只是：立足制度管理、做好常规工作、关注工作业绩、注重学校宣传！而在教育科研上，基本上继续完成前任校长进行的国家级课题"小语学法指导"和"汉语拼音换韵直读法"的推广与应用工作。后来，我以"小学名校长培养对象"的身份，参加了为期三年的梅州市第二批中小学"百千万人才培养工程"高级研修班的学习。这三年的系统学习，使我对办学理念、课程改革、校本研修、课题实践、学校文化有了进一步的认识。

后来，一个偶然的机会，我认识了五华县文联的原主席缪德良。缪主席是省内外知名的儿童文学作家，正在构思开展"儿童诗歌进校园"活动。正好，当时我也在思考“开发传统文化课程，促进学校特色发展”这个问题，苦于久久没有找到突破口，缪主席的想法与我不谋而合。在县教育局和县文联的支持下，我们与五华县文联、五华诗社合作，正式启动“诗词进校园”活动，成立了广东省首个儿童诗社——“小溪流儿童诗社”。广东省人大常委会原副主任、时任广东省岭南诗社社长张汉青同志也专程到学校参加“小溪流儿童诗社”的成立大会，并赋诗一首祝贺诗社成立：“小小溪流激浪花，张张笑脸映朝霞。英雄自古少年出，大树千寻发嫩芽。”在成立大会上，广东省儿童文学委员会主任王俊康还为孩子们做了一场生动活泼、充满童趣的儿童诗创作专题讲座。不久以后，广东省岭南诗社“校园诗词辅导站”正式挂牌，省岭南诗社副社长邓祖选还专程出席辅导站挂牌仪式。辅导站成立以后，很多省内外诗家吟长到学校为孩子们上课，和老师们交流，指导师生诵读经典诗歌，练习写儿童诗，尝试写简单的格律诗，还结集出版了《小溪流儿童诗集》，作为学校诗词教学的校本教材。为了给师生提供学习交流的平台，也为了扩大学校诗社的影响，我们将部分师生的优秀作品推荐到《岭南诗歌报》发表，还先后邀请了市内外多位诗词文学名家参加学校的各项活动（如张汉青、邓正明、邓祖选、王俊康、古求能、张况、小刀、安石榴、叶乃新、古惠龙、缪德良、古从新等），与师生深入交流。当然，增加诗社活动上镜率，提升学校知名度也就成了那一个时期的主要想法。

多年来，这些活动，这些名家，这本诗集，这些诗，陪伴、激励着县第三小学师生10多年来，一直坚持走在“诗词特色教育”的路上。这也算是我在校长工作经历中，首次开展“特色教育”和“传统文化进校园”的尝试，学校的教育教学稳步提升，连续三年名列五华县前列。我也被评为五华县优秀党员、梅州市“教改积极分子”。

2.入门期：做中学，做得规范

任校长一段时间以后，我慢慢地适应了校长的角色，就会静下心来考虑教育的初衷，考虑学校管理的出发点、落脚点和最终目的。而这些考虑，其实也就促成了个人教育思想和办学理念的萌芽。2006年7月，我轮岗到县第二小学担任党支部书记、校长，第二年，受省教育厅指派，到广州市名校、省一级学校——荔湾区芳村小学进行为期两个月的跟岗学习。那段时间，我参加了芳村小学的大部分教育教学研究活动，查阅了大量关于芳村小学办学理念、课程建设、综合实践、特色学校创建、教师校本研修等资料，也常常随芳村小学的老师们到周边学校开展教学研究，顺便进行学习观摩。因此，那两个月，既是学习观摩的两个月，也是静心思考的两个月，更是积累沉淀的两个月。在芳村小学跟岗期间，我更多地关注芳村小学以及广州其他学校的办学理念、培养目标、学校文化、课程建设、活动设计等。经过深入思考，我发现优秀的学校，都是围绕着学生的成长发展来提炼理念、打造文化、开展教育教学活动。从那时开始，我在思考办学方向、思考教育教学工作的时候，心中就有了学生，也就促成了第一个办学理念的萌芽和成形——为学生终身发展奠基！

就这样，边做边学，通过系统地学习教育理论和相关教育政策，我的工作关注点也逐渐转移到“如何按教育规律办学，如何规范教育行为，如何建设规范化学校”上来。我的工作重心也就慢慢转变为“丰富活动课程，完善规范管理，关注学生成长，注重资源整合”。

为更好地帮助学生学习，我们结合学校实际，开展“童话进校园”活动，充分利用学校几位有童话教学和创作经验的老师，在中、低年级开展“读童话、讲童话、画童话、演童话、续童话、编童话”系列活动，许多学生的作品在县文艺期刊《长乐文艺》上发表，学校也有多位教师因为指导学生创作而走上了文学创作之路，成为县、市作协会员。为扩大“童话进校园”的影响，学校少先队大队部紧紧结合这一主题，组织开展一系列主题队日活动，还积极参加广东省“飞扬的红领巾”主题队日活动设计比赛，多次获省级一等奖，为学校特色发展、内涵发展打下了坚实的基础。

为了提升教师的理论水平和实践能力，我们开始更加注重教育科研，以科研促改革，以课题促提升。经过深入调研和认真准备，我们申报的省部级“十一五”科研课题“小组合作学习理论与实践研究”和“在新课程中，小学生学习方式研究”获批立项。为了更好地开展课题研究，我们遴选了部分责任心强，勇于改革创新，有钻研精神的骨干教师组织成“课题实践小组”，进行了为期两年多的深入实践和研究，取得了一系列研究成果，并顺利结题。课题成果获梅州市基础教育成果一等奖。课题的顺利实施，大大增强和提升了教师的学习意识、研究能力，提升了学校的影响力。那几年，学校先后被评为“广东省书香校园”“广东省红旗大队”“广东省红领巾共促和谐先进集体”“广东省红领巾示范校”“全国图书馆工作先进集体”。

出色的工作，得到了上级和社会的认可，我也先后被评为五华县年度“名校长”、梅州市“十佳校长”、“嘉应名校长”，光荣入选“梅州市优秀教师先进事迹宣讲团”，并在全市范围内进行巡回宣讲。

3.成长期：学中做，做出特色！

2013年4月，我再一次轮岗，到县南山小学担任党支部书记、校长。在南山小学的6年，是稳步成长的6年，是硕果累累的6年，也是克服重重困难、让自己和学校“浴火涅槃”的6年。

南山小学，由一间中学的老校舍改造而成，只有一幢教学楼，没有功能场室，只有一个简易的篮球场，但因为与村民有土地争议，围墙一直没有修建成功。所以，我一到学校，就面临如何争取上级支持，新建一幢综合大楼，并顶着重重压力，力争解决把围墙修起来这一难题。中间艰难无须细言，总之，综合大楼建成了，围墙筑好了，新修建的学校校门也让学校有了崭新的形象——看起来像一间学校了。

新建的大楼让我们有了更多的场室，也对教师提出了更高的要求。为了促进教师专业成长，完善学校课程，我们分批组织教师前往广州、东莞、珠海学习培训，近距离接触教育发达地区的教育理念、课堂教学、教师研修、课程开发。培训回来，马上组织行政和骨干教师深入讨论，进行头脑风暴，为学校发展出谋献策。随着教师观念的转变、见识的增长，我们循序渐进，从校园足球开始，逐步延伸到体育艺术类的社团活动和选修课程，最后拓展到每个年级分别开设10多门选修课，努力让所有学生都参与到兴趣培养和个性课程上来。

对于有近10年校长任职经历的我来说，如何突破专业成长瓶颈，促进自我提升，是这个时期的主要想法。特别是参加第五期“京苏粤优秀中青年校长高级研修班”和广东省新一轮“百千万人才培养工程”第二批小学名校长高级研修班的学习培训，我得到快速提升和彻底蜕变。一起学习的都是省内知名的小学名校长、名园长，授课的老师也是国内知名的专家教授。其间，一起到北京、江苏、甘肃、广州等地学习培训交流，还先后到我国台湾大学和美国哥伦比亚大学教师教育学院进行学习培训和访问交流。在这些专家的引领下，在同班优秀学员的帮助下，自己的教育理论水平、学校管理能力、课程领导力得到了很大的提升。同时，我也学会了借力，在经过充分的前期准备和初步的学校整改后，利用广东省中小学校长培训中心组织我们“名校长研修班”分组开展“学校发展诊断”的机会，首次迎来了我所在小组的导师和同学，他们都是省内知名教育专家或者各地市的名校长。他们对学校进行了为期两天的学校发展诊断活动。他们通过校园访视、随堂观课、师生访谈、校长行政访谈、问卷测评、查阅资料，然后拟订出一份详细的诊断意见报告。我还特别邀请几位珠三角地区的校长，专门为我们全校教师做了一场主题为“推开窗户看世界”的分享沙龙，让很多没有机会外出学习的老师直呼“大开眼界”。接着，我分期分批带学校的行政、级科组长、骨干教师到广州、东莞、佛山、珠海学习观摩，通过听专题讲座，观摩校本课程，参与校本研修，真正近距离感受珠三角地区先进的办学理念、系统的校本研修、高效的课堂教学和特色校本课程。而我自身对于如何通过课题研究、课程开发、校本研修、教学主张提炼等，有效促进教师专业成长，也有了更深刻的理解和感悟。

在南山小学的几年，是个人逐步成长的几年，也是走上专业发展道路的几年。通过几年的学习交流，我也逐渐明白，教师的专业成长，是学生个性发展的前提，也是学校持续发展的关键，从而确立了“教师是学校最重要的资源”这一观念。心中有教师，也就促成了自己教育情怀的初步形成，也慢慢形成了自己这一时期的办学理念——让师生幸福成长！围绕这一理念，我们完善了学校的理念体系，充实了学校的理念文化，也开发了一系列的校本课程，开展了持续的教师校本研修改革。而“立足校本研修，重视特色课程，关注教师成长，注重课程开发”，也就成了我在这段时间的工作重心！

另外，我还邀请名校长班的同学为学校班主任和学生家长开设家庭教育讲座和家委建设培训。接着，我们建立起了五华甚至是梅州首个规范管理、有效运作、自主活动的家长委员会——“南山朝阳家委会”。家委会组织开展的“马路天使”志愿活动，热情参与的校园体育科技节暨“民族运动会”闭幕式，还有丰富多彩的户外拓展、父母课堂、亲子阅读、书香家庭评选等活动，都得到众多同行与家长的认可。因为家委工作成效显著，得到各级领导和社会各界的赞誉，家委会也被评为五华县“优秀志愿服务组织”。我也先后多次应邀到县妇联、兴华中学、安流镇中心小学等单位，做家委建设专题培训和家庭教育专题讲座。2019年3月，学校承办了“五华县小学家长委员会建设现场会”，我在现场会上做了家委建设专题发言。

学校的特色发展和许多创新模式，得到了上级的认可，学校先后被评为五华县“先进学校”“四强党组织”“梅州市校园足球特色学校”“广东省规范汉字书写教育特色学校”“广东省依法治校示范校”“广东省书香校园”“广东省安全文明校园”“广东省交通安全文明示范学校”“广东省健康教育促进学校”“广东省红旗大队”“广东省校园足球推广学校”“全国青少年校园足球特色学校”“‘中国好老师’基地校”。我本人被授予“梅州市校园足球特色学校优秀校长”“梅州市支持少先队工作好校长”称号，被五华县教师进修学校聘任为“客座教授”，被嘉应学院省级中小学教师发展中心聘任为“乡村小学优秀校长研修班实践导师”，我的家庭也被评为“梅州市十大优秀书香之家”“梅州市文明家庭”。

4. 成熟期：研中做，做好示范！

2019年4月，因工作需要，我调任县第一小学校长。经过10多年的校长任职经历，以及多次高层次培训，我对教育管理和学校发展有了新的认识，特别是被确定为首批“梅州市名校长工作室主持人”后，对于自己，对于学校，有了新的定位和坐标，对于如何充分发挥名校长的示范、引领、辐射作用，如何通过工作室这一平台带动县内外有教育情怀的校长一起努力前行，也就成了这段时间新的责任和担当。这时的自己，心中不仅要有师生、有学校，更要有对教育理念的探讨，对山区教育发展的思考。这一时期，我结合学校历史和新时期的定位，把学校办学理念确定为做更好的自己！也为县第一小学这个办学历史长、办学业绩显著的县内名校定下了新的愿景：把学校打造成“教师有归属感、学生有幸福感、家长有荣誉感”的成长乐园、现代化学校！这段时间，我工作的关注点主要是：注重文化梳理，立足愿景激励，完善课程体系，促进共同成长！

为更好地发挥县重点小学的示范和引领作用，我们全面启动学校品牌建设。我充分利用节假日与空余时间，召开行政、教师、家长、学生代表座谈会，还抽空拜访了部分老校长、老教师，召开退休教师座谈会，对学校历史、现状和群众期望进行系统全面的调研，并结合学校当前实际，整合当前学校资源，发现存在问题，厘清改进思路，拟定了《五华县第一小学品牌建设实施方案》，整理了《五华县第一小学主旨文化与理念体系》，还组织骨干教师反复酝酿讨论并补充完善。

我们成立学校品牌建设实施团队，根据方案要求和实施路径，分步推进。两年多的时间里，我们通过改造运动场、桃李园、教师宿舍，新建标准化教室，拆除废旧厕所，开辟校史墙，改造教师书吧、学生书屋、校史馆、书法室、创客室、综合活动室、音乐室、美术室，添置多媒体和教师办公电脑，全面改善学校环境，完善学校硬件设施。

我们通过调整功能场室分布，充分利用学校和校外教师资源，系统开发了以“积累、表演、表达”为核心的人文课程，以“健心、健体、健智”为核心的体育课程，以“发现美、欣赏美、创造美”为核心的尚美课程，以“创意、创想、创造”为核心的创客课程。另外，我们还与五华县木偶传习所合作，开发木偶绘画、木偶泥塑、木偶制作、木偶服装设计、木偶表演、木偶编剧、木偶摄影等木偶系列特色课程。为更好地开展特色校本课程研究，我们还申报了广东省“十三五”规划课题“基于STEAM教育理念下的木偶系列课程开发实践与研究”，全面开展课题实验。我们还动员师生自己动手，设计制作校本课程特色展墙，完善课程文化。我们还结合传统节日和活动日，全面开展“两节四礼十二月度主题”系列德育课程，以及“课前五分钟演讲”“午间练字十分钟”等微课程。

对于创办近百年的老校，教师老龄化现象特别严重，我们更加重视对教师的培训，促使教师教育理念的尽快转变。自2019年以来，我们充分利用每一次集中学习的机会，对教师进行以“提升教师职业幸福感”“做个幸福的班主任”“转变课堂教学理念”“改革校本研修模式”“提出自己的教学主张”等为主题的专题培训，尝试“结构化研讨”“主题式研修”。我还充分利用省名校长班的资源，引进广州、珠海、东莞等名师资源，开展“学校品牌建设”“同课异构”“教学主张提炼”“课题实践与成果申报”等专题活动，让教师们转变理念、开拓视野，为学校持续发展注入新的动力。

为促使新教师尽快熟悉教育教学常规要求，掌握教育教学基本功，我们坚持实施“青蓝工程”，开展“师徒结对”活动，制定结对帮扶考核评价制度，签订结对协议，根据协议要求开展结对帮扶活动。为更好地提升教师整体专业素养，我们坚持每学期组织各学科教师的素养大赛或课堂教学展示活动，并把活动结果列入教师年度考核方案。

为促进不同类型的教师整体提升，持续发展，培养“卓越教师”，我们分类实施“种子方案”“新秀行动”“栋梁工程”“常青计划”，针对不同年龄、不同层次的教师，在基本素养、学科素养、专业成长等方面，组织开展一些适合不同层次教师的特色校本研修，开展丰富多彩的研修活动，以激励全体教师制定专业发展规划，实现个人价值。我们还以“卓越教师四阶成长研修”为主体，以“校本课程开发和互联网+教研”为两翼，实施“专家引领、名校联动、区域帮扶”多层次联动，构建了“一体两翼三联动”校本研修基本模式，为学校持续发展、教师专业成长奠定了基础。

在全体教职员工的共同努力下，学校各方面工作都有了根本性改变，得到长足发展，取得显著成效。学校的文明校园创建、校园足球、素质教育、“双减”等工作先后在市、县教育工作会议上作为先进典型介绍经验，也多次得到（省、市、县）电视台、报刊等媒体宣传。近两年来，学校先后被授予“广东省基础教育党建示范校”“广东省中小学校本研修示范校”“广东省艺术教育特色学校”“广东省中华优秀文化传承学校”“广东省绿色学校”“广东省禁毒教育示范校”“广东省文明校园”“广东省网络安全示范校”“梅州市科学教育特色学校”“梅州市心理健康教育特色学校”等称号。我也被选为梅州市首批“名校长工作室”主持人、推荐为梅州市人民政府兼职督学，被评为梅州市“优秀教育工作者”，还先后被评为广东省“五好家庭”、全国“五好家庭”和“梅州好人（爱岗敬业）”，光荣当选五华县第十四次党代表。

作为梅州市名校长工作室主持人，我除了努力成为新教育理念的探索者、实践者、传播者，更应该充分发挥名校长的示范、引领、辐射作用，充分利用工作室平台，积极探索课程改革实践、特色学校创建，品牌学校打造，努力使工作室成为名教师、名校长成长的发动机，成为新理念、新思想萌芽的孵化器，成为新策略、新模式实践的助推器。特别是学校被评为“广东省中小学校本研修示范校”以后，学校承担了对市内三所学校以及县内几所薄弱学校的校本研修帮扶任务，这对学校来说，既是压力，也是动力。“广东省中小学校本研修示范校”的荣誉，让学校发展有了更高的平台和更宽的空间，更是对学校特色发展、内涵发展的推动和促进，同时，这也意味着我们将要承担更多的任务和更大的责任。

教育，是更容易让人获得成长和幸福的职业。从“为学生终身发展奠基”，到“让师生幸福成长”，再到“做更好的自己”，办学理念的调整，体现了我自身教育理念的完善和教育价值的彰显。可以这样说，教育的价值，在于生命的成长——以教师的成长引领学生成长，以学生的成长促进教师成长。有生命的教育，也不只是学生的成长，而是在学校文化的引领下，教师、学生、家长与学校的共同成长。在这个过程中，我也收获了成长。从教以来，无论是做教师、行政还是担任校长职务，我从不懈怠，始终坚持学习，深入研究，不断探索，也分别以不同的角色，体验到作为一个教育人的劳累与艰辛、快乐与幸福，这种成就感与自豪感始终激励着自己努力向上攀登。内心的幸福和持续的成长，会让人知识更加充盈、内心更加自信、生命更加丰满。在几十年的教育生涯中，我一直在成长着、幸福着，我也希望把自己的幸福，传递给每一个教育工作者，一起做一个幸福的教育人。

目录

第一章

改革的诗篇：让教育足迹行稳致远

第二章

教师研修：让蜕变在耕耘中拔节

第三章

课程体系：让德育、特色、活动课程在融合中升华

第一章

改革的诗篇：

让教育足迹行稳致远

英国哲学家培根说过："世上唯一永恒不变的事物，就是变化本身。"立德树人是学校的根本任务，也是教育的使命与初心，这一点不会变。但是，在这个变革的时代，学校不仅要适应社会的发展要求，更需要勇于创新与改革，引领时代潮流。五华县第一小学是县域小学教育的窗口，扮演着振兴山区教育、培养时代新人的重要角色，是山区小学教育的一支中坚力量。近年来，学校紧跟时代步伐，注重教育理念的更新，持续推进评价改革、教师研修、课程改革和课堂革新。与此同时，学校紧密联合家庭、社会各界，不断注入教育新元素，让教育足迹行稳致远，为培养新时代人才做出积极的贡献。

第一节　改革之形：学校文化符号建设

五华县第一小学创办于1940年，由水寨镇大布籍乡贤倡议兴建，原为回字形砖木建筑，旧称“大布小学”；1952年更名为水寨镇中心小学；1980年更名为五华县城镇小学，并升格为县直属小学；1996年正式更名为五华县第一小学。在经历了80余年的风风雨雨后，如今的五华县第一小学已经成为一所占地面积9889平方米、建筑面积13030平方米、现有教学班64个的充满活力的知识殿堂。

纵观五华县第一小学这80余年的历程，它经历了旧社会的落幕，沐浴了新中国的朝阳，在风霜雨雪中，有过迷茫与困顿，有过突破与超越，最终打造出五华县教育的一块真金不换的教育品牌，为祖国培养了一代又一代优秀的儿女。在这个过程中，如何克服重重困难、整合种种资源，都是我国乡村教育中宝贵的经验财富。

五华县第一小学坐落于广东省梅州市五华县水寨镇，地处五华县东北部，地处五华河与琴江河汇合的三角地带，东临琴江河，北依五华河，南接横陂镇，西与转水镇相连，东北与兴宁市新圩镇接壤，四周水面环绕，故名“水寨”。水寨镇历史悠久，具有鲜明的客家特色，底蕴深厚，人文景观繁盛。但同时也面临着诸多难题。

其一，学校学生来源比较复杂，2/4是县城干部职工子女，1/4是水寨镇大布村孩子，1/4是进城务工人员孩子。语言以客家方言为主，农村陋习较多，家长崇文重教的意识不够，约1/5为留守儿童，家庭教育的观念较落后，学生良好行为习惯的养成较难，阅读量不够，整体素质不高，兴趣特长不能得到更好的发展。

其二，教育场地不足，周边环境复杂。学校学生人数多，运动场地严重欠缺，只能充分利用每一个空间上好体育课，开展课外活动。学校门口是商业街，附近有一个综合市场，有很多背街小巷，游戏室、早餐店、零食店、玩具店较多，给学校管理带来较大压力，学校门口车流量大，来往行人多，学生上学和放学存在极大的安全隐患。

其三，改革发展长期处于停滞状态。五华县第一小学作为五华县域内学生人数最多、规模最大、办学历史最长且为县城中心的县直属重点小学，社会关注度高，人民期望值高，上级支持力度大，学校底蕴较深，生源中等偏上，教师专业水平逐渐提升，为学校今后的发展和改进提供了必要条件。但因为最近10多年处于瓶颈状态，学校发展缓慢，教师满足现状，改革意识不强，创新动能不足，城中村范围较大，重视教育的社会氛围不浓，制约了学校的变革。

虽然面对重重困难，但是校领导意识到当前的社会正处在一个大发展、大变革、大调整的时代，世界多极化，经济全球化，社会信息化，文化多样化。

我国正坚定地走在实现中华民族伟大复兴的康庄大道上，而中国在国际事务中也发挥着越来越大的作用。当前新一轮科技革命和产业革命正在孕育兴起，重大科技创新正在引领社会生产新变革，互联网、大数据、云计算、人工智能等新技术的发展正在不断重塑教育形态，知识获取方式和传授方式、教和学关系正在发生深刻变革。在这样一个充满机遇与挑战的时代，人民群众对教育的需求更为多样，对更高质量、更加公平、更具个性的教育需求也更为迫切，没有任何理由是我们故步自封的借口！

为此，五华县第一小学这所历史深厚的山城小学，为贯彻落实党的十九大和全国教育大会精神，加快教育现代化，根据国家教育方针和现行有关法律法规，依据《中国教育改革和发展纲要》《国家中长期教育改革和发展规划纲要（2010—2020年）》《中国教育现代化2035》和《加快推进教育现代化实施方案（2018—2022年）》，开始砥砺革新，全面加强学校的管理，深化课程改革，推进素质教育，进一步提高教育教学质量和办学效益，学校结合实际，制订了学校改进与品牌建设行动方案。通过实施学校改进计划，这所历史深厚的山城小学全面提升行政班子的凝聚力、影响力与领导力，提升教师团队的学习力、执行力与创造力，达到管理规范化、硬件现代化、课程特色化、发展个性化的要求，把学校打造成“教师有归属感，学生有幸福感，家长有荣誉感”的乐园。

习近平总书记指出：要大力发展具有中国特色、世界水平的现代教育。因此，我们要思考：什么样的教育是具有中国特色的教育？什么样的教育才是世界水平的教育？我们要培养什么人？办什么样的学校？根据党和国家的教育方针，面对当前经济社会和现代教育发展趋势，结合学校现状和存在的优势与劣势，经过多方调研和反复论证，学校确定近五年改进目标和中长期发展目标：坚持“做更好的自己”的办学理念，突出让孩子自由呼吸、个性张扬，让教师自觉学习、专业成长，让学校自主发展、持续发展，秉承“以人为本，全面发展”的宗旨，以环境改善、习惯养成、课程开发和文化凝练为抓手，坚持规范与人文相融，广博与深研兼顾，传统与创新结合，情怀与视野并重，培育“五好”少年，培养“五有”良师，打造“五优”校园，倡导“五能”家长，立足“打造‘教师有归属感，学生有幸福感，家长有荣誉感’的成长乐园和现代化学校”。

一、新“一训三风”

经过反复调研，专家现场诊断，师生家长座谈，结合学校定位和发展需求，提出以下修改建议。

（一）新“一训三风”内容

校训：崇德进学　笃行致远

校风：德艺双馨　止于至善

教风：敬业乐群　追求卓越

学风：乐学善思　各美其美

原“一训三风”内容

校训：团结　勤奋　求实　开拓

校风：和谐　文明　健体　进取

教风：乐业　严谨　务实　创新

学风：笃学　谦虚　自主　合作

（二）“一训三风”解读

1. 校训：崇德进学，笃行致远

崇德，“崇德”之“崇”是推崇的意思。“德”，是道德、德行，也就是人的品质或品格。“崇德”即主张人要推崇高尚的品格，这是为人之本。“做更好的自己”，尤重人品、德行。把它列于首位，体现了“育人为本、德育为先”的办学指导思想，要求学校始终坚持社会主义办学方向，全面贯彻党的教育方针，自觉把立德树人作为教育的根本任务，推进以德治校与依法治校的有机结合。“崇德”同时也要求全校师生员工以德为立人之本，爱国、爱民、爱校，友天、友地、友人，自立、自省、自强。

进学，出自《二程遗书》卷一八：“涵养须用敬，进学在致知。”意为修身养性，须长存敬畏之心；学业进步，在于穷究万物之理。宇严先生有言：

“进学致和，行方思远。”这句话是说提升学识水平以使人心气平和，行为端正才能思虑远大。作为教师，应学识渊博、造诣精深；作为学生，应打下厚实功底，培养兴趣爱好，发展个性特长，全面提升综合素养。只有教师和学生自身做到积极进取，努力上进，不断提升学识水平，才有可能致力于落实“做更好的自己”这一理念。

笃行，出自《礼记·儒行》：“儒有博学而不穷，笃行而不倦。”其意为君子儒者应博览群书，知识的积累是无止境的；有了学问还要切实付诸行动，不能懈怠！《中庸·第二十章》治学篇曰：“博学之，审问之，慎思之，明辨之，笃行之。”其意为广泛学习，详细询问，周密思考，明确辨别，切实实行。“笃行”的意思是注重实践，知行合一。理论联系实际，言行表里如一，形容一个人不停地提升自己的能力和素养，以注重实践。“行为知之始，知为行之成。”只有努力学习，注重实践，所学的知识才能应用于生活，个人的能力和素养才有可能得到不断提升，让“做更好的自己”这一理念深入人心。

致远，出自诸葛亮的《诫子书》：“夫君子之行：静以修身，俭以养德。非淡泊无以明志，非宁静无以致远。”意为凝神于、致力于远大理想。致远，体现了一种矢志不渝的精神，办学，要面向现代化、面向世界、面向未来；做人，要站高一点、想宽一点、看远一点；做学问，要耐得住清贫与寂寞，锐意进取，勇于开拓创新。致远，就是确定成长目标、树立个人理想、提升人生境界。

崇德进学，笃行致远，“崇德”是根本，“进学”是基础，两者密切相连，不可偏废，“笃行”是态度，“致远”是目标，四者相辅相成，构成一个有机整体，形成一种氛围，产生一种力量，激励学校、激励学校每一位成员自强不息、勇往直前，力争“做更好的自己”。

校训，旨在引导广大师生员工尊崇道德、追求真理、向上求知、与时俱进、勇于创新，在学校形成积极向上、奋斗不止的良好氛围，激励广大师生员工努力“做更好的自己”，为学校的持续发展而努力，力争把学校建设成为“教师有归属感，学生有幸福感，家长有荣誉感”的成长乐园和现代化学校。

2. 校风——德艺双馨，止于至善

德艺双馨，形容一个人的德行和艺术（技艺）都具有良好的声誉，出自《国语·周语》：“其德足以昭其馨香。”以此形容教师具有良好的德行和教学技能，学生在教师的教育影响下，品行、学业和才艺获得全面发展，“德艺双馨”是学校对师生的共同要求。校训有云：崇德进学。通过学校的扎实培训和校本研修，全面提高教师的政治修养和师德水平，提升教师教育教学工作能力；通过开展丰富多彩的校园活动，学生养成良好的行为习惯，培养良好道德品质和学业水平，全面发展、个性发展。

止于至善，出自《礼记·大学》：“大学之道，在明明德，在亲民，在止于至善。”其意为达到极完美的境界。宋代朱熹在《大学章句》中解释说：“止者，必至于是而不牵之意；至善，则事理当然之极也。言明明德、亲民，皆当至于至善之地而不迁。”其意为：修身育人，都必须达到完美的境界而毫不动摇。止于至善，是一种以卓越为核心要义的至高境界的追求。止于至善，上升到人性的层面来说就是大真、大爱、大诚、大智的体现，是自我到无我境界的一种升华。要达到至善的境界，就必须有“做更好的自己”之理念。

3. 教风——敬业乐群，追求卓越

关于敬业，《礼记·学记》有云：“一年视离经辨志，三年视敬业乐群。”宋朝朱熹指出：“敬业者，专心致志以事其业也。”即用一种恭敬严肃的态度对待自己的工作，认真负责，一心一意，任劳任怨，精益求精。敬业表现为教师对职业（岗位）生涯长期不懈的追求和强烈的工作热忱，愿意为自己所向往的事业付出时间和精力，甚至甘于奉献、不怕牺牲。

乐群，谓与友朋相处无违失。《礼记·学记》：“一年视离经辨志，三年视敬业乐群。五年视博习亲师；七年视论学取友，谓之小成。九年知类通达，强立而不反，谓之大成。”其意指乐于和好朋友相处，乐群的人一般外向、热情、开朗，通常表现为待人和蔼可亲，与人相处融洽，喜欢和别人一起工作，愿意参加或组织各种社团活动，不斤斤计较，容易接受别人的批评等，合作与适应能力特别强。在现代学校工作中提倡团队协作精神，很多工作都需要同事之间配合，乐群的人往往会较受欢迎。不善于与人交往的教师往往不善于与人合作，不能合理借助别人的资源优势，完成相同的工作付出的努力和压力就要比其他同事大得多，同时也很难与别人建立真正良好的人际关系。

卓越，意为杰出的，超出一般的。卓越，不是完美，不是标准，而是一种境界，是力求更好，是尽力做好每一件事。教师的卓越，是以一种永不止步的心态去面对自己的教育事业和教学工作。卓越是一种自我超越，追求卓越注重的是过程。卓越是一种追求，它在于将自身的优势、能力以及所能使用的资源发挥到极致的一种状态。

教育工作是一项伟大而神圣的事业。教育的成败关乎民族的安危、社会的发展。作为教师，必须致力于敬业乐群，追求卓越。以一种执着的敬业精神和永不满足的进取心态，乐于团队合作，善于改革创新，最大可能地去完成教育赋予的神圣使命。

4. 学风——乐学善思，各美其美

乐学善思，意为喜欢学习，善于思考。语出《论语·子张》，原文为“博学而笃志，切问而近思”。这是指对待学习的态度，乐学即好学，快乐地学习，我们要在愉悦快乐中学习，认真体验自己的学习实践和生活。子曰：“知之者不如好之者，好之者不如乐之者。”兴趣是最好的教师，学生在快乐中学习，才能获取最佳的学习效果。善思，即善于思考。“学而不思则罔，思而不学则殆。”现代的学生，思维活跃，他们的思绪每时每刻都在浩瀚的天空中翱翔，我们要创造机会让学生学会质疑、学会思考。

各美其美，1990年12月，在就“人的研究在中国——个人的经历”主题进行演讲时，著名社会学家费孝通总结出了“各美其美，美人之美，美美与共，天下大同”这一处理不同文化关系的16字“箴言”。喻示我们在教育过程中要引导学生懂得发现自己的优点和长处，欣赏自身之美，然后再去发现别人的优点，欣赏他人之美，进而相互欣赏、赞美，最后达到一致和融合。而教师在教育过程中也应该善于发现学生的闪光点，真诚地赞美和欣赏学生的长处。

二、五华县第一小学校徽设计

五华县第一小学校徽见图1-1-1。

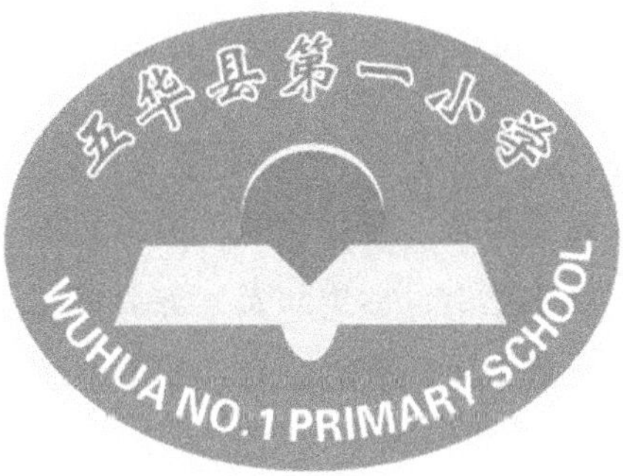

图1-1-1

校徽解读如下：

校徽是学校精神、气质和风采的形象化标识，是时代精神和办学理念的折射，是学校独特的思想文化境界的体现，是学校价值理念的直接呈现。五华县第一小学校徽通过全校师生群策群力共同设计完成。校徽由红、绿、黄三个主色调构成，绿色背景下，初升的太阳，明黄的书本，构图协调，色彩明快，传达了丰富而明确的内涵。

校徽整体呈椭圆形，形状如地球，稳如磐石，静中有动，代表着无限的变化和可能，校徽中包括中英文名称，寓意“立足梅州，面向世界”的学校发展目标和“胸怀祖国，放眼世界”的教育思维。

整体绿色的背景，代表健康、活力、朝气、希望，是生命的象征，寓意学校的可持续发展和学生的健康成长。绿色还像一方绿茵，代表学校传统特色项目——校园足球。

校徽中间是一轮冉冉上升的朝阳，象征着学生们如初升的太阳，蓬勃向上。红色代表热情、活泼、张扬，象征学生的乐观自信、个性发展、快乐成长。周围黄色的光晕宛如教师的温和与慈爱，象征着教师和学生和谐共进、教学相长。

朝阳下面的书本如变体的“Y”，代表“一”，像一本展开的书本，黄色是大地的颜色，也是典型的中国色彩，代表灿烂、辉煌。书本象征文化和智慧，寓意学校这块智慧的土壤，孕育着祖国的未来和希望。如张开的双手，托起初升的太阳，寓意教师全心呵护学生们成长！

校徽整体寓意：在这充满人文关怀和生命尊重的校园里，学生们将和教师一起学习、共同成长，每一个生命个体都将成为更好的自己！

三、改革成果的行为识别

1. 行为识别

教师：爱校乐群，博学善教，精于研究，勇于创新，追求卓越。

学生：文明知礼，好学上进，活泼阳光，善于交流，乐于创造。

家长：宽容和谐，乐观向上，积极参与，乐于奉献，大爱无痕。

2. 视觉识别

重视学校整体墙面设计（分类彰显课程文化、教师文化、家长文化、学生文化），教室设计（突出班级特色文化，设计班旗、班徽、班级口号），让师生参与校徽、校旗、校歌、吉祥物，运动队队徽、队旗、队歌，以及校服、队服设计。

3. 听觉识别

充分展示独具学校特色的升旗仪式、音乐铃声、校歌、大课间活动，训练规范整齐的鼓号仪仗队与体现学校文化的花样操。

4. 环境识别

重新整合校园文化、花木园林，打造“桃李园”“种植园”，新建党员阅览室、教师书吧、学生书屋，逐步完善班级文化，改造学校运动场，扩建教学楼（世行贷款项目），调整完善校史馆，增设书法室、硬笔书法室、国画室、素描室、手工剪纸室、器乐室、综合活动室、科学室、创客室，同时按“音乐、美术、体育、科技、人文”分类设置功能场室。

5. 宣传体系

成立科学信息组，组建学校信息宣传团队，加强学习培训，逐步完善学校网站、微信公众号、校刊、红领巾广播站、校园之声，开辟“五分钟演讲”“小学生大讲堂”，组织“校园小导播”“形象大使”海选、培训。

第二节　改革之体：学校的系统建设理论

党的二十大报告指出“必须坚持系统观念”，我们学校的改革不能停留于口号与形式上的改变，而应是一项由内而外、自上而下的系统性变革。习近平总书记指出：“唯物辩证法认为，事物是普遍联系的，事物及事物各要素相互影响、相互制约，整个世界是相互联系的整体，也是相互作用的系统。坚持唯物辩证法，就要从客观事物的内在联系去把握事物，去认识问题、处理问题。”这启示我们，只有运用系统思维和系统方法，才能发现和分析整体与部分、内部与外部之间的相互联系和作用，才能从整体上综合地、精准地考察事物，用以谋划指导实践。

基于此，五华县第一小学首先从宏观上以制度建设为核心、硬件建设为基础、师资提升为抓手进行整体性改革；其次从中观方面，以办学与课程体系方面为重点，德育与教学管理并重，重视教科研，并充分调动“校—师—生—亲”四大力量；最后在微观方面，细化改革重点与具体实施细则，最终实现对学校进行全面系统的改造。

一、宏观建设

（一）制度建设

继续健全教职工代表大会制度、教师岗位责任制度、教师考核晋级与评比制度、中层干部提拔任用考核制度、年级组组长责任制、德育管理制度、教学常规管理制度、校本研修制度、课题研究制度、“青蓝工程”导师制、“名师工作室”制度、安全管理和应急处置制度、财务管理制度、“卓越科组、和谐级组、文明班（中队）”评比制度、少先队干部竞选制度、少先队“星级评比”制度、学生综合素质评价制度等，汇编成《五华县第一小学教师管理手册》和《五华县第一小学学生成长手册》。

（二）硬件建设

基础设施建设是学校开展教育教学活动的前提。结合学校实际，逐步完成教室和教学辅助用房的完善与整合，改善教师办公条件，完善教育教学设备；为每个教室配上图书角，建立教师和学生书吧，大量添置图书，全面开放图书阅览室，大力创建书香校园；争取校园信息化中心校建设项目，配合县教育局做好智慧校园建设，提高办公和教育教学的效率；建立机器人教室和学生创客室，开设创客、机器人、信息技术等选修课程，培养学生创新精神。

（三）师资提升

教育面临的最大挑战不是技术、不是物质，而是教师的素质。

1. 师德

以纪律作风整顿活动为契机，通过党史学习教育，加强师德师风建设，促使全体教师通过个人成长、职业认同和价值体现，增强事业心和责任感，提升职业幸福感。

2. 学历

鼓励教师继续深造，实现本科率90%。加强专业技能培训，熟练掌握和运用现代教育技术，全面提升教师课堂教学能力。

3. 素养

加强通识教育和校本研修，突出教师个人才艺，提升教师综合素养，要求教师从“单一型”向“全能型”发展，成为德才兼备、一专多能的教师，具备一定的课程开发能力和教育科研能力。

4. 理念

鼓励骨干教师在课堂能力提升的基础上，提升教育理论水平，结合个人特点，提出教学主张，形成教学风格，凝练教育思想，向名师靠拢，5年内培养3—5名省市骨干教师、名师。

为更好地促进不同年龄层次的教师持续发展、专业成长，学校以名校长工作室和广东省校本研修示范校为平台，积极开展卓越教师“四阶”成长路径的探索与实践。

二、中观建设

（一）特色办学与课程体系建设

1. 特色办学建设

结合学校“古诗词诵读”和“校园足球”特色，今后将继续挖掘文化内涵，结合客家特色和传统文化，开设礼仪、诵读、书法、足球、综合实践5门校本必修课程，并且以五华县“国家级非遗项目——五华提线木偶”为主题，开发客家特色校本课程，如木偶绘画、泥塑木偶、木偶表演、木偶服装设计、木偶摄影、木偶剧创作等。同时，挖掘、整合学校资源，逐步完善以“积累、表演、表达”为核心的“人文”课程，以“健体、健心、健智”为核心的“体育”课程，以“发现美、欣赏美、创造美”为核心的“尚美”课程，以“创意、创想、创造”为核心的“科创”课程，系统开发“卓越课程”，打造精品课程，编写校本教材，不断丰富选修课程的内容，形成学校“卓越教育”品牌。

2. 素质课程体系建设

体育、艺术、科学、信息是素质教育的重要组成部分，但是传统学校对此缺乏系统性建设。学校在改革中重视体育、艺术、科学、信息教育的系统性整合，并取得了一定的成果。

（1）加大体育、艺术、科学、信息的教学软硬件建设力度，确保体育、艺术、科学、信息课程开齐、上足、教好。

（2）继续组织教师参加体育、艺术、科学、信息课程的培训、观摩、研讨、实践活动。积极组织师生参加各级组织的各项竞技比赛，争创佳绩，为校争光。

（3）结合学校课程，整体规划好每一学年的“文化艺术节”和“体育科技节”活动，通过丰富多彩的活动，丰富学生课余生活，陶冶学生情操，激发学生对文化艺术和体育科技的兴趣，提高学生的综合素质。

（4）做好开好体育、艺术、科学、信息等学科的教育宣传工作，形成全面发展的教育观念，获得社会各界的支持，形成良好的体育、艺术、科学、信息教育的社会氛围，促进学生素质的全面发展、个性发展。

（二）德育与教育管理系统

1. 德育系统改革

培养什么人，是教育的首要问题。习近平总书记强调：“要努力构建德智体美劳全面培养的教育体系，形成更高水平的人才培养体系”，并要求“把立德树人融入思想道德教育、文化知识教育、社会实践教育各环节”。

（1）成立德育团队，完善德育网络，加强学习培训，求真、务实、高效做好常规管理，严格落实常规要求，强调全员、全程、全方位育人，强化学生行为习惯养成教育，提高学生自我管理能力，促进学生文明习惯的养成。

（2）加强年级组组长的挑选和培训，转变行政职能，尝试推行以年级组为主的“扁平化矩形管理”模式，促使教师全员参与，年级自主管理。做好班主任挑选、培训与管理，加强师德师风建设，定期开展班主任工作交流，不断提高班主任的理论水平和管理能力。

（3）把德育和日常学生教育工作紧密结合起来，以具体活动为载体，体现管理育人、活动育人、服务育人、环境育人，打造“和谐校园”“文明校园”和“书香校园”。

（4）加强法制安全、反校园欺凌和国防教育，创建平安校园。

（5）重视心理健康教育，根据学生年龄特点开展心理健康教育活动，注重个别疏导和团体辅导相结合，积极开展团体活动，为学生的身心健康发展护航。

（6）结合学校课程，以“人文、体育、尚美、科创”为主题，完善校园文化，打造个性化班级文化，发挥文化育人功能。

2. 教育管理系统改革

（1）健全教研组建设和完善活动制度，注重教研组文化建设，加强常规活动管理，增设科技信息组，重视科学、信息技术、综合实践活动课程的落实。学校教研工作以校本教研为主，各教研组结合学科特色，组织主题教学研究，鼓励教师跨年级、跨学科听课，评教法、教学环境的创设、知识整合活动，组织教师积极参加校际交流等活动。

（2）建立“校本研训”机制，开展“六个一”活动。①写一篇教育科研论文；②上一节公开课、研究课或示范课；③写一则教学反思；④制作一节优质课件或微课；⑤写一份优质教学设计；⑥申报一个科研课题。以此来推动教师的理论水平的提高和专业技能的发展。创建学科教研特色，加强课堂教学研究，提高课堂教学效率，定期举办“骨干教师引领课”“新教师汇报课”“中青年教师优质课比赛”“青年教师学科素养竞赛”，以赛促教，以赛促研，全面提升课堂教学水平。

（3）加强教师工作常规七环节（备课、上课、改作、辅导、考查、反思、学习）的检查与督促，落实“六个抓”：①抓常规，打基础；②抓三巡，找问题；③抓考试，保质量；④抓培优，补短板；⑤抓阅读，提素养；⑥抓联合，促发展。

（4）学科教学与信息技术有效融合。对专任教师进行多媒体技术校本培训，要求课堂教学中尽量使用信息技术。同时开展课堂教学与信息技术的有效整合，以跨界思维促进学科与学科间的融合，以“互联网+”“智能化”“大数据”等手段，促进教师课题研究和课堂教学的变革，全面提升教师专业化水平。

（三）教育科研系统

（1）要求各教研组根据学校中心工作，结合各学科研究方向和需要解决的实际问题，开展课题申报和研究工作，使教研活动问题化、主题化和课题化。

（2）鼓励以教研组或备课组为单位，以问题为导向，积极申报县级以上课题，以课题研究为抓手，按照学校课题研究制度和程序，扎实有效地开展课题研究，推动学校教育科研的发展。

（3）培训实验教师、规范研究行为、丰富研究形式、创新研究方法、加强研究交流，形成学校教科研工作的新风格、新格局。争取3年内50%以上的教师参与课题研究，获得市级以上奖励的课题成果不少于10个。

（四）少先队工作

（1）抓住“爱国主义教育”这个永恒的主题。抓好品德课的教学研究和实践工作，丰富品德课的教学内容和形式，精心组织每周一的升旗仪式和国旗下讲话，抓好鼓号仪仗队和花样操训练，充分利用校内和校外资源，积极开展课外校外思想政治教育活动，拓宽爱国主义教育的途径，利用家委会开展实践体验活动。

（2）开展重要纪念日和传统节日活动。各种重要节日、纪念日中蕴藏着宝贵的道德教育资源，各班级要结合重大节日、纪念日开展活动。3月开展“学雷锋”主题系列教育活动；4月开展“缅怀先辈、颂扬英烈”的清明节扫墓活动；5月开展“热爱劳动，感恩父母”系列主题教育活动；6月开展庆“六一”和

“珍爱生命”主题教育活动；7月开展“唱红歌，颂党恩”活动；9月开展“习礼仪，尊师长”教育活动；10月开展“爱国主义教育”主题活动；11月开展“勤俭节约，珍惜粮食”活动；12月开展“保护环境，爱护地球”主题教育活动；1月开展“寻找春天，感恩自然”主题活动。

（3）充分发挥红领巾广播站、文化长廊、黑板报、宣传栏的宣传教育作用，尽快创建校园电视台，搭建丰富多彩的学生展示平台，抓好队员礼仪教育，开展好经典诵读和民族文化的传播活动。

（4）建立健全的大队、中队机构，坚持班队干部竞选制度，开展队员自治，加强中队辅导员的培训、指导，切实开展好每周一次的班队活动，使中队活动真正成为少先队员常规教育的基地、展示自我的舞台。

（五）家长委员会建设

（1）成立五华县第一小学“小太阳”家委会，加强学校与会长、委员之间的联系，开辟多种渠道，研究当前家庭教育、学校教育的动态，商讨家庭教育的指导措施和方案，协调、参与学校管理，提高家委会的工作实效。

（2）充分发挥家长委员会桥梁、纽带作用，尽可能组织学生家长积极参与学校举行的校园文化活动，并尽可能为学校开展活动提供帮助与支持，如文化艺术节、体育科技节、六一儿童节及重大庆典等，积极动员相关家长为学校教育提供丰富资源。

（3）家长是学校形象的维护者、学校品牌的宣传者，学校应积极利用家委会真实、全面、客观、公正地宣传介绍学校教育教学情况，协助学校及时把办学情况反馈给家长，主动宣传学校改革和发展的成果，为打造学校特色教育、提升学校品牌而共同努力。

三、微观建设

（一）找准发展定位

党的十八大以来，习近平总书记多次在各种场合对教育做出重要指示，确立了教育优先发展的地位，也对教育和教师提出明确要求，因此，全国上下重视教育、关心教育、支持教育，学校与教育发展面临前所未有的机遇。

近年来，随着我国全面建成小康社会战略全面启动，中国经济社会发展进入快车道，特别是贫困地区发展速度加快，各级政府对教育投入逐年加大，对贫困落后地区的政策扶持大幅倾斜，更加注重教育的优质均衡发展，学校硬件设施、师资水平、教育质量不断提升。

经济社会的发展，使人们对教育的认识逐渐加深，社会各界对教育的关注度逐年提升，对教育的支持力度全方位加大，各地企业、乡贤、校友热情地关心支持学校的建设和发展，家长、家庭、社区对学校的关注度也在不断提高，社会尊师重教氛围日益浓厚，教师政治、经济和社会地位持续上升。

课程改革不断深入，教育行政部门逐渐加大教育供给侧改革力度，政府所能提供的资源日益丰富，学习资源、实践资源、教学资源、网络资源、信息资源不断充实，学校硬件设施、多媒体教学手段不断更新，教师信息技术应用能力不断提升，大数据、云计算、人工智能逐渐进入人们的生活，进入学校教育教学，学校信息化管理水平逐年提升。

随着近年“县管校聘”工作的全面推进，五华县教育系统纪律作风整顿活动的深入，教师学习提升氛围有所改变。党的十八大以来，习近平总书记多次在不同场合对教育做出重要指示批示，特别是全国教育大会召开，《中国教育现代化2035》和《加快推进教育现代化实施方案（2018—2022年）》的颁布，以及五华县《振兴山区教育三年行动方案》等一系列重要文件的出台，预示着五华县教育春天的来临，乘着教育振兴和“创强争先”的东风，学校也必将迎来突破瓶颈、高速发展的春天。

（二）实现管理优化

突出以人为本的管理制度——尊重人、激励人、造就人。

注重培养团队精神——突出服务、奉献、学习、创造精神。

提升办公、教学效率的有效措施（工作流程、沟通方式、应急预案等）。

管理优化相关概述见表1–2–1：

表1–2–1

进度安排	具体任务	质量标准	责任人
第一学期	（1）完善科组学习制度，建立有效的校本研修模式。 （2）完善财务管理制度。 （3）完善落实教师岗位责任制。 （4）县管校聘制度、教师考核晋级与评比制度	规范、高效、创新； 规范管理程序、完善监督机制； 明确任务、落实责任、分工合作； 公正客观、制度激励、评价导向	教研组 总务处、分管副校长 分管副校长

续 表

进度安排	具体任务	质量标准	责任人
第二学期	（1）年级组管理改革（扁平化）、年级组长责任制。 （2）完善集体备课制度、常规管理制度、课题研究制度。 （3）中层干部提拔任用考核制度。 （4）“青蓝工程”师徒结对制度	管理扁平化，规范、高效； 规范与个性化结合，严格组织与考核； 规范、公正； 落实责任，考核	分管副校长 教导处 党支部 教导处
第三学期	（1）“卓越科组”“和谐级组”评比制度。 （2）少先队干部竞选制度、“星级中队”与文明班（中队）评比制度、学生综合素质评价制度等	民主管理、评价导向、制度管理； 规范、民主； 明确评价导向	分管副校长 大队部德育处
第四学期	（1）安全管理和应急处置制度。 （2）建立“名师工作室”工作制度。 （3）编写《五华县第一小学教师管理手册》和《五华县第一小学学生成长手册》	规范程序、明确分工、落实职责； 规范管理与考核； 实现科学规范、制度化与人本化相结合的管理体系	德育处 德育处 分管副校长

（三）突出德育管理

以《中小学德育工作指南》（教基〔2017〕8号）统领本学段德育工作，结合学校育人目标突出本校德育的地方特点和工作亮点，明确如何立德、怎样树人？

各学期德育管理课程见表1-2-2：

表1-2-2

进度安排	具体任务	质量标准	责任部门
第一学期	（1）规范升旗仪式，加强鼓号仪仗队训练，完善学生礼仪仪表规范。 （2）落实课间巡查、排查制度。 （3）《道德与法治》教学研讨	规范、严肃、仪式感； 定时段、有重点； 定常规、重研讨	德育处 值日组 德育组

续 表

进度安排	具体任务	质量标准	责任部门
第二学期	（1）开展社团活动。 （2）完善心理咨询室，开展团体辅导和个别疏导	有特色、高质量； 设施齐全、形式多样、内容丰富	大队部 德育处
第三学期	（1）开展师生读书、亲子共读，创建书香校园。 （2）开展亲子体验、拓展活动	“四有”：方案、要求、展示、检查； 家委自主组织	教导处 德育处
第四学期	（1）开辟校园空地，开展校园绿化和蔬菜种植活动。 （2）开展校外实践观摩活动	分班、有序、体验； 有序、高效	年级组 德育处

（四）优化课程建构

以课程标准（2011年版）为指导，围绕学校“培养什么样的人”做好课程建设的顶层设计（培养目标、基础课程、拓展课程、研究课程），推动国家课程校本化、地方课程特色化、校本课程个性化，完善学校的课程育人（教师和学生）体系（显性课程和隐性课程），制订课程实施计划和评价机制。

各学期优化课程构建情况见表1–2–3：

表1–2–3

进度安排	具体任务	质量标准	责任人
第一学期	（1）落实国家课程，按常规要求开好科学、信息、品德、美术、音乐、体育。 （2）开好足球、诗词诵读、篮球、羽毛球、乒乓球、播音与主持、围棋等校本选修课程	开齐、开足； 规范、完善、品质、成绩	教导处 德育处、体艺组
第二学期	（1）开发“提线木偶”系列课程（木偶表演、木偶泥塑、木偶服装设计、木偶绘画、木偶摄影、木偶故事、木偶编剧）。 （2）开发体育艺术类课程（合唱、口琴、电子琴、舞蹈、绘画、手工制作、书法）	品牌、高质、教材、文化、传承； 有序、精品、特长、素养	大队部 体艺组

续 表

进度安排	具体任务	质量标准	责任人
第三学期	（1）增设艺术类课程。 （2）开发地方综合实践活动课程（基于STEAM课程下的客家提线木偶综合实践活动课程）。 （3）开发信息技术、三模、创意手工、机器人、创客等创新类课程	有序、精品、特长、素养； 组织、实践、整合、系统； 创意、创想、创造	艺术组、教导处、年级组 科学信息组
第四学期	（1）编写校本教材：提线木偶综合实践活动教材、精品课程教材。 （2）根据学校特色和特色课程整合充实完善校园文化	高规格、高品质； 特色、美观	教导处 德育处

（五）推进教学改革

结合现代信息技术推动教学改革，使教学资源整合、教学流程改进、教学技术革新、多元评价方式等方面更加有效，最大限度地促进教师的专业发展、学生的健康成长。

各学期推进教学改革情况见表1–2–4：

表1–2–4

进度安排	具体任务	质量标准	责任人
第一学期	（1）教研组活动模式改革。 （2）信息技术应用培训与教学资源整合	规范、高效； 会用、共享	教研组 信息组
第二学期	（1）集体备课改革、教学主张与课堂教学特色打造。 （2）学科教学交流研讨	规范、个性、特色； 建模、特色	教研组 教研组
第三学期	（1）网络技术应用与优质教学资源共享（录播与直播）。 （2）改革与优化校本研修模式，建设品牌学科，塑造科组文化	优质、共享； 灵活、高效	教导处 教导处

续 表

进度安排	具体任务	质量标准	责任人
第四学期	（1）教学评价方式变革（单一向多元转变）。 （2）完善教师专业发展档案，研究名师成长路径，打造省市名师	科学、多元； 规范、规律	教研组 教导处

课程教学方面如何围绕“一流学科”或“先进教研组”建设来系统思考。

（六）完善队伍建设

结合习近平总书记提出的“为谁教、教什么、教给谁、怎么教”这一根本性问题，用总书记提出的“四有”“六要”“四个引路人”和“四个相统一”标准来严格审视自己，力争在学习实践活动中有思考、有触动、有收获、有成长，营造创先争优的良好氛围。立德树人，潜心育人，嘉言善行，做学生一辈子的好老师。

班子建设——赋权（竞聘、推荐、培训、分工，做到分权与职责相当）。

教师队伍——增能（培训、训练、展示、比赛，重点是学科理解与资源整合能力，在实践中提升德艺）。

后勤队伍——提质（服务、支持、配合，提升服务质量，发挥资源效用）。

各学期队伍建设情况见表1–2–5：

表1–2–5

进度安排	具体任务	质量标准	责任人
第一学期	（1）班子分工调整，尝试中层干部竞聘，充实领导班子。 （2）纪律作风整顿与师德建设。 （3）“讲述一小故事，凝聚一小精神”征文，教师才艺展示，“五佳教师”评选	分工合作、积极主动； 按方案组织； “五有”“五佳”	校长室 党支部 党支部
第二学期	（1）信息技术应用培训。 （2）教育科研与课题申报培训。 （3）财务制度培训。 （4）家长委员会建设培训	熟练应用； 规范、程序； 规范、程序； 规范、自主	信息组 教导处 总务处 德育处

续 表

进度安排	具体任务	质量标准	责任人
第三学期	（1）科组与班级文化建设培训。 （2）教师基本功与专业技能训练，教师学科素养大赛与才艺展示。 （3）教师开展读书活动，撰写读书心得	规范、制度、活动、文化； 方案、落实	级科组 教导处 教导处
第四学期	（1）教学主张提炼与教学特色打造。 （2）修炼名师课堂，成立“名师工作室”	研讨、特色； 理论、引领	教研组 教研组

（七）注重学生培养

围绕学生素养提升和能力拓展，整合和开发教师资源、学校资源、社区资源、家长资源，丰富教育内涵，构建本校的学生培养模式。

各学期学生培养任务见表1–2–6：

表1–2–6

进度安排	具体任务	质量标准	责任人
第一学期	（1）礼仪、仪表与卫生习惯。 （2）鼓号仪仗队训练。 （3）课堂常规与双姿训练	规范、自觉； 规范、整齐； 规范、习惯	德育处 大队部 教导处
第二学期	（1）阅读活动开展与阅读习惯培养（晨诵、午书、暮读）。 （2）“校长杯”班际足球赛。 （3）“少代会”与队干部竞选	师生、亲子共读，书香氛围； 普及、有序； 自主、能力；	教导处 体育组 大队部
第三学期	（1）课前“五分钟演讲”。 （2）校园“小导播”海选与培训。 （3）小学生大讲堂、校园小舞台	常规、礼仪； 特色、个性； 展示、才艺	教导处 德育处 大队部
第四学期	（1）校园“文化艺术节”与“体育科技节”。 （2）少先队鼓号花样操培训。 （3）成立“提线木偶”剧团	组织、落实、效果、平台； 整齐、规范、高质； 规模、规范、特色	德育处 大队部 大队部

（八）促进家校协同

根据国家、省、市关于家庭教育工作的要求，建设好家长学校，建立家长委员会，按照相关政策和要求开放办学，做好家校协同、共育成长。

各学期家校具体任务见表1–2–7：

表1–2–7

进度安排	具体任务	质量标准	责任部门
第一学期	建立家长委员会，开展家校联合活动	学校指导下开展活动	德育处、家委会
第二学期	加强家长委员会培训，提升家委常规工作与活动组织能力	按学校要求自主组织活动	德育处、家委会
第三学期	完善家长委员会活动、评价与管理机制，开发家长课程，成立家长学校	规范、自主、高效	德育处、家委会
第四学期	规范管理、内涵发展、挖掘培养家长中的人才	健康、有序、保障、发展	德育处、家委会

还应考虑安全责任共担与划分、教育与管理责任的划分、家长课程的开发等。

（九）推进教育科研

拟订学校特色发展的总课题，每一阶段有针对性地研究学校内几个突出问题，做到以课题研究推动学校各项工作的健康发展。

各学期教育科研任务见表1–2–8：

表1–2–8

进度安排	具体任务	质量标准	责任部门
第一学期	修订完善课题研究制度，鼓励教师申报市级以上课题	规范程序，严格管理	教导处
第二学期	（1）加强调研，以学校为单位，结合实际，申报市省级课题。 （2）强化问题导向，以教研组为单位，申报市级以上学科课题	结合学校问题与需要 围绕学校工作与课题	教导处 教研组

续 表

进度安排	具体任务	质量标准	责任部门
第三学期	组织实验教师培训，加强课题的指导和过程管理	积累资料	课题组
第四学期	检查课题实践和研究，组织课题实施情况汇报和中期成果展示	完善过程资料	教导处

课题研究的选题合适、方法正确、流程规范、技术先进、成效明显。

（十）重视环境建设

围绕办学理念不断完善校园文化（硬件及标识）建设，营造良好的育人氛围。

各学期环境建设情况见表1–2–9：

表1–2–9

进度安排	具体任务	质量标准	责任部门
第一学期	（1）改造运动场，重新规划花木园林与校园文化。 （2）清理闲置教室和办公用房。 （3）改造、新建卫生间	美观、内涵； 提高使用率； 整洁、清新	总务处
第二学期	（1）扩建教学楼（世行贷款）。 （2）新建教师书吧、学生书屋、书法室。 （3）调整校史德育室、心理咨询室。 （4）清理闲置空地，开辟种植园	按设计要求； 温馨、舒适、实用； 完善、实用； 平整、培土	总务处 教导处
第三学期	（1）增设硬笔书法室、国画室、素描室、手工剪纸室、泥塑室。 （2）建立班级图书角、英语情境角	适用、美观； 实用、多功能	美术组 教导处
第四学期	（1）增设民乐室、钢管乐室。 （2）增设机器人室、创客室、计算机室、摄影工作室。 （3）建立校园电视台、广播站、学生剧场	美观、适用； 完善、实用； 美观、实用	音乐组 科技信息组 大队部

（十一）落实保障措施

1. 制度保障

学校在原有制度的基础上，逐步完善教职工代表大会制度、教师岗位责任制等，所有制度围绕“培养什么样的人”“办什么样的学校”来修订或完善，汇编成《教师工作手册》和《学生成长手册》。

2. 经费保障

申报“三名”工作室，争取创建省市校本研修基地、示范校项目，争取专项经费和上级“强师工程”经费，解决教师培训提升紧缺经费问题；建立家长委员会，统筹家长资源，完善班级文化及读书设施，开设家长学校，开展亲子活动，开辟父母课堂；充分利用校内教师资源，开展校内课后托管，积极筹措经费，开发个性化课程，开展课外活动；完善校友会组织，充分利用校友资源，添置学校教学设施，完善校园文化。

3. 专业团队

（1）专家团队

刘建强，副教授，教育博士，广东第二师范学院培训与社会服务处社会服务科负责人。

余志君，语文正高级教师，广东省“百千万人才培养工程”培养对象，省名校长工作室主持人。

（2）领导团队

曾利联，中共党员，本科学历，五华县教育局党组成员（挂校领导）。

李钧，中共党员，本科学历，语文中小学高级教师，五华县第一小学党支部书记、校长，广东省第二批“百千万人才培养工程”小学名校长培养对象，梅州市首批名校长工作室主持人。

古运英，中共党员，本科学历，品德中小学高级教师，五华县第一小学副校长。

赖玉珍，中共党员，本科学历，语文中小学高级教师，五华县第一小学副校长。

李平，本科学历，体育中小学一级教师，五华县第一小学副校长。

甘燕，本科学历，语文中小学高级教师，五华县第一小学教导主任。

（3）执行团队

学校各处室干部、年级组组长、教研组组长组成执行团队。

第三节　改革之力：学校的系统建设案例

一、教研案例

应用注意规律，有效组织课堂

小学生，特别是低年级学生，注意力不容易集中，上课讲话、开小差等现象经常出现。一些年轻教师总是抱怨：学生坐不住，椅子上就像长了刺，身体不时动来动去；手也闲不下来，老是在反复拆装学习用具；不时东张西望、东摸西搞；总是和同学讲话，发出一些怪异的声音；有时提出一些莫名其妙让人啼笑皆非的问题。这些都是让教师非常头疼的现象，而且经过多次提醒，反复教育，仍然没什么效果，让教师无可奈何，不由得慨叹“恨铁不成钢”！那么，对这些孩子是不是就没有办法可想了？他们是不是就不可救药了呢？其实，这些现象的出现大多是教师没有把握住小学生生理、心理发展规律造成的。

心理学上，对于注意规律，有明确的解释。有意注意，也叫随意注意，指自觉而有预定目的，必要时还需进行一定意志努力的注意。

无意注意，是一种自然而然发生的、不需要进行任何意志上的努力的注意。5—7岁的儿童，每次有意注意稳定的时间约15分钟；7—10岁每次注意稳定的时间约20分钟；10—12岁是25分钟左右；12岁以后是30分钟左右。无意注意的时间分别为3—5分钟不等。那么，我们应该如何应用注意的规律，有效地组织好小学课堂呢？

（一）充分利用学生的有意注意

“兴趣是最好的老师！”孩子们感兴趣的内容，与他们的兴趣爱好和特长有关，与比较熟悉的事物有关，与刚刚学过的知识有一定的关联……一句话，凡是和学生已有爱好和知识经验有关的事物，能给学生增加新的知识经验的事物，能在生活中应用的知识，都能激发学生的兴趣，引起有意注意。基于这一点，我们通常要结合学生已有的知识经验或者兴趣爱好，根据学生年龄特征和“最近发展区”原理，合理选择教学内容与资源，精心设计教学活动。

学生对学习的目的、意义认识得越清楚、越深刻，意志力就越发展，有意注意能力就越强。因此，使学生明确学习某一门功课或某一章节内容的任务目标，以及它对将来学习和工作的重要意义，以便要求他们尽量能够以有意注意的方式来对待他们必须学习的功课，而不应一味追求趣味。因此，我们应该有意识地结合学科特点与教材内容，分享本学科名人故事，名言警句等；平时注意强调学科在生活中的应用，让学生明确学科的重要性；每一课时，都应该按照课程标准与教材的要求，设定难度适中，符合素养导向的教学目标，让每一个学生明确学习的目标与要求，同时设计有针对性且有一定梯度的训练与作业内容，对一些学习能力相对滞后的学生，可以适当降低难度，让他们学有所获。这些都是激活学生有意注意的有效手段。

有些学生对教学内容难以理解，以致影响记忆，在完成各种作业（阅读、书写、演算习题）时错误较多，主要是注意力缺乏或注意力不集中导致的。所以，教师在教学过程中，应该善于引起学生注意，注重设计一些教学活动，不断培养学生的注意力，才能取得良好效果。

（二）适当应用学生的无意注意

在教学中，无意注意有负面的影响，也有正面的效果。因此，我们要尽量防止那些足以使学生离开教学内容的无意注意。如：教室周围嘈杂的声响、音乐教室的歌声、操场上的运动加油声、窗口有人观望谈笑、教室内过多的装饰或张贴和教师的崭新艳丽的服装、习惯动作或口头禅、过度的表情和不适当地使用直观教具等，都容易分散学生学习时的注意力。因此，我们应该在教室内外布置相对安静简朴的环境，并适当采取一些措施，尽量减少上课时的各种干扰，避免或减少与教学无关的背景、环境的刺激。如：教室布置，PPT背景应该素淡，与教学内容应该对比鲜明，不应该比教学内容更突出；教具要适合教学内容，无须太过于新奇，用完后及时放回讲台下；教师如果穿了新衣服或换了新发型，应该在早读课提前到教室亮相，等学生适应教师的新形象后再上课。

我们还要尽量应用无意注意在教学中的积极作用。一是我们可以结合教学内容，利用刺激物的特点来吸引学生对教学内容的注意，如色彩鲜明、形象有趣的直观教具、挂图、实物和多媒体手段；二是我们的教学语言也要生动形象，抑扬顿挫，如讲课时的声音有高低、大小、快慢变化，在学生不注意时教师突然停止讲课，突然加重语气或提高声调；三是辅以适当的表情或手势，通过眼光注视、点头微笑，或者摸摸头、拍拍肩，让学生感受到教师的关注；四是结合教学内容适当地进行角色扮演或故事性的谈话；五是采用多种形式的教学方法，利用活动形式的变化来吸引学生注意力，如讨论、游戏、实验、表演、比赛等；六是设计故事性情境，把教学活动融入故事情节当中。

这些都是无意注意在教学中的应用，当然，这种方法所引起的注意，是一种被动的注意，保持的时间相对比较短暂，更多时候只能作为一种辅助的手段。

（三）利用有意注意与无意注意相互转化的规律

如果过分强调或过多要求学生依靠有意注意进行学习，学生就容易疲劳；如果仅仅依靠无意注意，就不能很好地培养和训练学生注意力，培养学生克服困难、刻苦学习的精神。所以，我们要善于利用有意注意与无意注意相互转化的规律，巧妙设计活动，有效组织教学。

比如，在新课讲到一多半，同学们都有点疲劳，想要分神的时候，利用一个间隙，教师可以问“同学们！刚才，老师讲到什么地方了？”或者“谁能复述一下刚才那位同学的答案吗？”。这就自然地唤起全班学生的回忆，马上就把学生的注意力吸引到原来的教学内容上来了。

课堂中也许会突然发生一些意外的事件，教师应该善于在偶发事件和教学内容之间找到结合点，把课堂偶发事件当作教学资源，让引起学生注意力分散的偶发事件，与课堂教学内容结合起来，把学生的注意力拉回课堂。

平时，教师应该更多地把精力放在教学设计上来，通过设计新颖有趣的教学活动，选择灵活多变的教学方法，充分发挥学生的主观能动性，积极让学生参与自主、合作、探究的学习活动。另外，课堂上及时、多元、恰当的评价，也是一种有效的课堂组织形式。可以结合学习过程，对学生适当表扬、激励，或者让学生参与评价，适当安排团体评价等。

在学生明确学习目标，尽量利用有意注意的同时，还要注意教学活动设计的多样性、趣味性，赋予它们无意注意的特性，让我们的课堂组织更有效。如，选同伴、挑对手、学生指名回答等。当然，这种设计，应该注意把握一个尺度，避免过于花哨，而且活动过程操作的难易要适中，让学生既容易听明白又要有一定的新意。

（四）巧妙设计课堂口令

在小学课堂，很多有经验的教师都会设计一些课堂口令，用于课堂组织和管理。我们可以在课前准备、课中学习、课后收拾、坐姿握笔、认真倾听、回答问题等方面设计一些不同的口令。通过师生互动、口令对接，逐渐规范学生的学习行为，使学生养成良好的学习习惯。有经验的小学教师，特别是低年级的教师，更是善于设计一些有趣的课堂口令，让课堂生机勃勃。

课前口令可以让学生马上结束课前的喧闹，迅速进入学习状态。如：进教室——要安静！小眼睛——看老师（看黑板）！小嘴巴——不说话！小耳朵——认真听！1—2—3——坐端正！请坐好——我坐好！请安静——我安静！

上课时，还可以通过一些课堂口令，使学生养成良好的学习习惯。如：读书要三到——眼到，口到，心到！写字三个一——一寸一拳一尺！手放平——腰挺直！同学发言——认真倾听！有疑问——先举手！

还有一些结合教学活动方式的口令，如火车火车哪里开——火车火车这里开！请你跟我这样做——我就跟你这样做！

简单有趣，而又充满学科特点的课堂口令，也会让孩子们上课的时候兴趣盎然。如：头正——身直——脚放平（书法、语文）！1—2—3—4，123—4（体育）！欲穷千里目——更上一层楼（语文）！One，two，three—Three，two，one（英语）！哆来咪发嗦——嗦发咪来哆（音乐）！小彩笔——放桌上（美术）！

当然，我们还可以利用特别的学科语言、诗句、歇后语、成语设计成一些让学生感兴趣的课堂口令。

小学的课堂组织，是一门学问，需要熟悉不同学段小学生的心理特征，了解小学生的兴趣爱好，结合学科特点，把握思维发展规律，不断地摸索总结。其核心是始终保持对学生的尊重，坚持用和善的态度，利用正向管教原理进行课堂组织和管理。当然，其中最重要的，就是要有一颗热爱教育、热爱学生的心！

二、少先队建设案例

听党话，跟党走：做好新时代少先队工作

学校少先队工作是德育工作的重要组成部分，社会主义进入新时代，也赋予了学校少先队工作以新的内涵和要求。在新形势下，少先队工作在贯彻党的教育方针，落实“立德树人”根本任务，培育时代新人方面承载着“为党育人、为国育才”的重要使命。如何做好新时代少先队工作，是当前辅导员必须研究和探讨的时代课题。

（一）为什么要做好少先队工作

根据《中国少年先锋队章程》规定：中国少年先锋队是由中国共产党创立，并委托中国共青团领导的群众性的儿童组织，是少年儿童学习中国特色社会主义和共产主义的学校，是建设社会主义和共产主义的预备队。其目的是团结教育少年儿童，听党的话，爱祖国、爱人民、爱劳动、爱科学、爱护公共财物，努力学习，锻炼身体，参与实践，培养能力，立志为建设中国特色社会主义现代化强国贡献力量，努力成长为社会主义现代化建设需要的合格人才，做共产主义事业的接班人。维护少年儿童的正当权益。学校少先队大队（总队）辅导员，作为基层少先队工作的领导者，明确少先队工作性质、意义，是落实“为党育人、为国育才”根本任务的前提。

1. 全面贯彻党的教育方针的需要

2021年4月29日，第十三届全国人大常委会第二十八次会议通过关于修改《中华人民共和国教育法》的决定，其第五条明确指出，党的教育方针为“教育必须为社会主义现代化建设服务、为人民服务，必须与生产劳动和社会实践相结合，培养德智体美劳全面发展的社会主义建设者和接班人”，将党的教育方针落实为国家法律法规。

在党的教育方针中，对于“为谁培养人”“如何培养人”“培养什么人”做出了简明扼要的回答，使之方向更加鲜明、内容更加完善、要求更加明确，体现了党的创新理论成果。为谁培养人——教育必须为社会主义建设服务，为人民服务。如何培养人——必须与生产劳动和社会实践相结合。培养什么人——培养德智体美劳全面发展的社会主义建设者和接班人。

党的教育方针所规定的内容，从一定程度上体现了教育的政治属性——为中国共产党治国理政服务。

2. 坚持“德育为首、全面发展”理念的需要

马克思主义理论对“人的全面发展”进行了深入的阐述。在马克思主义学说中，人的全面发展具有丰富的内涵：①指人的物质生产、生活本身的劳动能力的全面发展；②指人的才能的全面发展；③指人自身的全面发展；④指人的自由发展。马克思主义关于人的全面发展学说确立了科学的人的发展观，指出了人的全面发展的历史必然，对我国的教育目标的确定具有重要的理论指导意义。

因此，我们必须正确解读人的“全面发展”，马克思主义观点认为，人的全面发展是指，德智体美劳诸方面的全面发展，培养全面发展的人的根本途径是“教育与生产劳动相结合”。

我们学校的办学理念——“做更好的自己”，其实就是从教师、学生、家长、学校四个层面阐释了“全面发展”的教育理念。而我们的培养目标，是培养具有“好习惯、好体魄、好智能、好情商、好才艺”的“五好少年”。

习近平总书记在每年的“六一”期间，都会寄语少年儿童，鼓励少年儿童从小学习做人、立志、创造，树立正确人生目标，培养好思想、好品行、好习惯，锻炼身体、热爱劳动、学会感恩、热爱生活。我们教育工作者，特别是少先队工作者，都应该认真践行习近平总书记对少年儿童的寄语，深入学习习近平总书记对教育的指示批示，贯彻党的教育方针。

（二）如何做好学校少先队工作（跟党走）

1. 总的方向

坚持党建引领，以党建带团建队建。

树立课程意识，坚持在活动中成长。

坚定理想信念，扣好人生第一粒扣子。

2. 具体措施（全员参与，全过程渗透，全课程建设）

（1）全员参与（所有人都是辅导员）

① 成立学校少工委，整合德育工作队伍（党支部、行政组、德育安全办、少先队工作委员会、年级辅导员、中队辅导员）；

② 加强辅导员培训，提升辅导员工作水平（专项培训、卓越教师四阶成

长、主题研讨会）；

③ 实行队干部竞选，加强队干部培养（大队干部竞选、中队干部竞选）；

④ 挑选年级辅导员，增加辅导员队伍力量；

⑤ 建立年级督察制，立足年级自治自理（青年骨干教师+年级督察）。

（2）全过程渗透（任何时候都是德育）

①“两节”（体育科技节、文化艺术节）；

②“四礼”（入学礼、入队礼、成长礼、毕业礼）；

③ 十二月度主题活动（结合重要节日、纪念日，如学雷锋纪念日、植树节、清明节、劳动节、端午节、六一儿童节、七一建党节、教师节、国庆节、少先队建队日、中秋节、重阳节、元旦、春节等，每月开展主题活动：一月客家文化月，二月理想目标月，三月志愿服务月，四月体育健康月，五月创新实践月，六月珍爱生命月，七月党史学习月，八月综合实践月，九月礼仪规范月，十月爱国教育月，十一月经典诵读月，十二月缤纷艺术月）。

（3）全课程建设（所有活动都是课程）

① 国家课程（语文、数学、英语、体育、音乐、美术、科学、道法、信息）；

② 校本课程（人文、体育、尚美、科创）；

③ 特色课程（诗词诵读、足球、木偶、科创、劳动）；

④ 微课程（课前5分钟演讲、练字10分钟、红领巾论坛）。

（4）全方位开展（所有场所都是阵地）

① 少先队大队部（工作、会议）；

② 图书阅览室（阅读、交流、论坛）；

③ 班级图书角（家委参与、随时阅读）；

④ 功能场室（分层设置、兴趣培养、社团建设）；

⑤ 运动场馆（上课、训练、比赛）；

⑥ 党史校史馆（学习、活动）；

⑦ 校园文化（班级文化、桃李园、校史墙、展示栏、广播站、公众号、校园之声）；

⑧ 鼓号队（升旗仪式、重大活动）。

三、党建案例

五华县第一小学2022年党建工作计划

为坚持和加强党的全面领导，落实党要管党、全面从严治党要求，压实党建引领工作责任，明确党建工作重点，全面提高五华县第一小学党建质量和水平，推动工作高质量发展，结合五华县第一小学工作实际，制订本实施方案。

（一）指导思想

2022年，我们将继续以习近平新时代中国特色社会主义思想为指导，深入学习贯彻党的十九大和十九届历次全会精神，认真贯彻落实习近平总书记关于教育的重要论述以及全国教育大会精神，全面贯彻党的教育方针，落实立德树人根本任务，着力转变观念、守正创新、攻坚克难，加快教育高质量发展，严格执行“双减”政策。以建党百年为契机，开展党史学习教育，弘扬伟大建党精神，筑牢听党话、跟党走的思想根基，以实际行动迎接党的二十大的召开。充分发挥党支部战斗堡垒作用和党员先锋模范作用，全面提高工作质量，推动五华县第一小学工作开创新的局面。

（二）工作任务

严格落实党建主体责任，加强五华县第一小学政治建设，规范学校党组织党内政治生活，完善议事决策制度，推进学校党组织规范化建设，发挥党员教师先锋模范带头作用，党建引领学校各项工作。严守“五个必须”、杜绝“七个有之”、做到“三个决不允许”，进一步增强“四个意识”、坚定“四个自信”、做到“两个维护”。

落实立德树人根本任务，开展“四史”（党史、新中国史、改革开放史、社会主义发展史）学习教育。利用学校升国旗、大队部“我们的节日”、研学实践等活动，筑牢听党话、跟党走的思想根基。新学年，学校将以党建引领各项工作为前提，以“四个结合”（政治学习与师德讲座相结合、党员示范与业务提升相结合、党员评议与教师考核相结合、党建文化与课程文化相结合）为抓手，全面打造“党建+”学校党建工作新模式，努力探索推进集团化办学新路子，切实提升学校办学质量。

1. 政治建设方面

（1）强化“四个意识”

牢固树立政治意识、大局意识、核心意识、看齐意识，确保党支部和党员干部始终在思想上政治上行动上同以习近平同志为核心的党中央保持高度一致。发挥领导干部示范带头作用、党组织战斗堡垒作用、党员先锋模范作用，扎实做好学校的教育教学管理工作。

（2）强化组织生活

深入推进“两学一做”学习教育常态化制度化，把学习贯彻党章作为政治建设的必修课，作为党员干部经常性的学习内容、教育培训的必备课程和日常管理监督的根本标尺。

① 落实“三会一课”制度。定期召开党支部大会、党支部委员会、党小组会；按要求上好党课。

党支部党员大会。党支部党员大会是党支部的议事决策机构，由全体党员参加，计划每季度召开1次（根据需要可以随时召开）。

第一季度：传达学习县委全会精神、县纪委全会精神、县教育局春季开学会议精神等，研究制订2022年党建工作方案。

第二季度：开展“四史”学习教育，落实立德树人根本任务，学习“习近平总书记重要讲话精神”。完成个别党员党组织关系隶属关系归口管理工作。

第三季度：讨论和表决接收预备党员。

第四季度：听取和审查党支部委员会的工作报告，进行书记抓党建述职考核活动，召开组织生活会，开展民主评议党员活动。

党支部委员会会议。党支部委员会会议计划每月召开1次，加强党对学校全面工作的引领，对党支部及学校重要工作进行讨论、做出决定。

党小组会。党小组主要落实党支部工作要求，我们党支部分为语文、数学、英语综合、玉茶校区四个小组，完成党支部安排的任务。党小组会一般每月召开1次，组织党员每月至少1次参加政治学习、谈心谈话、汇报思想、开展批评和自我批评等方面的活动。

党课。党课应当针对党员思想和工作实际，回应普遍关心的问题，注重身边人讲身边事，增强吸引力感染力。党员领导干部应当定期为党员讲党课，支部书记每年至少讲1次党课。相关课程安排如下：

2月：师德专题讲座（党支部书记）。

3月：组织一次关于“雷锋精神”学习教育。

5月：组织一次“习近平总书记重要讲话精神”学习。

7月：组织一次“四史”学习教育。

9月：组织一次“习近平总书记重要讲话精神”学习。

10月：组织一次“形势政策教育”。

11月：组织一次“党风廉政教育”。

12月：组织一次“党的宗旨教育”。

② 开展主题党日活动。各党支部（总支）每月相对固定在第4周的周五开展主题党日活动，主要组织党员开展集中学习、过组织生活、民主议事、志愿服务等红色党日活动。廖雄理副主任负责开展活动计划、开展活动过程记录。

③ 落实双重组织生活制度。严格落实双重组织生活规定，党员领导干部带头参加党支部和党小组组织生活，过好双重组织生活，带动提升组织生活质量。党支部（党小组）开展组织生活之前，应提前通知党员领导干部，以便党员领导干部能够妥善安排工作和活动。党员领导干部带头落实“双报到”，积极参加党员志愿服务。领导干部带头上党课，每年为党员上党课不少于1次，党组织生活每年不少于12次。党员领导干部每年不少于2次以普通党员身份参加所在党支部（党小组）的组织生活会。把党章要求作为民主生活会、组织生活会对照检查的重要内容，对查摆问题制定整改清单，整改一个，销号一个。

（3）抓好意识形态工作

注重发挥“学习强国”等学习平台作用，抓好党支部宣传舆论阵地建设与管理，推动意识形态工作责任制有效落实。加强公众号、广播站、校园之声的管理，完善舆情处置应对工作流程，做好舆情应对与处置。做好民族宗教工作，坚决反对邪教，杜绝传教，禁止党员信教，做好党员信仰宗教的排查、教育和处置。

2. 组织建设方面

（1）建设规范化党支部

认真落实《党支部工作条例》，用好《党建工作实用手册》，以创建“十有”党组织（有方案、有组织、有阵地、有责任、有载体、有纪实、有评比、有引领、有整顿、有保障）为抓手，推进“支部设置标准化、组织生活正常化、管理服务精细化、工作制度体系化、阵地建设规范化”，利用互联网平台开展党建工作，积极宣传报道，发挥领导干部和党员表率带动作用。

（2）严格党员教育管理

做好党费收缴工作。拟定《党员月缴纳党费数额核定表》，组织党员按月足额缴纳党费（每月第4周周五为党费缴纳日），填写《党支部党员党费缴纳登记表》，做好党费收缴登记、使用和管理工作，强化党员自觉缴纳党费的意识，激励党员强化责任意识、关心党的事业。常态开展谈心谈话。党支部经常开展谈心谈话，党支部委员之间、党支部委员和党员之间每年谈心谈话一般不少于1次。谈心谈话应当坦诚相见、交换意见、帮助提高。各党小组做好谈心计划，每季度上报1次谈话记录表。做好党员发展工作。把政治标准放在首位，严格按照《中国共产党发展党员工作细则》要求，对入党积极分子进行教育和培养，严格党员发展的5个步骤25道程序，严肃工作纪律，严把党员发展入口关，发展政治品质纯洁的党员。做好党员服务工作。深入开展关怀激励帮扶活动，关心党员思想、学习、工作和生活，了解党员需求，保障党员的权益不受侵犯，关怀帮扶生活困难党员和老党员，增强党员荣誉感、归属感、责任感、使命感，激励党员队伍发挥作用、走在前头。

3. 队伍建设方面

（1）旗帜鲜明讲政治抓政治

加强干部队伍建设，持续巩固深化肃清李嘉、万庆良恶劣影响成果，深刻吸取曾志权、李华楠案教训，严守“五个必须”、杜绝“七个有之”、做到“三个决不允许”，进一步增强“四个意识”、坚定“四个自信”、做到“两个维护”。做好省委巡视整改“后半篇文章”，根据县委巡察抓好整改落实工作。

（2）深入学习贯彻习近平新时代中国特色社会主义思想

深入学习贯彻习近平新时代中国特色社会主义思想，跟进学习习近平总书记对教育的重要讲话精神和批示指示精神，引导党员干部读原著、学原文、悟原理，在学懂、弄通、做实上下功夫，采取集中轮训、理论学习中心组学习、理论宣讲、组织生活、在线学习培训、个人自学等方式，开展领导干部上党课、研讨交流、主题宣讲等活动，大力加强党的创新理论武装，把学习成果转化为政治自觉、思想自觉和行动自觉。

（3）开展思想政治教育工作

把“不忘初心、牢记使命”主题教育作为加强党的建设的永恒课题和全体党员干部的终身课题，巩固拓展主题教育成果，深入开展“工作比拼、服务教育”活动健全创先争优长效机制。鼓励党员教师在工作期间佩戴党员徽章。要求党员教师在上示范课、公开课、举办专题讲座、家访等时佩戴党员徽章，组织党员教师在新入职、庆祝“七一”和教师节时重温入党誓词，积极推进实践创新、岗位创效、服务创优。

（4）加强教育培训

研究制订党员干部教育培训方案，进一步整合资源，开展多形式、分层次、全覆盖的教育培训。抓好教师党员的教育培训，增强党员干部适应新时代中国特色社会主义发展要求的能力。

4. 正风肃纪方面

（1）严格落实主体责任

坚持把抓好党建作为最大政绩，抓指导、抓督查，健全党建工作责任体系，推动党组织主体责任的层层落实。进一步完善督查和考核评价机制，抓实党组织书记述职测评工作。

（2）从严整治“四风”

认真贯彻《中共中央政治局贯彻落实中央八项规定的实施细则》精神，持续抓好中央八项规定精神落地落实，紧盯“四风”问题隐形变异新动向，深入查找形式主义、官僚主义新表现，认真治理“表态多、调门高、行动少、落实差”等突出问题，采取过硬措施，坚决加以整改。

（3）推进纪律教育经常化建设

持续推进五华县第一小学党支部的纪律作风建设，进一步严肃五华县第一小学党支部纪律，清正校风、教风。坚持把纪律挺在前面，坚持正面教育与警示教育相结合，使铁的纪律转化为党员干部的日常习惯和自觉遵循。

（4）加强党风廉政建设

严格落实抓党建责任要求，强化纪检监督责任，加强班子成员“一岗双责”。深化运用监督执纪“四种形态”，加强对落实党的路线的方针政策、加强日常监督和检查。开展好“纪律教育学习月”活动，上好廉政党课，剖析“违法违纪”典型案例，观看反腐倡廉专题教育片，用好“学习强国”教育平台，时刻警钟长鸣，切实增强拒腐防变的思想政治自觉。

四、德育案例

德育安全工作计划

（一）指导思想

学校德育安全工作坚持以习近平新时代中国特色社会主义思想为指导，全面学习贯彻习近平总书记对教育的指示批示和全国教育大会精神，深入落实《中共中央 国务院关于深化教育教学改革全面提高义务教育质量的意见》和中共中央、国务院印发的《深化新时代教育评价改革总体方案》，根据《中共中央关于进一步加强和改进学校德育工作的若干意见》和《中小学德育工作指南》的相关原则要求，积极而有创造性地开展丰富多彩的学校德育活动，完善德育课程，加强和改进未成年人思想道德建设，抓好师生安全教育和管理，全面推进素质教育，努力开创学校德育安全工作新局面。

（二）工作目标

1. 总体目标

结合五华县创建全国县级文明城市、全国卫生城市的任务要求，全面加强校园文化建设，打造特色校园文化，加强德育安全管理，创建安全文明校园和书香校园；加强教师职业道德建设，全面改进师德师风，树立师德典范，激活教师成长内驱力，以卓越教师“四阶”成长校本研修为基本模式，促进教师终身学习、专业发展、持续发展；继续贯彻落实《公民道德实施纲要》，加强学生行为规范养成教育和安全教育，培养良好行为习惯、学习习惯和卫生习惯，增强安全意识，特别是要加强诚信教育和心理健康教育，通过学校常规德育活动，主题活动、德育课程和学科教学，培养具有优秀品质、健全人格、健康心理和进取精神的合格人才，同时，注重课程开发、社团建设、活动开展，全面实施素质教育，培养五育并举、全面发展、个性发展的新时代中国特色社会主义事业的建设者的接班人。

2. 工作要求

（1）规范升旗仪式，结合传统节日、主题活动、周期性活动和时代需要，合理安排国旗下讲话的主题，通过升旗仪式和国旗下讲话，教育学生热爱祖国，热爱党，热爱人民，热爱集体，热爱学校。

（2）加强教师职业道德建设，经常性开展师德教育，组织“五佳教师”“年度最美教师”评选，树立师德典范；不断提升教师教育教学能力，通过“一体两翼三联动”校本研修模式，形成教师专业发展终身发展新格局；通过“聚集课堂教学变革，构建科学评价体系”高质课堂教学评比展示活动，充分发挥德育工作的课堂主渠道作用。

（3）加强理想信念教育和学习目的性教育，通过主题队会、传统节日、纪念日以及入学礼、入队礼、成长礼、毕业礼，树立“为中华之崛起而读书”的思想，从小刻苦学习、努力锻炼、关心集体，为实现中华民族伟大复兴的中国梦而不懈努力。

（4）自觉遵守《中小学生守则》和《中小学生日常行为规范》，围绕《一日常规要求》，结合自身实际，遵纪守法，养成文明行为习惯，做到尊师爱校，知法、懂法、守法，创造良好和谐的校园文化环境。组织大队、中队干部竞选，遴选学生督察，实施学生自理自治。

（5）努力完善功能场室，积极开发人文、体育、尚美、科创、劳动、木偶等特色选修课课程，组织学生积极参加文体活动和各种综合实践活动，组织各种比赛，增强学生体验，开展挫折教育，帮助学生树立正确的人生观、价值观和世界观，加强学生诚信教育和心理健康教育，促使其养成良好的心理品质。

（6）做好学生综合素质评定，增加社团活动、选修课、行为规范、文明礼仪、体育艺术、科学劳动方面评价，鼓励学生以德为先、培养兴趣、发扬特长、树立信心，促进学生不断进步。

（7）重视家委会建设。完善家委机构，注重在家长中发现理念新、有热情、积极配合、乐于奉献的骨干，动员引进家委团队里面，加强对家委成员的指导和培训，特别是在教育理念、工作方法、服务意识、奉献精神的引导，重视家委工作交流提升，把家长委员会打造成学校的得力助手和闪亮品牌。

（8）加强安全教育。结合学校实际与不同时段要求，分别开展国家安全、校园安全、交通安全、防溺水、消防安全、食品卫生、疫情防控、防煤气中毒、禁毒安全、防校园欺凌等方面的教育，全面提高全校师生的安全防患意识，提高安全自救能力。

（9）完善安全管理。坚持每学期2次以上的安全隐患全面排查和每月1次的重点排查，以及不定期对校舍安全、体育运动、教育教学设施的排查，及时完善安全设施，消除安全隐患。重视安全物资储备，定期检查安全和疫情防控物资，保证“用而有备”。

（三）工作措施

1. 进一步完善和加强德育安全队伍建设

（1）成立德育安全工作领导小组：（具体名单略）。

下设德育安全办公室：（具体名单略）。

（2）加强教导处、团支部、少先队、年级组间的工作协调和配合，密切联系班主任、学科教师和职工，树立“人人育人、时时育人、处处育人”的观念，把课堂作为德育工作的主阵地，注意发挥各学科教学的育人功能，结合校园文化和德育活动的开展，打造“全员育人、全过程育人、全方位育人”的德育工作新局面。

（3）注意发挥学生干部的作用。加强学生干部、学生督察、大中队干部的培养，实行大中队干部竞选和学生督察遴选制度，逐步实现学生自治自理，培养学生自我管理能力。

2. 加强德育课程和教育活动管理，提升德育工作效能

（1）进一步落实班主任工作职能，坚持每周1次班主任主题中队会，加强班主任考核，充分发挥班主任在德育工作中的主力军作用。

（2）坚持组织教育理论学习与教育技能培训，重视师德培训，增强师德修养，定期召开德育工作研讨会、师德经验交流会、班主任工作经验交流会、安全工作交流会、教育故事分享，不断提升班主任的工作能力和水平。

（3）继续宣传落实《公民道德建设实施纲要》精神，树立“为人民服务”的宗旨，以集体主义为原则，以爱祖国、爱人民、爱劳动、爱科学、爱社会主义为基本要求，全面培养学生健康发展，成为时代新人。

（4）开齐开足体育艺术科学劳动课程，广泛开展体育活动，增强健康意识，全面提高学生素质；重视开展艺术教育，培养学生审美能力；完善学生科学创新课程，组织学生参与创新创造与小实验、小制作、小发明，积极开展劳动教育，完善各种社团机构，坚持开展校园“文化艺术节”“体育科技节”活动，促进学生全面发展。

（5）完善家委会机构，加强家委会管理，以家委会为载体，加强家长学校建设，全面提升家长的家庭教育水平。通过家委会，动员家长积极参与各项教育教学活动，为学校提供丰富的教育资源和力所能及的帮助，促使家庭教育与学校教育、社会教育有机结合，突出家庭教育的重要性。

（6）通过开展各种形式的活动，培养学生兴趣爱好和个性特长，加强学生诚信教育和心理健康教育。开好以“诚信”教育为主题的班会，教育学生养成以“诚信”为本的品质。加强青春期教育，上好健康课，注意学生心理素质的培养。

（7）加强法制安全教育，与派出所、居委会共建法治文明社区，聘请法制副校长，定期为学生上法制安全教育课。

（8）加强防溺水、交通、校园、消防等方面的安全教育，提高学生安全防范意识，杜绝安全事故的发生。

（9）坚持开展以“社会主义核心价值观”为主题的教育活动。

（10）严格升旗制度，规范升旗仪式，宣传《中华人民共和国国旗法》，充分利用国旗下讲话对学生进行主题教育。

（11）抓好重大节日的教育活动，以节日、纪念日为主体，开展周期性专题教育。

（12）加强德育安全台账建设，严格按上级要求，建立健全各项档案与台账资料，并逐步完善，做到规范化、专业化。

3. 继续抓好常规教育和常规管理工作

（1）按照《中小学生守则》和《中小学生日常行为规范》的要求，对学生进行行为规范养成教育。

（2）严格课堂管理，规范课堂常规，培养良好的课堂习惯和学习习惯；抓好课间管理，积极开展眼保健操、大课间及课外体育活动。

（3）抓好值日工作，做到有计划、有检查、有公布、有总结。

（4）坚持保洁区“一日三扫”，积极开展爱国卫生运动和校园“四化”评比，创建安全文明校园、绿色校园。

（5）加强爱护公物教育，保护好公共物品，爱护花木，分班落实花木管理，做好校园绿化美化。

（四）具体活动安排

2月

（1）拟订德育安全工作计划；

（2）开好新学期第一个文明礼仪行为规范主题班会（开学第一课）；

（3）组织学生报到和入学动员，检查寒假作业；

（4）组织好开学典礼，开展理想信念主题教育；

（5）安排好值日工作，召开值日教师、值日学生会议；

（6）组织“马路天使”家长志愿服务活动。

3月

（1）组织学雷锋纪念日活动和“学雷锋活动月”活动；

（2）召开关工委工作、家委工作会议，开展亲子红色体验活动；

（3）三八妇女节庆祝活动，第三届校园“体育科技节”筹备会；

（4）“绿满校园”植树节活动；

（5）“学雷锋活动月”总结。

4月

（1）组织好清明节祭扫烈士墓活动，缅怀革命先烈；

（2）召开法制安全教育大会；

（3）开展安全教育活动和值日工作会议；

（4）家长、学生代表座谈会（教师师德师风测评）；

（5）“赓续红色血脉”演讲比赛；

（6）第三届校园“体育科技节”开幕式；

（7）启动“校长杯”班际足球赛及体育类相关活动。

5月

（1）五一节期间，组织第二届“桃李杯”校友足球友谊赛；

（2）开展劳动实践主题活动，启动科技创新系列活动；

（3）“建设卓越家委，培育良好班风”班主任工作经验交流会；

（4）组织全校性德育安全突击检查活动；

（5）消防应急演练与安全知识讲座；

（6）第三届“体育科技节”闭幕式与颁奖大会。

6月

（1）庆祝“六一”系列活动；

（2）六年级“播种希望，放飞梦想”毕业典礼；

（3）“书香班级”“书香家庭”评选活动；

（4）班级“四化”评比；

（5）“防溺水”主题安全教育。

7月

（1）做好各项德育评优工作，检查家访登记；

（2）做好学生的学业评定和学年工作总结；

（3）做好学生德育考核工作，填写素质报告手册；

（4）暑假前系列德育安全教育，布置暑假作业；

（5）举行“散学礼”暨学年总结表彰大会；

（6）安全隐患排查，校友走访活动。

五、教学管理案例

五华县第一小学2021—2022学年度第二学期教学工作计划

（一）指导思想

以习近平新时代中国特色社会主义思想为指导，全面贯彻党的教育方针，严格执行“双减”政策相关文件，以《中共中央　国务院关于深化教育教学改革全面提高义务教育质量的意见》和中共中央、国务院印发的《深化新时代教育评价改革总体方案》为指导，坚持“站在高处，想在深处，做在细处，落在实处”的工作准则，秉承“以研修促成长，以课程创特色，以制度强管理，以自治谋发展”的工作思路，着力转变观念、守正创新、攻坚克难、守住底线，加快教育高质量发展，推进教育现代化、建设教育强国、办好人民满意的教育，培养德智体美劳全面发展的社会主义建设者和接班人，以实际行动迎接党的二十大胜利召开。

（二）教学目标

新学年，我们继续突出“聚焦课堂教学变革，构建科学评价体系”高质课堂教学的工作思路，以质量提升为中心，创建特色学校为目标，全面推进课程改革为切入点，扎实抓好教学工作，千方百计提高教学质量。具体目标是：

（1）六年级学生县水平检测在县前三名。

（2）普通班学科成绩达到或超过县管理目标。

（3）学生的综合素质应得到明显提高。

（4）玉茶校区内部托管，校风、学风明显转变；教师专业素养、学生素质显著提高，校际结对帮扶对象河东镇第三小学的学生综合素质应得到明显提高。

（5）“一个中心，两项研究，三项常规，四个提高。”

“一个中心”：以教学质量为中心，积极推进课堂教学改革，切实提高教学质量。

“两项研究”：一是加强校本教研的研究，构建新型校本教研文化；二是加强有效课堂教学的研究，深入推进课堂教学改革。

“三项常规”：一是深入课堂听课调研；二是狠抓教学质量监控；三是抓好校本研修、分组教研、基本功比武、学科竞赛等工作。

“四个提高”：一是提高教师的教学业务水平；二是提高教研队伍研究水平；三是提高薄弱学科教师教学水平；四是提高全校的教学质量。

（三）工作思路

本学年度的工作思路是：2022年，是第二个百年征程的启航之年，是学校实施第二个“三年规划”，也是学校走向持续发展、稳步发展的关键之年。这一年，我们将坚持“以研修促成长，以课程创特色，以制度强管理，以自治谋发展”的工作思路，推动管理与课程改革，全面启动品牌学校创建。

一是继续坚持党建引领，逐步完善“一体两翼三联动”校本研修体系，尝试“四阶”教师研修路径，持续聚焦课堂教学变革，构建“科学评价体系”高质课堂教学，全力打造“卓越教师”，逐步营造教师终身学习、专业成长的浓厚氛围；二是继续提升以“人文、体育、尚美、科创”为主的四大类校本选修课程，完善“礼仪、诗词、足球、书法、木偶”五门特色校本课程；三是结合实际修订完善年级管理、教师研修、教学常规、考核评价、财务后勤等教师管理制度，落实规范化、制度化、科学化、人性化管理；四是尝试探索以“学生督察、干部竞选、班级自治、家委参与”为主要形式的学生自主管理体系；五是实施“六统一”策略（统一理念、统一管理、统一研修、统一课程、统一部署、统一评价），全面推动集团化办学实践，提升校区办学质量，促进校区共同发展。

（四）工作重点

（1）落实局长在2022年中小学春季开学工作会议上的讲话精神，坚持落实“五育并举”的精神：强化体育锻炼、突出德育实效、实施课堂教学改革、开展城乡学校教育改革、增强美育熏陶、加强劳动教育、加强教育督导。

（2）加强高效课堂教学管理，大力提高课堂教学效率，突出以教学为中心的主要目标。

（3）加强学校管理工作，使管理走向规范化、制度化、科学化，努力提高学校的管理水平。

（4）加强师资培训力度，稳步提升教学水平。

（5）加强校本研修，改革研修模式，创建教研文化，发挥教研团队成员的示范、引领、辐射作用，确保教研活动丰富有效。

（6）加强各个备课组教学活动，坚持文化引领，打造卓越科组。

（7）加强学校体育、卫生、安全工作，做好疾病防治工作。

（8）坚持特色创建，打造特色学校品牌。

（9）坚持阅读积累，创建“书香校园”。

（10）落实《五华县振兴山区教育三年行动工作方案》和教育集团的文件精神，学校托管对象玉茶校区、校际结对帮扶河东镇第三小学和河口小学，成立专门工作小组，明确工作职责，开展学科课改教研交流活动，提高两间学校的教育管理水平和教学质量。

（五）具体措施

（1）抓好学习活动，提高业务水平。一是学习《基础教育课程改革纲要（试行）》增强实施新课程的自觉性和责任感；二是学习新课程标准，使教师掌握实施新课程的教学方法和手段，不断提高教师的专业文化水平；三是学习、研究新教材，了解新教材在编写思路、结构、内容和要求等方面的特点，逐步提高教师驾驭教材的能力，使教师胜任新课程的教学工作；四是学习教育教学理论和外地院校的先进教学经验，用理论指导实践，不断提高教师的业务水平。

（2）加强教研组建设。设置四个教研组：语文教研组（组长：李春英），数学教研组（组长：钟军红），英语教研组（组长：曾翠娟），体艺教研组（组长：杨美华）。各级科备课组的教研活动要求做到“四定”，即时间、地点、内容、中心发言人，蹲级领导必须参加科组教研学习。备课要做到“三备”，即内容、对象、方法。同时做到“四统一”：目的要求，“四基”和重难点，进度，练习和测试。科组教研活动要求做到“两个保证”，即教学研究时间和质量。学校把每位教师的教研成果作为评估教师教学业绩的一个重要依据。要发挥教研组的作用，提升教研组核心竞争力，创建教研文化。采取“专题讲座、小组研讨、教学观摩、名师指导、互动交流”等形式，组织教研活动，提高教研实效，创建“卓越科组”联合玉茶校区、校际结对帮扶河东镇第三小学，进行语文、数学、英语等课的同课异构。

（3）落实教学常规，打造高效课堂。按照《五华县小学教学工作管理条例》要求，抓好教学常规的落实，备课、上课、改作、辅导、考查、反思、学习等各个常规环节抓紧抓好，做到有组织、有计划、有检查，以扎扎实实的常规教学促进教研深入开展，推动学校发展。教导处每月组织1次常规工作检查，加强教学督查和随机听课检查，保证每周有领导下班听课，听课必检查教案、作业、晚作业、辅导记录等，每两周进行1次督查。督查形式多样。具体的操作遵循以下三个原则：一是不走形式，突出实用。二是强化过程，突出真实。教师一学期上一节公开课（或优质课）、写一份优秀教案，写四份教学反思、每学期写一篇质量较高的教学体会或论文、写一份心得、命制一份试题，以此衡量教师的教学水平。三是弘扬先进，突出典型。树立教改中的好榜样，以县一小“五佳教师”和“年度最美教师”为榜样，进而激发全体教师的工作热情。定期举行学科带头人教学经验交流会。

（4）认真总结普通班、毕业水平测试的经验和不足，不断改进和完善教学体系，切实加强考风考纪建设，以促进教学质量的全面提高。

（5）抓好省、市、县教育科研立项课题工作。

① 成立教育科研领导机构：（具体名单略）

② 语文科重点抓好广东省教育系统“十三五”教育科研课题“基于STEAM教育理念下的木偶系列课程开发实践与研究”和李燕、李姗姗、古秀群、张秀媚、宋辉玲、蓝绿萍老师主持的县级课题。

数学科重点抓好全体数学老师参加的省级课题“广东省梅州市互联网+校

本示范项目——‘基于核心素养的数学学科教学能力提升’联研实施方案”，钟媛老师主持的县级课题“小学数学课堂教学中动手操作有效性的研究”，朱秋兰老师主持的县级课题“‘双减’背景下小学数学课堂教学有效性研究”。

英语科重点抓好全体英语老师参加的国家级课题“‘授渔计划·双师课堂’金种子项目”，杨燕明老师主持的县级课题“生活资源在小学英语课堂教学中的应用与实践研究”，朱婷老师主持的县级课题“小组合作小学英语课堂教学中的应用与实践研究”。

信息科重点抓好彭海波老师主持的省级课题“五华县第一小学校园科学馆（室）建设试点示范”。

体艺综合组重点抓好李春凤老师主持的县级课题“小组合作学习在美术课程中的应用探索”，德育课题“新形势下家庭教育指导创新研究”。

③ 各级科根据“北师大授渔计划·双师课堂”金种子项目实际相应制定短期的实验项目，通过实验出成效，推进教学改革。积极开展“聚焦课堂教学变革，构建科学评价体系”高质课堂教学活动。加大课程改革步伐，课改的专题有实践性、可行性、创新性、科学性，教育科研领导小组要进行指导立项、实施、监督、评估等。做好课改准备工作，教师进行课题研究，要求做到“三个有”，即有教研课题、有教改汇报课、有优秀教案和优秀论文（或经验总结）。积极开展“互教互学，以老带新，以新促老”活动。课前有教研，课后有评议，不断提高研究水平。每年从课题实验的优秀教师中评选出教学先进工作者。

④ 实验活动经费：学校千方百计筹集经费，确保实验课题顺利进行。

（6）为更好更快地帮助新教师专业成长，也为了发挥骨干教师的引领作用，制订“青蓝工程”导师制方案和聚焦课堂教学变革，构建“科学评价体系”高质课堂教学活动。以学期为单位，对认真完成规定任务，并能在校内外展示、评比等教学活动中脱颖而出的弟子及导师，学校进行奖励；对其导师，在评优晋级中给予优先考虑。

（7）发挥李钧名校长工作室、五华县甘燕名师工作室的示范引领辐射作用，搭建教师专业成长平台。

（8）开发特色课程：人文、体育、美育、创新课程。丰富学生的学习生活，发展学生能力，提高教学效果。以“五华国家级非物质文化遗产提线木偶剧”为主题，开设木偶绘画、木偶泥塑、木偶服装设计、提线木偶表演等课程。以学校重点课题广东省教育系统“十三五”教育科研课题“基于STEAM教育理念下的木偶系列课程开发实践与研究”为依托，促进学生全面发展。

（9）打造特色学校，提升学校品位。努力打造“书香校园、文化校园”，以古诗文诵读和足球为特色，抓好每级规定的编目诵读、背诵的落实，定期抽查，每学期进行阶段性验收、总结、表彰；抓好足球传统项目学校的各项工作，定期进行校级比赛，体现足球运动特色。充分利用好预备课和课外时间：上午课前演讲5分钟训练，中午课前唱歌与写字训练，下午课外阅读指导。让学生养成良好的学习习惯，学校形成晨诵、午书、暮读的文化氛围。打造市、县示范学校，推动教育的均衡发展。

（10）抓好体育、卫生、艺术和劳动技术教育。目标：《学生体质健康标准》合格率90%以上，优秀率20%以上；有效控制多发病，近视率1%以下。措施：一是认真实施《学校体育工作条例》《学校卫生工作条例》，认真上好体育课，积极开展“两课、两操、三活动”，积极实施《学生体质健康标准》，努力提高学生的身体素质；二是抓好小足球的训练和田径队训练，参加比赛要出成绩；三是做好预防各种传染病、流行病的防控工作，落实《突发公共卫生事件的应急条例》；四是加强运动场地的建设，完善体育器材，保证体育教学和课外活动的正常开展；五是加强音乐、美术课堂教学，以“五华国家级非物质文化遗产提线木偶剧”为主题，木偶绘画、木偶泥塑、木偶服装设计、提线木偶表演等，开展丰富多彩的课余文化艺术活动；六是改进劳动技术教育，开展小科技制作和小发明活动，培养学生热爱科学、热爱劳动、艰苦奋斗、勇于创新的精神。

（11）结合“430”托管活动，切实抓好培优补差工作。各班定出特长生或学困生5—15人，制订相应的工作方案和措施，讲究方法与策略提高优秀率和及格率。培优补差时间是下午4：30—5：30。

（12）加强多媒体技术与学科教学整合。重视信息技术在课改中的作用，强化信息技术与学科课程的整合，提高教育教学效率和质量。加大新教师多媒体技术的培训力度，教学人员能自制教学软件，各科组组织教师积极参加比赛和上传工作。

（13）创建广东省语言文字规范化示范校。按《五华县第一小学创建广东省语言文字规范化示范校实施方案》开展各项工作，积极推广普通话，努力营造推普氛围，举办形式多样的朗诵会、背诵比赛、演讲比赛等活动，提高学生的口头表达能力。

（14）托管对象玉茶校区、校际结对帮扶河东镇第三小学和河口小学，明确工作职责，把任务落实分解到具体周次、学科、教师，要求帮扶人员利用教学资源优势，发挥优质教育资源的示范、辐射、引领作用，确保活动取得实实在在的效果，促进学校间携手共进同发展，促进校与校教育质量整体的提升与发展。

第四节　改革之魂：学校办学的精神内核

改革之形与改革之体的构建，让五华县第一小学形成了直观明确、系统全面的改革新面貌，而形体终究要以精神内核为灵魂。在校领导和全校教职员工的共同努力下，五华县第一小学形成了“做更好的自己”的办学理念，提出了学校的“四五”愿景和“以人为本，全面发展”的办学宗旨。最终，凝练为求真务实、甘于奉献、刚健自强、敢为人先的“一小”精神。它们共同构成了五华县第一小学办学的精神内核，也是“一小”改革之魂。

一、办学理念：做更好的自己

“做更好的自己”，分别体现在教师、家长、学生、学校四个层面。教师坚持学习，博览群书，增长知识，开阔视野，坚持研究，深入反思，不断提升理论水平和实践能力，促进自身专业发展；家长主动陪伴，积极参与，加强交流互鉴，亲子共学共读，共同成长；学生谦逊好学、善于思考，注重阅读积累，培养良好习惯，提倡全面发展，培养兴趣爱好和个性特长，不求人人优秀，只要天天进步。学校办学条件不断改善，校园文化浸润师生，隐性课程无处不在，师生共同成长，家校携手努力，努力创建文明校园、书香校园，打造“教师有归属感，学生有幸福感，家长有荣誉感”的成长乐园、现代化学校。有了教师的日益成长，家长的学习提升，才有学生的不断进步、学校的持续发展，这就是“做更好的自己”内涵之所在。

“做”，凸显了学习、发展、成长的自主性与主动性；“更好”，充分体现人的发展需求，让不同的人得到不同的发展，每一个人，既要全面充分地发展，又要有个性特色的彰显；“自己”，阐明教育的真谛，每一个生命都是独特的，不可复制的，教育就是让每一个人成为真正的自己、更好的自己，而不是成为父母的复制品、升级版，也不是成为教师或家长期望中的某种样子，抑或是成为其他什么标准化的、理想中的、完美的人。

二、学校“四五”愿景

五华县第一小学是一所“教师有归属感，学生有幸福感，家长有荣誉感”的成长乐园和现代化学校，基于“做更好的自己”这一办学理念，学校将学校的发展愿景凝练为“四五”，即在校园、教师、学生和家长四大方面，建设五大成就，具体如下。

五优校园：环境幽雅、校风上进、教师儒雅、学生活泼、家校和谐。

五有良师：有理想信念、有道德情操、有扎实学识、有仁爱之心、有工匠精神。

五好少年：好习惯、好体魄、好智能、好情商、好才艺。

五能家长：能负责、能陪伴、能参与、能奉献、能成长。

三、办学宗旨：以人为本，全面发展

学生成长的关键是教师，学校发展的关键也在教师，具有学习意识、创新思维，健康阳光的老师，才能培养出会学习、敢创新、能交流，乐观向上的学生。因此，学校应该以教师为本，注重教师的专业发展和兴趣培养，关心教师身心健康，为教师提供展示专业素养和职业能力的平台，让教师充分体现职业追求，实现人生价值；学生的成长是教育的终极目标，是教育的初心和使命，也是教育的出发点和落脚点，学校必须以学生为本，关爱学生，培养学生兴趣，发展学生特长，注重身心两健，促进整体提升，培养德智体美劳全面发展的新时代中国特色社会主义事业的建设者和接班人。

四、“一小”精神：求真务实、甘于奉献、刚健自强、敢为人先

1. 求真务实

“务实图治”是学校最初创办时的校训，在老校训鞭策下，“一小”人从无到有，由弱至强，一直以严谨的态度对待教育教学工作，始终坚持实事求

是，谦虚谨慎，勤奋踏实，真抓实干，不求浮华，不图虚名。求真务实的精神品格是“一小”人在70多年办学历程中追求真理、努力探索、务求实效的真实写照。求真是务实的结果，务实是求真的前提，只有务实才能探求科学和真理。

2. 甘于奉献

奉献可从孟子的仁义理想中找到源头，鲁迅先生的“横眉冷对千夫指，俯首甘为孺子牛”，陶行知先生的“捧着一颗心来，不带半根草去”，都是奉献精神的生动写照。无私才能奉献，“全心全意为人民服务”“毫不利己、专门利人”的雷锋精神是奉献的最高境界。甘于奉献，就是要为国家、为人民付出真情，做出贡献；甘于奉献，就是要有强烈的责任心和使命感；甘于奉献，就是对工作的精益求精和对学生无微不至的关爱。甘于奉献正是一代代“一小”人沉淀和积累起来的精神品格。

3. 刚健自强

这是儒家倡导的政治、伦理观念。《论语·子路》“刚毅木讷，近仁”，始幼崇尚“刚健”的倾向。《易传·象传》：“天行健，君子以自强不息。”意为君子应该体现自然之天“刚健”的本性，刚强不屈，生生不息。儒家的刚健自强思想不仅教育、激励历史上的仁人志士奋发向上，改造自然与社会，完善个体道德品格，而且构成中国传统文化中极富活力的积极成分。刚健自强的精神也激励着“一小”人集资办学、艰苦创业、自强不息。

4. 敢为人先

这是客家文化的显著特征，无数客家人在南迁的过程中，劈山开路，遇水架桥，刀耕火种，不断开拓，艰苦创业，其精髓就是“胸怀天下，敢为人先”。数千年来，赵佗、黄遵宪、朱德、叶剑英、古大存、曾宪梓等客家先贤无不显示客家文化中思变求新、开拓进取、敢为人先的精神品格。作为办学历史悠久、办学规模最大的县直属第一小学，每一位“一小”人都在不同的时期努力充当革新的先行者、改革的排头兵、探索的拓荒牛，永远保持不甘落后、追求卓越、与时俱进、勇立潮头的闯劲、拼劲。

五华县第一小学在70多年的办学历程中，形成了鲜明的办学特色和探索精神，这是学校历史和文化的积淀。纵观学校发展历程，从捐资办学、乡村小学、乡镇中心小学、县直属学校，到县城名校、市县闻名，历任校长和教师一直坚持“求真务实、甘于奉献、刚健自强、敢为人先”的精神，正是因为这种精神的引领，五华县第一小学在培养德智体美劳全面发展的新时代社会主义建设者和接班人的同时，把“一小精神”作为人才培养的重要素质要求。这种素质的基本内涵是：追求真理、不断探索，兢兢业业、脚踏实地，任劳任怨、默默奉献，艰苦奋斗、勇于实践，顽强拼搏、自强不息，敢想敢干、乐于创新，敢开先河、勇立潮头。

第五节　改革之路：学校办学的精神内核实例

一、教师精神建设案例

做幸福的教师

每个人对幸福都有不同的定义。不同的人，在不同的时期都有不同的需求，对幸福也有不同的感受。从马斯洛的需求层次论来说，人的需求，都是从生理、安全等低层次的基本需求，逐步发展到归属、被尊重，再到自我实现，甚至超越自我等高层次的发展需求。当人解决生理、安全需求以后，会开始追求更高层次的精神需求。作为教师，如何在日复一日的单调工作中，去细细体会教师这一职业特有的幸福感呢？中国著名教育家陶行知曾说过：教育者应当知道，教育是无名无利且没有尊荣的事。教育者所得的机会，纯系服务的机会、贡献的机会，而无丝毫名利尊荣可言。因此，教师要努力排除追名逐利的思想，以一颗平常心去干实实在在的事情，才能真正体会到教师这个职业的幸福感。

（一）热爱本职，树立职业自信

幸福其实只是一种心境，它源于对这个职业的认同、尊重和热爱。每一种不同的职业，都有其价值所在，也有其艰难困惑的一面。不是每一个人都能从事感兴趣而又轻松的工作。

教师的困惑与艰难，其根本原因，在于没有真正认识到，教育的根本任务，在于立德树人；没有认识到，教育的内在价值，在于促进人的全面发展；

没有体会到，教师的愉悦幸福，并不是来自自身的名利和尊荣，而是来自自己的工作对象——学生的成长、成才和成功。那么，如何在工作中体验到教师的职业幸福感呢？

首先，教师必须在工作的每一个情境中去细细体会职业的价值。教师的价值，在于学生的成长、家长的肯定和社会的认可。因此，只要真心付出，努力奉献了，当学生不断进步时，当为学生送上一堂精彩的好课时，当学生送来他们画的稚气的画时，当全身心地投入教学工作当中时，当学生追着问解题思路时，当自己的努力得到领导的肯定时，当成绩得到家长的赞许时，当能力得到提升时，当与同事谈笑风生时，我们一定会感到无比的幸福。

其次，教师应该在课堂中体验教育教学能力的提升。课堂是教师生命中最重要的舞台，一个懂得享受上课的人，课堂便自然会成为其享受幸福的舞台。因此，教师要深入研究课程标准，钻研教材，挖掘有用的教学资源，精心设计好每一节课，把每一节课都当成是自己的唯一作品！有一句教育名言：教育是事业，事业的价值在于奉献；教育是科学，科学的价值在于求真；教育是艺术，艺术的生命在于创造！教师只要在教育教学工作中坚持奉献、不断求真、勇于创造，自然能够体验到教师职业的真正幸福！

当然，也许会有人问，如果我不喜欢教师这个职业，如何体验教师的幸福？其实，无论喜欢与否，你毕竟已经成为一名教师了。当你没有计划马上改变现在的工作时，与其总是宣泄苦恼、埋怨、反感的情绪，只会让压力越来越重，倒不如放下负担，静下心来，无论是讨厌还是喜欢，都可以好好地体会教育过程中哪怕是点滴的快乐与幸福！

（二）热爱孩子，挥洒母性光辉

“没有爱，就没有教育。”爱，是教育的前提和基础，也是职业幸福感的源泉。如果你想做一个幸福的教师，就应该在每一天的工作中尽量奉献你的爱，让你的爱悄悄地润泽孩子的心田；尽量奉献你的微笑，让孩子感受到教师的爱，鼓起向上的勇气。有的表达很简单，课堂上一个赞许的微笑，孩子进步时一个肯定的眼神，孩子困惑时的一次鼓励，孩子难过时的一个拥抱，作业本上的一个大拇指，素质报告书上一句赞扬的话语，教师每一次润物无声的关心和关注，都一定会让孩子树立努力向上的信心。

赠人玫瑰，手留余香。而教师，是给予爱、收获爱的职业。只要教师无私地奉献自己的爱心，那一定会得到意想不到的收获——孩子的成长、家长的感谢、社会的认可！当你的内心对自己的学生充满爱的时候，你会容忍孩子的缺点，接纳孩子的错误，你会很细心地去观察孩子的一言一行，发现孩子看起来不可思议的行为背后的真实想法，发现每一个转瞬即逝的闪光一刻。

爱，让学生快乐、让教育温暖、让教师幸福。这才是教师职业幸福感最重要的源泉。

（三）热爱学校，收获家的温暖

很多教师不想去学校，一提到上班就压力重重，这是明显对学校缺乏认同、缺乏归属感的表现。对学校缺乏归属感，是教师职业幸福感不足的其中一个重要原因。

我们教师，都必须真正认识到，学校，不是校长或少数领导的，而是全体师生的，是每一个师生的心灵港湾和精神家园。因此，每位教师，都应该像校长一样做老师，除了努力工作、积极钻研之外，平时留心观察，用心思考，及时发现问题，真诚向学校提出改进的想法和建议，做到不熟视无睹，不当旁观者，不做隐形人。

当然，学校领导也应该成为普通教师的一员。不高高在上，想问题、做决策、办事情从实际出发，多听取教师意见，要把大家的建议和想法集中起来形成全校的办学思想和工作目标。

热爱学校，就要把自己看成学校的主人，细心发现学校存在的问题，主动捡起地上的垃圾纸屑，及时向学校反映问题；热爱学校，就要把学校的事当作自己的事，主动完成学校布置的任务，积极参与学校活动；热爱学校，就要把学校的声誉看成自己的声誉，切实遵守法律法规和上级要求，谨守师德师风，宣传学校发展，维护学校形象。这样，我们才能够真正清醒地认识到，教师的言行举止代表着学校的形象和声誉，学校是每一位教师的精神家园和心灵港湾。

我们从心里真正地在乎学校、关心学校，在身处学校时才能从心灵上感到温暖，才能感受到自己的价值，体验到做教师的幸福。

（四）热爱学习，师生共同成长

时代在进步，知识在更新，一个故步自封、不增加知识积淀的教师，是无法教育好学生的。

作为教师，必须拥有渊博的知识，才能更好地去引导学生、升华自己。教师的自我提升，阅读是一条重要途径。书籍是我们的精神食粮，精神世界丰富了，生活才会更有意义，工作才会更有活力，幸福才更容易被感觉到。为了让教师开展持续的读书活动，我们鼓励教师开展“燃梦行动·阅读”打卡活动，坚持进行适度而持续的阅读。我们要知道，不学习的教师，就是用过去的知识教现在的学生，面对将来的社会。“成长才会自信，自信才会幸福。”要想做一个幸福的教师，就要不断读书，通过读书重新认识自己、丰富自己、提升自己。

作为教师，要努力提升自己的教育理论水平，积极参加在职学习和各类专业培训。教师应该通过系统的培训，更深刻地认识教育发展规律，更深入地研究课程标准，把握学科核心素养，深入理解教育新理念，更好地用于指导自己的教学实践。还可以通过参加教育科研，在研究中不断提升理论水平。

作为教师，还要扎实训练教学基本功，认真学习教学新技能，班级管理新方法，并在教育教学工作中不断尝试和创新，把一些新的方法运用到我们的教育教学中，努力跟上教育改革的步伐。

（五）热爱自己，自尊自爱自重

一名合格的教师，要真正体会到职业给自己带来的幸福，自身的因素是必不可少的。一个健康的身体、一个良好的形象、一个和谐的家庭，是让教师感受到快乐和幸福的源泉。

教师在努力工作的同时，注意保持健康而有营养的饮食、保持有规律的生活、坚持参加喜欢的体育运动，在生活中待人友善、心胸豁达，从而让自己经常保持良好的身体状况和平和的心态。而这种心态可让教师在工作中体验到更多的轻松愉悦，进而大大提升日常的教育教学的效果。

教师是一个特别受人关注的行业，为人师表、道德楷模、谦和有礼，是全社会对教师的期待。因此，教师在日常生活和工作中，保持仪容整洁、衣着适宜，注意言行得体、为人师表，坚持谨守公德、遵纪守法，能让学生、家长和群众油然而生信任和亲近之感，从而肃然起敬。而这种与众不同的职业体验，会让教师充分感受到这份职业带来的荣誉感和成就感。

教师，工作中面对的是天真无邪的孩子，教师的心情、态度能够直接影响到教育的效果。这是一个需要用心、用爱去对待的工作。民主和谐，互相支持的家庭氛围，是一个人能够安心工作的基础，对于教师来说，更是如此。教师在尽心尽责完成好工作任务的同时，好好地经营自己的小家庭，处理好夫妻关系，孝顺家中的长辈，用心引导孩子，和睦邻里，乐于助人，既是充分展示教师的良好形象，更是为教师能够以良好的精神状态投入教育教学工作中提供保障。

一名优秀的教师，都会努力地在繁忙的工作之余，用心去体验自己所热爱的，太阳底下最光辉的职业给自己带来的特别的幸福感。让我们重温幸福的感觉：爱职业，认同、自信的幸福；爱孩子，给予、成就的幸福；爱学校，温暖、奉献的幸福；爱学习，成长、提升的幸福；爱自己，自尊、自爱的幸福。

二、班级精神建设实例

打造班级文化，培育班级精神

班级文化是班级管理的综合体现，是一个班级的灵魂。积极上进的班级文化，有助于建设优良的班风和学风，能在班级成员的心理上产生巨大的内在的激励因素，可以增强班集体的向心力和归属感，从而培育独特的积极向上的班级精神。而班级文化建设，是一个动态的、发展的系统工程，具有自我调节、自我约束的功能，其主体是学生。

（一）什么是班级文化

文化，是指人类在社会历史发展过程中制造的物质财富和精神财富的总和。文化也可以被称为“社会团体共同的思维特征”。可以这样说，只要有社会团体的地方，如一个国家、民族、地域、学校、企业、科组，通过一段时间的积淀，就会形成独有的群体文化。

同样，一个小小的班级，也会有其特有的文化。班级文化，又称“班级群体文化”，是班级所有或大部分成员共有的信念、价值观、态度的复合体。班级文化是一种个性文化，代表着班级的形象，体现了班级的生命。班级文化是班级全体师生共同创造的财富，是班级全体师生共同劳动的结晶，主要体现为班级成员的言行倾向、人际环境、班级风气等。其物化反映具体表现为班级的墙报、黑板报、活动角及教室内外环境布置等。

（二）如何打造班级文化

班级文化可以分为显性文化（硬文化）和隐性文化（软文化）。有经验的班主任，都会充分利用班级资源，有效打造班级显性文化和隐性文化，从而形成特色班级文化，培育良好班风。

1. 精心设计班级显性文化

“显性文化”也被称为“硬文化”，也就是物质文化，是指可以摸得着、看得见的环境文化。如干净整洁的教室，教室墙壁上的名言警句、英雄人物或名人画像，摆放整齐或呈马蹄形、矩形、椭圆形的桌椅，学生学习成果或艺术作品的展示栏，学生综合素质评比的“成长树”，激发学生探索未知世界的科普长廊，表露爱心的“小小地球村”“植物角”，悬挂在教室前面的国旗、班训、班风，醒目的激励图案和励志标语等。

班级显性文化，可以对班级成员产生教育和影响的作用，在潜移默化中改变自己。因此，一名优秀的班主任，总会充分发挥学生的主体作用，通过轮流值日、卫生督察，长期保持教室整洁卫生，定期开展作品展示或操行评比。或者积极动员家委会，利用开学、节日、活动等时机，开展主题活动，把教室布置得独具一格，充满文化气息，洋溢书香气息。

学校也可以通过开展班级“四化”评比、“书香班级”评比，激励班级成员发挥主观能动性，充分利用班级特色课程，创建特色班级文化。

2. 民主打造班级隐性文化

“隐性文化”也被称“软文化”，也就是精神文化，包括制度文化、观念文化和行为文化。

班级的制度文化包括各种班级规约和学校通用制度，这些共同构成一个制度化的文化环境。《班级公约》是班级建设中最为重要的“班级宪法”，班级师生通过共同讨论、集体表决，制定出大家一致认同的《班级公约》。《班级公约》中，要充分突出精神风貌、价值观念、作风态度等具有文化气息的条款，赋予制度以灵魂。

观念文化则是关于班级、学生、社会、人生、世界、价值的种种观念，这些观念弥漫在班级的各个角落，潜移默化地影响着学生。在接任一个班时，班主任可以组织班旗、班歌、班徽、班训、班风的设计与比赛，从而展示班级特色与形象。从“班歌”到“班训”，从“班级法庭”到“班级惩罚与奖励”，让每一个学生都能在班级生活中体验到“社会生活”。经过一段时间的积淀，全体学生产生了认同感、自豪感，挖掘创造力、合作力、凝聚力，增进学生间的了解和信任。

行为文化则是因制度和观念等引发出来，从学生身上表现出来的言谈举止和精神面貌。有经验的班主任，还会组织同学们认真讨论实施细则，拟定“一日常规要求”，通过值周班长、班干部、值日生、班级督察的分工合作，督促全班学生认真实施，依规治班。在实施班级规约的过程中，要适当体现班规班约的强制性，通过操行评比与“成长树”，形成激励机制，逐渐促使班级制度文化从强制约束向自觉遵守转化。

良好的班级礼仪能够让班级活动呈现出“仪式感”，能够让所有学生在常规的礼仪表现中学会尊重、学会合作、学会感恩，从而培养良好班风。班级礼仪包括课堂礼仪、办公室礼仪、活动礼仪、少先队礼仪、交往礼仪，让全体师生无论是参与班级活动，还是参与学校活动，都能充分展示班级形象和学生个性。当然，班级礼仪教育的成果，也可以从学校、班级逐步延伸到家庭和社会，体现班级特色和学校形象。

3. 充分拓展班级文化的影响

在班级管理和班级文化创建过程中，班主任可以邀请所有科任教师共同参与班级管理。例如，和学生一起制订班级规章制度、班级计划，参与班歌、班训、班风的设计，或是对班级事务进行集体的裁判和决议，或者在不影响学生自主管理的情况下，给予学生适当的帮助、指导。同时，接受学生的监督；积极参与班级活动，并给予最大的支持；在学生做出选择时，教师要给予客观公正的评价。

在班级文化建设中，特别要注意的就是，教师要充分发挥学生的主体作用。我们可以通过班委民主选举、成立帮教小组、注重评价激励等方式，有效地引导学生开展合作与竞争，让学生能够形成“事事有人做，人人有事做，时时有事做，事事有时做”的班级管理氛围。我们还可以通过开发班本课程，参与学校社团，让每一个学生都挖掘潜能，培养兴趣，发展特长，树立信心，形成独特的班级品牌。

班主任还应该在学校统一领导下，建立班级家委会，挑选有责任心、能积极参与、乐于奉献的家长成为班级家委委员，然后按照学校和校级家委的总体工作思路，指导班级家委，积极主动地开展家校共建共育活动。如：参与家长开放日和班级文化建设，组织亲子拓展、亲子阅读活动，开设父母课堂，开展社会实践，开展家庭教育研讨等，充分发挥家委会在班级文化建设中的重要作用。

我们要记住，教师，尤其是班主任，应该是一个班级发展方向的设计师，而不是保姆、消防队员。

在班级文化建设过程中，教师一定要清楚地认识到，班级文化不只是张贴在墙上的标语、口号，也不只是公告栏的制度规定，班级师生的群体意识、舆论风气、价值取向、审美观念、制度文化和精神风貌，才是班级文化的核心与灵魂。我们只有在加强班级管理的同时，精心打造班级文化，努力培育班级精神，才能让班级文化最大可能地成为塑造学生心灵的栖居地。

三、学校管理精神案例

法、礼、德、道：学校管理的四重境界

屈原（约前340—约前278），是中国历史上第一位伟大的爱国诗人，中国浪漫主义文学的奠基人，被誉为“中华诗祖”“辞赋之祖”。屈原也是战国时期楚国重要的政治家，他提倡“美政”，主张对内举贤任能、修明法度，对外力主联齐抗秦。他的主要政治主张有：奖耕战、举贤能、反壅蔽、禁朋党、命赏罚、易风俗。后因遭贵族排挤诽谤，他被先后流放至汉北和沅湘流域。公元前278年五月初五，秦将白起攻破楚都郢（今湖北江陵），屈原悲愤交加，怀石自沉于汨罗江，以身殉国。1953年屈原逝世2230周年，世界和平理事会通过决议，确定屈原为当年纪念的世界四大文化名人之一。屈原，一个人成为整个民族的记忆！

屈原的作品是他坚持“美政”理想，与腐朽的楚国贵族集团进行斗争的实录。他的“美政”理想表现在作品中，就是“举贤而授能兮，循绳墨而不颇”。屈原的政治主张和哲学思想为他的文学成就所掩盖，其实他的文学作品也都是以他的政治主张和哲学思想为内容的。如：“举贤而授能兮，循绳墨而不颇。”“不抚壮而弃秽兮，何不改乎此度？”“忽驰骛以追逐兮，非余心之所急。”“芳与泽其杂糅兮，唯昭质其犹未亏。”“亦余心之所善兮，虽九死

其犹未悔。”仔细阅读《楚辞》，深入研究屈原的生平，解读其“美政”的管理思想，结合当前管理中的现象与问题，可以隐约地体会到屈原管理思想中的四重境界——法、礼、德、道。

（一）“举贤而授能兮，循绳墨而不颇”——管理的第一重境界：法治

法治，即依照法规和制度进行治理，其核心是“制度”，在学校管理中，严格依照有关教育的法律法规、学校章程、管理制度、准则规定等，组织教育教学工作，开展相关活动。如何更好地落实“法治”，根据王西胜老师的观点，在法治层面，其关键词为“知止”（止：其古字形模拟人足，本义是足，引申指脚趾，写作“趾”。足在人体的最下面，故又引申指地基，“址”。通过脚可以去任何地方，故引申为至、临，停止、静止，进一步引申为停留、逗留。由停止引申为禁止、去除。由停留引申为居住、处所。由本义亦可引申指人的举止、容止。因此，“止”，可以理解为：方向、目标、定位、职责、角色）。也就是说，在“法治”阶段，必须让每一个人知道自己的方向、目标、定位、职责和角色。言下之意即每个人都应该知道“我是谁？我应该做什么”，这是法治的前提。

制度是刚性的，不能因人而异。无论哪个层面的群体，都将面对制度的约束，就学校或教育系统而言，自上而下可以遵照的制度有：宪法—教育法—条例—规定—章程—制度—惯例，另外，约束党员干部的，还有《党章》和党内廉洁自律和监督条例等。“有法可依，有法必依，执法必严，违法必究”是法治的基础，只有严格执行制度，才能真正让“法治”落实落地。

当然，制度的完善，只是实施法治的前提。学校实施法治，关键在一把手——校长，校长能够率先垂范、以身作则。那么，“其身正，不令而行；其身不正，虽令不从”。俗话说：领导干部走在前，一切工作都不难！自上而下，每一个层次的干部都应该“知止”，即在内心清楚地知道“我是谁”“我应该做什么”，都能做到“在其位，谋其政”，职责分明，那么，落实“依法治校”才不会成为一句空话。

一个人处于不同的位置，会有不同的角色和定位。在单位是领导，面对上级则成了下属；出门在外，将面对朋友、同学；回到家里，面对子女是家长，面对父母则成了晚辈。因此，作为领导干部，应该学会根据不同场景，及时切换“定位”，才能坚持以制度和规矩更好地约束自己，管理他人。

制度的刚性与原则，与执行的柔性、润滑与温暖并不矛盾。在不违背纪律的前提下，对违反制度的员工，给予集体的温暖和人文关怀，也是必要的。但无论如何，执行制度过程中的柔性，不能以违反原则为代价，更不能有利益的交换。也就是说，执行制度不能没有人情味，但绝对不能以人情换取利益。

另外，我们在依法治校过程中，还应该做到计划在前，细化落实，及时总结，重视文字、图表、数据、图片、视频等资料收集，才能更好地完善管理制度，更有效地落实制度管理。

（二）“虽信美而无礼兮，来违弃而改求”——管理的第二重境界：礼治

礼治，即以礼待人。如果说，法是刚性的制度，那么，礼就是柔性的规矩。“君待臣以礼，臣事君以忠。”正如三国时期的刘备与诸葛亮，刘备对诸葛亮真诚相待，给予对方发自内心的尊重与礼遇，深深地感动了诸葛亮，后来，才会有《出师表》，才有了“鞠躬尽瘁，死而后已”。

礼治的核心是“尊重”，具体表现为对待他人注重礼敬、呵护、关怀，充分体现礼尚往来与互相尊重。要做到以礼待人，就应该时时思考：“我从哪里来？谁成就了我的一切？”只有清楚地知道自己是如何从昨天走到今天，又将如何走向明天，清楚地认识到“他人”在自己成长过程中所起到的积极作用，才会真诚地礼敬他人、尊重他人。在礼治过程中，需要牢记的关键词是“感恩”。俗话说：“人心换人心，八两换一斤。”只有从内心真正感恩同事、上级、朋友、家人对自己的关心、帮助和支持，感恩因为他人的努力成就了自己，才会在语言上、行动上礼敬他人。“礼”是最能触动人的内心的东西，因此，无论是对上级、长辈还是对同事、下属，都应该做到礼敬、呵护、关怀！这种“礼”，应该是不带动机、发自内心、身怀感恩的真诚表达，这种不带任何期待的“礼”，才能感动人，才能不经意地触动他人的内心，才能逐渐从单向的礼敬、礼待引发双向的“礼尚往来”。

法是约束，礼有力量。在教育和管理过程中，只有真诚地“待人以礼”，化“批评、谴责”为“夸赞、表扬”，才能激活人的动机，才能真正唤醒人内在的自律、自觉。无论是陶行知“四颗糖”的故事，还是魏书生感化打架学生，抑或是王西胜关心旷课学生，都让学生从心里感受到被老师尊重、被老师关怀，这些案例中孩子的转化，都是从内心感动开始的。因此，在管理过程中，充分运用“礼”的力量，适当地表现出心软、心暖与放下，往往会出现意想不到的奇迹。因为，“心软”会让人心软，“心暖”会让人心暖，“放下”也会让人放下。

（三）“苟余情其信姱以练要兮，长颇颔亦何伤”——管理的第三重境界：德治

德治，是一种在管理过程中，不断自我完善的境界，通过自身德行、情感、态度、能力的完善，达到影响他人、管理他人的目的，其核心就是“关怀”。德治的过程，就是对他人予以关怀的过程。这种关怀，更多的是关注他人的困难和需求，给予他人温暖和关心，从而让他人感到被关怀的快乐和幸福。这种关怀，是不求回报、不讲条件的关怀。这也正是德治的关键词——“造福”。

在管理过程中的“造福”，不只是一种态度和表现，更是发自内心的真切关怀和落到实处的具体举措，其实也就是党的宗旨中所说的“全心全意为人民服务”。作为一名管理者，特别是学校管理者，应该把德治当作自己的基本管理标准，不只是“在其位，谋其政”，更应该做到“安其位、履其职、尽其责”。

案例：师父交代一件重要的事儿，要我和师姐一起去办，但她说“病了”！问师父怎么办，师父说：“要关心她！”过几天，我再次去请师姐，但她说，“母亲不同意”！问师父怎么办，师父说：“要多关心她！”第三次请师姐，她说“男朋友不同意”！问师父怎么办，师父又说：“还是要多关心她！”后来，听说师姐的母亲去世了，我不再说那件事了，尽心尽力帮师姐把她母亲后事处理完。过了几天，师姐主动找我，顺利帮我把师父交代的事办好了。

这个案例告诉我们，在管理中，应该常常问自己：“我能为大家做点什么？还能为大家做点什么？他们真正需要什么？”当教师或者学生犯错时，我们应该多想想：“为什么经常迟到？”“为什么精神状态那么差？”“为什么近期脾气好像不太好？”“是碰到什么事情了吗？”“我能为你做点什么？”真正的“德治”，在思考问题，处理事情时，关注的往往是人，而不只是事，对人的关怀，不是为了达成某种目的，更多的是出于关怀人本身。

《周易》说“君子以厚德载物”，只有多积德行善、造福他人，才能让自己真正承受得起今天所拥有和享受的一切。享受的越多、拥有的越多，就越需要更多地积累功德，否则只怕是“德不配位，必有灾殃”。这也告诉我们，在管理和工作中，应该记住：只管耕耘，不问收获，但行好事，莫问前程！“为

政以德，譬如北辰。”在管理中提升服务意识，在工作中以德服人，就是不断地为自己储存恩泽，为单位树立形象，这将会让管理者逐步树立威望，提高影响力，像北极星一样闪耀。

（四）“彼尧舜之耿介兮，既遵道而得路”——管理的第四重境界：道治

道，就是规律，管理之道，即管理的规律。因此，道治的核心就是规律，学校的管理必须根据教育自身的发展规律，还要结合社会发展规律和人的发展规律进行。道治，其实也就是老子《道德经》中提到的“无为而治”。“为”，从手，从象，表示人牵着象，役使象劳动的意思。因此，无为而治，绝非“什么都不做，什么都不管”，而是要多思考教育的规律、管理的规律、发展的规律，依照规律办事，依照规律管理。

在管理中要做到无为而治，关键是克服“自我、控制、占有、胁迫、征服”的念头，确立“无我”的思想。无我，就是舍得，就是毫无保留的付出。内心有牵挂、有留恋，就无法做到“无我”。在管理过程中，只有做到“无我”，才能从内心尊重规律，行动上遵守规律。因此，要真正做到“遵道而治”，就应该常常思考：“还有什么舍不得的吗？如果有，那我们还要保留到什么时候？”

心理学家研究，人的需求分为初级和高级阶段需求。当初级阶段需求达成后，会逐步向高级阶段需求层次过渡，这与人的能量与素养密切相关。能量等级越高，个人素养越高，需求层次越高。当个人能量等级达到一定程度时，将很难因外界影响而改变自己的理想信念追求，这才是“道”的最高境界，真正的“无我”：“天无私覆，地无私载，日月无私照。”正如孔子“学而时习之，不亦说乎；有朋自远方来，不亦乐乎，人不知而不愠，不亦君子乎”的淡然，马克思的“共产主义理想”，孙中山“天下为公”的志向，毛泽东“春风杨柳万千条，六亿神州尽舜尧”“太平世界，环球同此凉热”的胸怀，习近平“我将无我，不负人民”和“人类命运共同体”的格局。在中华五千多年的文明史中，有无数这样的人。历代先贤老子、孔子、司马迁……无产阶级革命家、政治家毛泽东、周恩来……无私奉献的焦裕禄、孔繁森、任长霞、雷锋……大国脊梁钱学森、孙家栋、黄旭华、林俊德……新时代楷模毛相林、张桂梅、黄文秀……他们以“无我”，成就“大我”，最终达到生命的永恒。他们以坚定的理想信念，达到了“越越自我”和“天人合一”的境界。

法、礼、德、道，是在学校管理上，呈螺旋状不断上升的几个层次，更是在学校管理过程中交替使用、不断融合、相互作用、互相促进的几个方面。如果说，法是刚性的制度，那么，礼就是柔性的规矩。在管理过程中，德是道的外显，道是德的内涵，德是有形的道，道是无形的德。在这四个管理的层面中，关键在于“我”。无论是法治中的“其身正，不令而行；其身不正，虽令不从”，还是礼治中的“礼尚往来，礼贤下士”，或者说是德治中的“为政以德，譬如北辰”，甚至道治中的“无为而无不为”“遵道而行，无私无畏无我”，无不体现“我”在管理中的关键作用。“路漫漫其修远兮，吾将上下而求索。”学校管理纷繁复杂，没有最好的唯一管理方式，只有不断加强自身修炼，不断提升自我，淡化小我，追求无我，成就大我，才是学校管理的真谛。

四、党建精神案例

积极打造“党建+”，特色发展谱新篇

五华县第一小学党支部以党建为引领，以党建为纽带，积极打造“党建+”工作模式，把党建工作融入学校的办学思想、办学行为和教育教学工作中，着眼于教师的专业发展，着眼于全体学生的充分、全面、多元、终身发展，把党建工作作为学校创建特色和品牌的一个重要突破口，充分发挥党支部战斗堡垒作用和党员先锋模范作用，推动学校个性化发展。

（一）“党建+队伍建设”，车头提速促发展

“火车快不快，全靠车头带。”五华县第一小学之所以能快速发展，正是因为有支委行政一班人和广大党员干部作发挥“引擎”作用，助推教师队伍建设。通过系列党课和主题党日活动，大家明白“党建强，则学校强”的道理，支持学校通过党建引领，全力抓好党员素质提升和教师专业培训的融合。

学校党支部设立“党员先锋岗”“党员示范班”，坚持树立党员教师的先锋形象，充分发挥优秀党员的传帮带作用。坚持谈心谈话制度，加强对思想进步教师的帮助和培养，把优秀教师培养成党员，还通过上党课、师德培训和学科素养大赛，加快年轻党员教师成长步伐，努力把党员教师培养成教学教研骨干。党支部班子成员带党员教师，党员教师带青年教师，全面提升教师队伍整体素质。

（二）“党建+制度规范”，坚持落实讲成效

为了促进“党建工作常态化，学校管理规范化”，五华县第一小学坚持落实执行“三会一课”制度，每季度召开一次支部大会，每月至少召开一次支委会、党小组会议，领导深入年级组各个办公室，蹲级领导定期参加级组的各种会议，听取教师、学生和学生家长的意见，发现问题后及时沟通、及时整改。

学校“三重一大”决策制度健全。学校资金使用超过5000元，由支委会研究决定，大额资金使用还交由支部大会表决通过才能实施使用；凡是学校对重要干部任免、重要人才使用、重要阵地建设、重大发展规划都会在支委会以上由每位支委逐一表态，最后由支部书记表态发言表决，杜绝学校一把手、一言堂、一支笔现象。同时，我们还充分发挥教代会民主管理和民主监督功能，逐步完善学校各项规章制度，营造公平、公正、公开的教师评价考核制度，推动学校管理规范化。

（三）“党建+主题活动”，党日活动增光彩

五华县第一小学党支部每学期举行不少于5次的主题党日活动，同时坚持提前谋划，融合开展，使主题党日活动有特色、有创意。如：“不忘初心显才艺，牢记使命育英才”系列主题教育活动，让党员既受到党史教育，又提升学科素养和个人才艺；到儿童福利院开展“用爱心拥抱天使”党员志愿服务慰问活动，用自己的真诚付出，带给残障儿童和孤儿以温暖和微笑；“铭记光辉历史，传承红色基因”红色体验馆参观活动，通过重温入党誓词，铭记党员责任，回忆光辉历史，牢记教育使命；组织党员教师前往古大存故居、中共县委旧址、龙村党建示范村、新农村建设示范点参观学习，提升政治觉悟，树立为山区教育振兴而努力的信心。举行“知党情，颂党恩，跟党走”主题党日活动暨教师素养（书法与朗诵）大赛；“凝聚一小精神，打造五佳教师”为主题的师德讲座和“五佳教师”评选活动，评选出曾春苑、李小翠等首届“五佳教师”，为“彰显学校好形象，讲述学校好故事，传递学校好声音，树立学校正能量”吹响了前进的号角。

（四）“党建+课程文化”，特色发展树品牌

五华县第一小学立足党建，加强内部管理，推动课程改革，以党员教师带领青年教师，积极参与学校课程改革，以“古诗词诵读”和“校园足球”为基础，结合客家特色和传统文化，开设礼仪、诵读、书法、足球、综合实践五门

校本必修课程。同时，开发“木偶系列课程”，不断丰富选修课的内容，形成学校教育品牌。

为“让每一扇墙都能说话、每一棵树都有灵魂”。学校不断完善以“诵读古诗，快乐运动，尚美创想”为特色的校园文化氛围。通过运动场、植物园、厕所改造，新建教师书吧、学生阅览室、小书吧、书法室、种植园，同时，按“体育、党建、阅读、书法、科创、美术、音乐”等分类设置活动区域，整合、完善功能场室，动员教师分学科丰富校园文化，达到管理规范化、硬件现代化、课程特色化、发展个性化的要求。

立足特色办学抓党建，抓好党建促特色发展，学校党支部将在上级领导的关怀指导下，切实加强学校党组织建设工作，引导党员教师强化政治意识、大局意识、核心意识、看齐意识，充分发挥党员先锋模范作用，努力提升学校教育教学质量，抓住五华县“双创”工作契机，巩固五华县“双创”成果，擦亮学校办学特色，努力办好人民满意的教育。

五华县第一小学近三年重要获奖情况如下：

2019年县中小学文艺会演舞蹈类节目获一等奖；2020年县中小学文艺会演朗诵类一等奖；2020年南方报业小记者创作获省优秀校园组织奖；2020年省中小学生艺术展，画展和硬笔书法比赛中荣获特等奖、一等奖、二等奖；2020年“美好生活，劳动创造”广东省青少年主题书画活动获优秀组织奖。

2019年县中小学乒乓球混合团体赛获团体第一名；2019年县中小学男子篮球赛获小学组第一名；2020年“县长杯”校园足球联赛U9、U12、U10、U11分获冠军、亚军、季军和第四名；2021年U7青少年足球赛获冠军。

2019年梅州市小学数学教师技能展示活动，获优秀组织奖；2019年市小学生英语单词展示活动获最佳组织奖。

2018—2019学年403、406中队获得广东省少先队中队。

2018年被评为梅州市“百社千校书香童年”阅读基地学校；2018年被评为梅州市“文明校园”；2018—2020年连续三年被评为“梅州市校园足球先进集体”；2018学年度被评为县“先进学校”；2018年被评为“全国青少年校园足球特色学校”；2020年被评为梅州市“科学教育特色学校”；2020年被评为广东省“艺术教育（提线木偶）特色学校”，2021年被评为广东省“绿色学校”，广东省基础教育“党建工作示范校”，广东省“校本研修示范校”。

第二章

教师研修：让蜕变在耕耘中拔节

习近平总书记说："教师是立教之本、兴教之源。"教师的专业素养水平决定着学校的教育教学质量。全面提升教师素质，打造优秀教师群体，是保证学校可持续发展的重中之重。而开展校本研修可以让教师在专业领域持续提升自己的能力和水平，学校坚持"让教师站在学校中央"的教师发展理念，通过搭建研修平台，以卓越教师"四阶"研修体系为主体，以"校本课程开发"和"互联网+教研"为两翼，注重"专家引领、名校互动、区域联动"，构建"一体两翼三联动"校本研修模式，提供必要的研修资源和制度支持，助力教师成长，全面提升教师的职业幸福感和对学校的归属感。

第一节　校本研修方案的总体设计

一、指导思想

以习近平新时代中国特色社会主义思想和全国教育大会精神为指导，全面贯彻落实习近平总书记对教育的指示批示精神。根据《中共广东省委　广东省人民政府关于全面深化新时代教师队伍建设改革的实施意见》《关于加强广东省中小学教师校本研修工作的指导意见》《广东省“新强师工程”实施办法（2021—2025年）》和《广东省中小学教师校本研修示范学校和示范培育学校工作指南》等文件精神，为进一步加强学校校本研修工作，促进教师的专业成长与发展，不断提高教研水平、教学技能、教育质量，增强学校教师的整体素质和综合能力，进一步提升学校内涵发展水平，结合学校的实际，特制订校本研修方案。

二、学校背景

（一）队伍现状

学校现有专任教师179人，结构情况如下：

1. 学历结构（表2–1–1）

表2–1–1

学历	研究生	本科	大专
人数	0	148	31
比例	0%	83%	17%

2. 职称结构（表2-1-2）

表2-1-2

职称	副高级	一级	二级
人数	20	135	24
比例	11.2%	75.4%	13.4%

3. 年龄结构

35岁以下教师仅34人，占教师总数的19.9%；50岁以上31人，占教师总数的17.3%，2021年至2025年间，共有17位老师退休。全校平均年龄43.3岁。

4. 存在不足

教师队伍年龄偏大，高级教师比例小，学科教学领域缺少“领军”。近年来通过校本研修和教学实践，虽然教师的整体素质明显提高，优秀教师脱颖而出，课堂教学质量稳步上升，但在市、县内外有较高知名度的教师还没有。

（二）实施基础

（1）学校“青蓝工程”的成功实施积累了不同教龄教师的培养经验，形成了新教师的培训模式，为学校培育了一批优秀教师，他们是学校可持续发展的坚实力量。

（2）学校“做更好的自己”的办学理念和特色定位要求及艺术特色的内涵发展需要，必须尽快培养一支具有较高综合素养的专业化教师队伍。

（3）根据前期的座谈调查显示，学校教师对自己专业发展更上一层楼有极为迫切的需求，希望自己能成为“四阶”教师培训的受益者，渴望专家引领，寻求学校帮助，期待更多机会。

三、研修目标

依据学校内涵发展的需要，我们将进一步深入和完善校本研修工作，以“一体两翼三联动”为核心，立足教研，聚焦课堂变革，转变教师观念，提升教师执教水平，切实解决课堂变革中出现的新问题和新情况，努力使学校形成一支师德高尚、业务精良、充满活力的反思型、科研型教师队伍，全面提高教学质量，促进学生全面、持续、和谐地发展。

四、研修原则

（1）面向全员、整体推进。校本研修必须面向全体教师，调动每一位教师的积极性和创造性，关注每一位教师的专业成长，实现全员参与。

（2）区域协作、资源共享。要在立足本校的基础上，倡导“大校本”理念，加强校际合作，和区域学校构建研修联盟，创造性地开展校本研修活动，实现优质资源共享，提高研修质量和效果。

（3）以校为本、突出特色。以学校为单位，以校内研修为主渠道，优化本校师资队伍结构、提高教师业务水平、促进学校整体发展，必须立足本校实际，突出学校办学特色。要将校本研修与本校教育教学实践和师资队伍建设实际相结合，努力探索适合本校特点的研修内容、研修方式、运行机制和管理办法。

（4）聚焦课堂、注重实效。课堂是教育教学的基本组织形式，是教师教书育人的主阵地。校本研修要植根于课堂，以提高教师的课堂教学能力为基础，发现问题，研究问题，解决问题，增强课堂教学效果，通过强化课堂质量评价推动教师专业发展。要将教研活动、学术研究和教师培训有机结合，以研促教、以研促训，切实提高校本研修的针对性和实效性。

五、研修模式

构建以“一体两翼三联动”为核心的教师发展体系，“一体”是指以校内研修为主体，“两翼”即“课程开发”和“互联网+教育”，“三联动”是指以专家引领、名校联动和区域交流构成的教育共同体。

（一）以校内研修为主体，提高教师的核心素养

教师队伍建设是学校内涵发展和可持续发展的重要组成部分，是提升学校教育教学质量的基本保障。教师专业发展是教师人生价值实现的过程，是教师在充分认识教育意义的基础上，不断提升专业精神、增强专业修养、拓展专业知识、强化专业技能，提高教育教学水平的过程。学校通过引进与自培相结合的方式，强化校本研修，精心培养各个层次的教师群体，努力打造在市、县具有知名度和影响力的各学科的领军人才，致力于建设一支师德高尚、结构合理、业务过硬、团结进取、适应素质教育要求的专业化教师队伍。

1. “四阶”教师培养路径图

“四阶”教师培养路径见图2–1–1：

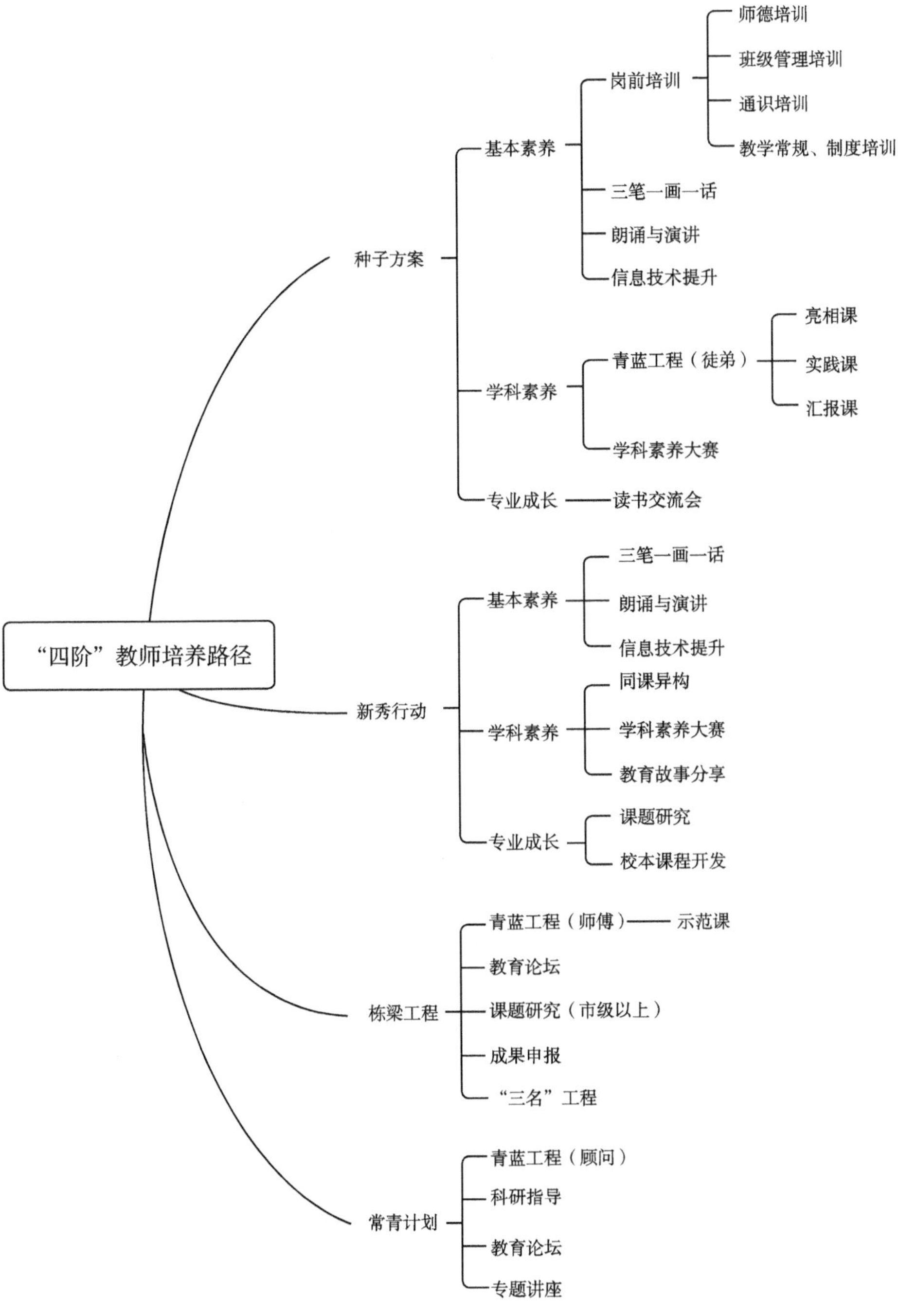

图2–1–1

2. 层级定位

“四阶”教师培养的实施是教师队伍专业化发展按序列操作的体现。学校将建立“种子教师”“新秀教师”“栋梁教师”“常青教师”的队伍序列，制定并完善相应的认定标准，不断充实“四阶”教师培训的内涵，形成教师队伍循环发展的良好态势。

（1）种子教师

认定标准：教龄3年以下。

种子教师是教坛中的佼佼者。他们师德良好，教有创意，富有思想。掌握所教学科的教材内容和教学要求，学科专业知识扎实，能用心理学、教育学等基础理论来指导教育教学实践，教育教学工作出色。

（2）新秀教师

认定标准：教龄3—10年。

新秀教师是在教坛中站稳脚跟的优秀者，他们师德优良，教有个性，教学实践能力强、教育教学业绩突出，具有一定的教育教学研究能力，教育教学工作富有特色和实效的优秀青年教师。

（3）栋梁教师

认定标准：教龄10—25年，50周岁以下。

栋梁教师是学校教育教学的中坚力量，是领军人物的后备力量。他们师德高尚，教学有方，富有特色，具有一定的教育理论水平，有较强的教育教学研究能力，教学实践能力强，教育教学成绩突出，有较强的带教青年教师的能力。

（4）常青教师

认定标准：具有高级职称，教龄26年以上。

常青教师是学校的财富，他们师德高尚、爱岗敬业、乐于奉献，是一批不老的、永远保持年轻的教育状态、怀揣着不变的教育梦想的人。他们在课堂上是驾轻就熟的教育能手，在学校里能对年轻教师起引领作用的导师。

（二）以“课程开发”和“互联网+教育”为翼，助推教师专业成长

1. 开发校本课程，促进教师专业化发展

（1）坚持“校园足球”和“经典诵读”特色课程的开发，开拓人文、体育、尚美、科创课程，丰富木偶系列特色课程，利用课程开发，助推教师课程能力、研究能力、教学能力的发展。

（2）课程图谱

课程图谱见图2–1–2：

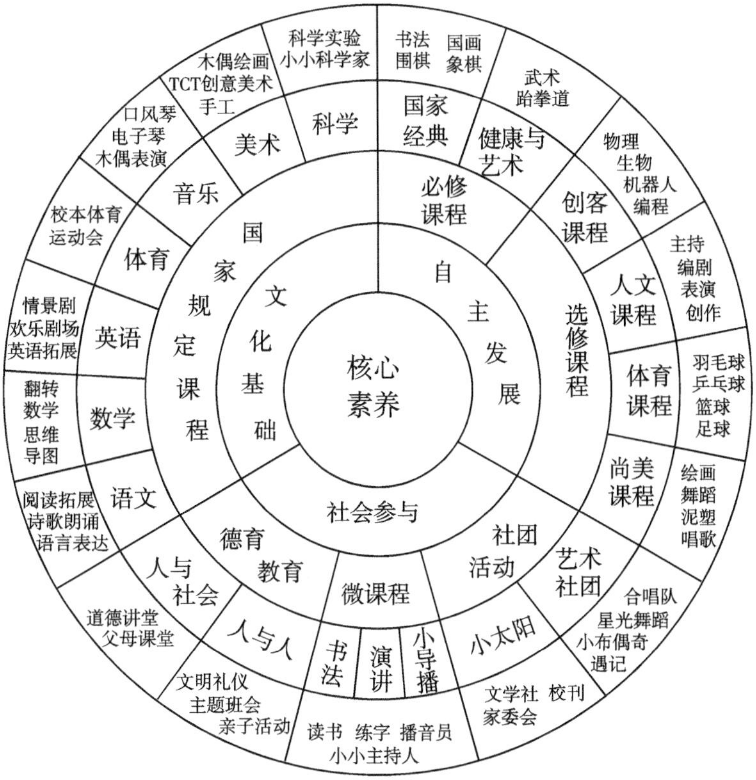

图2–1–2

2. 践行“互联网+教研”新模式，打造教育信息化示范校

构建以校为本、基于课堂、应用驱动、注重创新、精准测评的教师信息技术提升发展机制，力争2022年实现“三全两高一大”的发展目标，即教学应用覆盖全体教师、学习应用覆盖全体适龄学生、数字校园建设覆盖全体学校，信息化应用水平和师生信息素养普遍提高，建成“互联网+教育”大平台，推动从教育专用资源向教育大资源转变、从提升师生信息技术应用能力向全面提升其信息素养转变、从融合应用向创新发展转变，努力构建“互联网+”条件下的人才培养新模式、发展基于互联网的教育服务新模式、探索信息时代教育治理新模式。

（1）为教师专业发展搭建广阔的网络平台

为了给教师提供更有效的网络学习平台，学校为每一位教师添置了办公电脑，安装了1000兆电信宽带光纤，联通教育局域网，充实“班班通”多媒体教学平台，利用“企业微信”，整合智慧校园平台，完善“班班通”“人人通”网络空间，并为所有教师提供梅州市教育资源公共服务平台与广东省教育资源公共服务平台，利用腾讯会议功能，全面开展系列网络研修活动。

（2）为教师专业发展提供多样化的学习途径

①组织教师开展混合式研修

混合式研修是面对面与在线培训、教研的结合。突破时空的限制，每周与北京师范大学通过“授渔计划”开展双师课堂培训活动，使教师专业发展途径变得更为灵活，学习成效得到提高。

②促进教师网络学习共同体的构建

教师网络学习共同体，就是利用互联网，通过梅州市教育资源公共服务平台、希沃信鸽平台组建教师学习团体，促进教师在团体中共同学习、讨论、反思、实践，实现教师专业发展的学习组织，增加教师专业学习的积极性、自主性，防止教师职业倦怠，更好地促进教师的专业发展。

（3）为教师专业发展提供完善的制度保障

为落实教师网络研修，保障研修效果，学校制定了《教师校本研修方案》与《教师校本研修制度》，教师参与网络研修实行后台签到记录制度，把教师参加校本研修的次数、时长、完成研修作业、分享研修心得情况列入《教师年度考核评价方案》与《教师职称评聘考核实施细则》。

（三）以专家引领、名校联动和区域交流构成教育共同体，发挥辐射示范作用，提升教师的专业品质

（1）构建专家引领的教师队伍发展机制，采用“走出去”“请进来”的方式，对教师进行全方位、多领域的业务培训。同时，组织中青年教师外出参加各类学习和各种观摩活动，博采众长，拓宽教学思路，培养一支实践动手能力强、研究指导水平高的“双师型”教师队伍，形成“专业带头人、后备带头人、骨干教师”梯队，以此促进教师专业迅速成长。

（2）探索与国家、省市名校的联动机制，与珠海潮联学校等学校构建“名校+”教育联合体，坚持协同发展、联动共赢的原则，不断深化教育内涵发展，进一步提升办学特色。

（3）区域交流，构建“1+1+3”区域校本研修模式。开展五华县第一小学教育集团玉茶校区和校际结对帮扶河东镇第三小学、大嵩小学的联合研修，成立帮扶小组，明确工作职责，举办学科课改教研交流活动，提升两间学校的教育管理水平和教学质量，带动区域学校教研工作共同提升。加强与大埔县第二小学、平远第二小学、丰顺县埔寨中心小学的县际互动交流，落实广东省样本研修示范校的帮扶任务，共同建立规范化、常态化、有特色的校本研修制度，努力与结对学校共同发展。

六、实施保障

（一）组织保障

（1）成立校本研修领导小组，校长为校本研修的第一责任人，是校本研修的身体力行者。以教导处、教研组为主体，成立校本研修工作小组，深入教研组、班级听课、评课，力求做到融教研、科研、调研为一体，逐步成为校本研修的主力军。（具体名单略）

（2）校本研修领导小组每月一次例会，制订方案，保证进度，监控质量。

（二）制度保障

为激励教师积极参与校本研修，学校将完善《校本研修督导检查制度》《校本研修评价激励制度》，对积极参与学习培训研修，认真完成研修任务的教师，从绩效奖励、年度考核、时间安排、经费保障、评优评先、晋级提拔上给予适当倾斜。

（三）经费保障

（1）每年以学校办公经费的5%用于教师校本研修。

（2）积极为教师外出考察、学术活动等提供经费保障。

（3）学校给予各项研修活动提供必要的物质保障和经费支持。

（四）评价保障

学校将建立教师成长资源档案袋，通过档案袋上的信息变化来反映教师成长和发展情况，为评价提供可靠依据。学校对教师校本研修工作采取多元评价方式，定性定量相结合、自评互评相结合、学校整体和教师个人发展相结合等灵活多样的评价方法，对教师校本研修进行客观、公正、全面的评价。评价不仅要用文字表述，还应根据相关制度，对研修的质量、效果划分为A、B、C、D四个等级，将研修评价结果列入年度考核主要指标。

第二节　立足校本培师资　精细管理促发展

为提高学校教师专业化水平，更好更快地培养创新人才，实现学校可持续发展战略，学校认真落实上级文件精神，结合学校实际，制定了“以建设学习型、发展型学校为目标，以培养优秀教师为核心，以校本培训和校本教研为载体，全面推进教师专业发展”的策略。其核心宗旨是以教师专业发展为本，并据此科学长远规划，健全保证机制，出台有力措施，狠抓过程落实，积极推进教师专业化发展，加快教师专业发展学校建设步伐。下面将学校教师专业发展情况介绍如下。

一、立足本校基本情况

五华县第一小学创办于1940年，是县直属全日制重点小学。历经“两基”复查验收、创建教育强县、争创教育现代化先进县，学校办学条件不断改善，现占地面积9889平方米，建筑面积13030平方米，设施设备先进，功能场室齐全。学校现有学生3600多人（其中玉茶校区330人），教职工166人（其中玉茶校区14人）。专任教师学历100%达标，有全国优秀教师1人，南粤优秀教师3人，省优秀少先队辅导员1人，获得梅州市“嘉应名师”“叶剑英基金优秀教师”“优秀班主任”等称号的有22人，主持过县级以上科研课题的有30多人，副高级教师12人，36人被评为市级先进教师，68人被评为“县级优秀教师”或“县先进工作者”。

学校以“做更好的自己”为办学理念，以各项活动为载体，积极提升管理理念，立足发展每一位教师，成就每一个孩子。坚持“以人为本，全面发展”的办学宗旨，始终秉承“崇德进学，笃行致远”的校训，树立“敬业乐群，追求卓越”的教风，倡导“乐学善思、各美其美”的学风，在学校广大师生的共同努力下，逐渐形成了“德艺双馨，止于至善”的校风。

二、主要经验与做法

结合学校现状进行全面调研，围绕教师队伍建设方面所存在的：学科教师分布不平衡，部分学科教师紧缺；课堂教学有效性有待提高，教师专业精神和专业能力有待增强等问题，进行全盘思考、顶层设计。

（一）全局谋划、科学管理

成立“教师专业发展工作领导小组”，做到两个明确：明确校长是教师专业发展第一责任人，整合教导处、教研组和年级组的力量，成立了教师专业发展工作领导小组；明确岗位职责要求，各部门各岗位责权统一，建立了直接服务于教师发展的教师专业发展工作链。

确立以“三维评价”（师德修养、教育教学能力和效果、科研水平和成果）为标准，建立以卓越教师专业成长“四阶”研修体系（种子教师、新秀教师、栋梁教师、常青教师）为目标的教师队伍专业化发展模式。

1. 建章立制，全员认同

结合学校实际，拟定《五华县第一小学教育集团“十四五”（2021—2025）发展规划》，与《五华县第一小学教育集团校本研修方案》《五华县第一小学教育集团卓越教师专业成长“四阶”培养体系》共三个文本；制定各类鼓励教师发展的教师培养制度，如教师绩效考核与奖励制度，在落实过程中促进教师专业发展自觉性形成；规定教师培训经费投入逐年递增，经费用于教师参加教研活动、课题研究、继续教育等培训的费用。各类决定均经全校教职员工广泛讨论后，交教代会审议通过。

2. 分级实施，干部先行

要培养一支“师德高尚、业务精湛、结构合理、充满活力”的教师团队，一定离不开一批专业素养扎实、统筹管理能力突出、敬业精神执着的干部领头羊。因此，切实加强学校后备干部队伍建设，着力加强管理者队伍的专业和管理素质的培养，集聚一大批学校后备干部人才有着十分紧迫的现实意义。

学校首先选拔了多名在职业道德、业务能力、工作成效上表现突出的同志，分别担任教导处、总务处中层干部，其次挑选部分青年骨干教师担任教务处干事、科组干事、总务处干事、大队部干事。让这些教师在工作中积累经验，拓宽视野。

3. 聚焦科研、联动全局

学校结合综合教育改革，倡导“学习型、文化型与合作型”教师团队建设和个人专业现代化发展的方向。围绕“打造传统文化底蕴，弘扬创新人文精神”的办学特色，有意识地将教育科研、教育改革、日常教学工作设计成为教师发展的舞台和载体，给教师更多锻炼的机会和平台。

我们以学校省级课题“基于STEAM教育理念下的木偶系列课程开发实践与研究”的研究为中心点，大力鼓励并认真指导教师们积极申报省、市、县科研课题，全面整合教师的各类教育教学科研课题和研究小组，以点带面，让更多的教师参与到教学展示、教学比赛等教研活动中，让每位教师养成一种自觉教育科研的态度和习惯，使之内化成为教师专业化成长发展中的自我需求。

（二）校本研修，润泽发展

按照《广东省中小学教师校本研修示范学校和示范培育学校工作指南》（粤教继〔2021〕4号），学校整体规划教师校本研修。学校成立教师专业发展培训中心，从“名师领衔、团队合作、骨干带教”这三个方面的工作为入手点，集聚优质教育资源的动能效能，以教师专业成长为研究对象，提炼理论与实践精髓；始终坚持“师德、能力、学力”三位一体的师资队伍建设方针，促进教师转变观念、提高师德，更新知识，勤练技能、强化能力，走专业化发展之路。

1. 构建支架，网络研训

学校由科学信息组和教导处通力合作，将依据教师教育教学理论学习的指导资料、教师教育教学行为策略的学习资料，集中培训Office软件、UMU互动学习平台、希沃等信息化教学实践。组织教师对教学资料的教学情境进行分析、解构的行为策略进行研究；组织教师根据教学目标和学生学情，贯彻引导学生“参与课堂、互助学习、自主整合学习素材”所进行的课堂教学建构的行为方式进行研究。

2. 教龄分层，阶梯研训

学校根据教师生涯发展的习得、运用、个性化、自我实现四个阶段，将所有教师按教龄分为种子教师（教龄3年以下）、新秀教师（教龄3—10年）、栋梁教师（教龄10—25年）、常青教师（教龄26年以上）四类。依据这四类教师的成长，设计并落实不同的研训目标，这四类教师研修与专业成长系列活动，我们分别称为“种子方案”“新秀行动”“栋梁工程”“常青计划”。

（1）种子方案

学校以新任教师规范化培训的各项工作为抓手，精选在县教研团队成员或县级以上优秀教师，建立指导团队。成立校长为第一责任人专项工作领导小组，由各职能部门统筹开设“师德培训”“班级管理培训”“通识培训”“制度培训”等系列新任教师培训课程，开展“书法培训”“信息技术提升”“演讲与朗诵”“青蓝工程”“学科素养大赛”“读书交流会”等教师基本素养提升活动，以“全进入、全浸润”为核心词，落实“师德素养、德育实务、教学实践、综合研修”四个模块序列化的培训，让种子教师以最快的速度适应教育教学工作。同时，我们启动《“青蓝工程”导师制实施方案》，遴选优秀教师担任导师，签订结对协议，落实全过程培养，学校加强检查督促，通过期中汇报、期末展示、期满考评，保障培训任务落实。

（2）新秀行动

学校将拓宽视野作为这个层面教师专业发展的重要推动力，倡导教师进行多层次、多视角、教学全过程的“研修—实践—反思”，进一步提升教师的学科素养。一是继续开展教师基本功学习提升活动，如三笔一画比赛、教师师德师风演讲比赛、美文朗诵比赛、教育故事分享、信息技术与人工智能培训等。二是鼓励新秀教师积极申报县级科研课题，并在学校科研小组的指导下开展课题研究活动。三是利用广东省校本研修示范校和梅州市李钧名校长工作室、五华县甘燕名教师工作室搭建专业成长平台，开展系列研修活动。还邀请市内外名校长、名教师和教育专家开设讲座，上示范课，或在区域内开展听评课、“同课异构”等活动，培养优秀青年骨干教师团队。四是通过组织各项活动，搭建平台，促进教师专业成长。如，学科素养大赛、高质课堂展示活动、与名师同上一节课等活动。这些活动有效促进了学校青年骨干教师的专业成长。如：2019年，钟媛老师在五华县和梅州市小学数学素养比赛中均荣获一等奖；2020学年，学校教师李秋平在广东优秀教学设计评比活动中荣获二等奖；2020年，钟杏花老师在五华县小学语文素养大赛中荣获特等奖，周梓红老师在县小学数学教师素养比赛中荣获一等奖；2021年，陈淑玲老师在梅州市教师教学技能大赛道德与法治比赛中获县一等奖、市二等奖。

(3)栋梁工程

这个层面的教师在教育教学工作中，随着经年累月的实践已经具备了丰厚的知识储备，教师专业发展常会出现一个相对停顿状态时期，所以这个教龄层面的教师非常容易出现一种不同程度的暂时性的专业成长停滞现象，心理学称这一现象为教师发展中的“高原现象”。因此，自我整理与统合将是助推他们由骨干型教师向“专家型”教师专业成长的关键。学校开展“教—研—修”三位一体的关联式系列师训活动。如，师徒结对示范课、开设教育论坛、课题研究、教育教学成果申报等，活动注重灵活变式、注重实效，激发教师二次成长的动力，增强校本研修的实效性。

①自学式

学校定期推送线上学习资源、专题讲座，倡导教师利用空余时间自主学习，把自学看作自我发展的需要，不断完善自己的知识结构。鼓励教师自由组成成长小组、自学与互学相结合；鼓励教师学习教育理论、刻苦钻研业务；鼓励教师向实践学、向网络学、向书刊学，丰富实践经验。

②研究式

学校成立了校本教研领导小组，以学校为研究中心，卓越书吧为研究室，教师为研究者，学校制定了教育科研“五定五结合”原则。“五定”即定课题、定基地、定时间、定目标、定规划；“五结合”即课题研究与教学实际相结合，与学生情况相结合，与学校整改方案相结合，与教学改革相结合，与总结经验编辑授课导学案、校本练习集、撰写论文相结合。

③内观式

内观式培训作为校本培训的一种基本方式，是教师根据自己需求，在培训者的指导下，内观自我自主学习、自主实践、自主评价、自主完善。这可以让教师从经验中学习，在反思中成长。为此在学校提出的“三个一”新课程课堂教学管理中，教师需要每月做一次教学反思、向学校提出一个典型个案、每月总结一个问题的做法，大大增强了教师们自我培训的意识，提高了培训的质量，达到了培训的目的。教师通过案例引入，案例讨论、诠释与研究的基本过程，再分学科、分类别、分层次针对案例进行学习、研究、反思、感悟、借鉴，由此提高自我超越的修养与能力。

（4）常青计划

常青教师是学校的财富，他们师德高尚、爱岗敬业、乐于奉献，是对年轻教师起引领作用的导师。所以，学校以民主、人文化的管理氛围，为教师提供更多展示自我风采的舞台，改革教育教学评价体系，从而激发这部分教师专业成长发展的需求动机，发挥他们的余热。

老教师认真做好“传、帮、带”工作，并参与全校教育教学工作，为学校的教育教学管理工作的开展献计献策。选拔经验丰富的教师成立学校教师论坛的授课团队，成立科研课题指导中心，以此助推教师获得成就感，激发他们收获自我实现的心理体验。

三、亮点与特色

（一）开展区域联合教研

依托名校长、名教师工作室，主动构建区域研修联盟。与河东镇第三小学、大嵩小学、河口小学成立教研联合体，定期听课、评课，分析校情、学情。与大埔县第二小学、平远第二小学、丰顺埔寨中心小学结为校本研修帮扶单位，加强县域交流与互动，同时还加强与珠三角名校联谊，积极参与其他单位举办的教师研修活动，建立教研公共平台。

（二）完善的评价激励机制

1. 成功激励

依托省、市、区级、校级教师技能大赛等比赛活动，让教师亲身参与磨炼，获得成功喜悦，激发“我要发展”的成长愿望。

2. 荣誉激励

开展“五佳教师”“和谐级组”“卓越科组”等评选活动，增强教师的个人和集体荣誉感。

3. 考评激励

与期末考核、评优评先、年终绩效奖励等挂钩，激发教师研修积极性。

四、问题与思考

然而，如何通过校本培训的有效实施，以教师专业化为目标，以完善校本教研体系为重点，进一步提高校本培训质量，在教育综合改革的浪潮中打造学校办学的名师品牌和学科教学品牌，这是值得我们探究与实践的内容。

今天教师队伍必然要承担教育综合改革的重任，教育培训者自身不断地更新、自我成长，以丰厚的学识素养，在教师专业发展学校中组织卓有实效的培训活动，并以此激发教师教育教学的创新意识和提升教师教育教学的行为实践能力，这也是我们必须去面对的命题。

学校的发展归根结底要靠教师的发展，教师的发展也必将带动学校的发展。只有教师和谐发展，才有学生的和谐发展；只有给予教师发展空间，教师才会给予学生更广阔的发展空间。今天的县一小，每个人都可以寻找到自己的空间，每个人都可以实现专业的理想，教师团队的成长也呈现出了合理化、梯队化的良性发展趋势。我们也将继续前行，使追求专业发展成为教师的职业存在方式，实现教师专业发展工作最高境界，办好人民满意的学校。

第三节　打造卓越科组　培育特色文化

学校发展的关键在教师，促进教师成长的关键在教研，教研组是校园文化建设的主阵地，是“科研兴教”的具体执行者。多年来，我们始终坚持“做更好的自己”的理念，突出教研、聚焦课堂、专注课题、立足课程，采取多种方式，加强科组文化建设，为教师专业成长、持续发展蓄能，为学生全面发展、健康成长奠基！

一、完善教研制度，以规范求卓越

教研组是教学活动正常开展的基石，加强教研组建设与管理，是科组文化建设的重要途径，是提高教育教学质量的根本保障。

1. 建章立制

随着课程改革和教研工作的不断推进，学校有些制度已经无法适应教育改革发展的步伐，因此，我们结合学校实际和发展需求，逐条逐项讨论修订了《教研组常规活动制度》《听评课制度》《课题研究制度》等七个教研制度，强调制度管理、规范管理、量化管理，让制度更具操作性，更切合课程改革的要求。

2. 研训一体

我们改变了传统的校长、教导主任、教研组组长一言堂的教研模式，建立备课组轮流分享的“研训一体”模式。一是备课组按年级轮流选派教师负责主持教研组学习的全部流程。二是教研组学习之前，负责主持的备课组须上报研训的内容、主题，经教研组组长、教导主任、分管副校长审核后统一发布。三是负责主持的备课组提供的视频必须清晰、流畅，主讲人根据研训主题准备对应的PPT，评析时结合知识板块按学段逐层分析，带领全体教师进行一次学科内容的整体建构。四是观看视频听取讲座后，分备课组讨论，再由备课组代表轮流分享收获。

3. 资源共享

在备课方面，我们变费时、费力的传统手写备课为便捷、实用、共享的电子教案+多媒体课件方式。主要操作模式：一是教师根据备组课组组长分配的单元备课任务，利用信息工具和网络资源进行教学设计，然后备课组集体研讨，形成共享电子教案和教学课件。二是课堂实施之前，教师根据本班学生实际和自己教学习惯做适当修改，进行“二次”备课，这样，既吸取别人的精彩部分为己所用，又能体现教师自己的个性，形成有效适用的教案。这种教研模式改变了集体积极性缺失的惰性相处方式，建立了全员参与、开放共享的教研制度，培养了教师精诚合作的意识、探索求实的精神。

二、助力教师发展，以成长谋幸福

学校的核心竞争力取决于教师，教师的幸福感多源于职业认同感和专业发展程度，为此我们开展了一系列的教师提升工程。

1. 聚焦课堂，提高课堂教学效益

课堂是教学工作的主阵地。只有切实提高课堂教学效益，才能确保质量的提高。为此，学校坚持分时段巡堂、推门听课，既听新教师的课，也听骨干教师的课，有时还听老教师的课，要求教师上有准备的常规课和有质量的研讨课，并安排教研组组长及骨干教师一起听评课，提出不足和改进意见。

2. “请进来”和“走出去”

学校根据发展需要，邀请省市名校长、名教师来校做专题讲座，就校本课程、中层培训、科组文化建设、家委工作等进行培训，从理论高度引领教师；组织教师有针对性外出参观学习，让他们开阔眼界，并将新理念、新做法、新信息带回来与大家分享，这也是对全体教师进行二次培训。

3. 狠抓教师基本功训练

写一手规范、端庄的好字不仅是教师从事教育教学工作必须具备的最基本的职业技能，对学生也有着积极的影响。因此，学校定期举办书法讲座，要求每位教师每天坚持练字，定期组织基本功比赛。为提高教师信息技术应用能力，学校举办课件制作、微课制作、办公软件应用等培训，并举行了中青年数学优质课比赛、语文主题学习汇报、微课制作大赛、课件制作比赛等，积极组织教师参加“一师一优课，一课一名师”网络晒课活动。

4. 让不同层次的教师得到不同的发展

在学校管理中，学校要给每一位教师提供一个发挥特长的岗位，我们针对不同年龄段或不同能力层次的教师提出不同的管理目标。一靠老教师看家，给他们送弟子、换脑子。年龄大，琐事多，精力不足，观念相对滞后，为了激活他们的积极性和学习热情，安排他们担任新教师的业务导师，促使他们持续学习研究。二靠中年教师当家，给他们搭台子、腾位子。中年教师经过多年打磨，理论水平高，业务能力强，学校安排他们担任学校中层，动员他们积极申报课题，给他们荣誉，让他们成为中流砥柱。三靠青年教师发家，给他们铺路子、压担子。从2015年开始，我们启动了“青蓝工程”，为新教师选聘导师，举行仪式，签订协议，共同参与教育教学研讨活动，期末业务考评，鼓励他们申报课题，承担公开课，担任班主任，参加论文课例评比、教学能力比赛。结对的新老教师都得到发展，共同成长为学校中坚力量。

5. 重视读书交流，提升文化修养

为了提高教师综合素养，我们经常鼓励教师好读书，读好书。学校购买了大量的教育教学论著和科学历史文学诗词等方面的书籍，方便教师可以随时读书、查阅资料。要求每位教师每学期都要读几本好书、做读书笔记、写读书心得，并安排专门时间，交流读书感悟，分享阅读的快乐。

三、深化课题实践，以研究促提升

一般教师工作几年以后，都可以成为一个经验型教师，但如果缺乏理论修养和反思意识，就会重复已有经验而难以转型为研究型教师，更不用说成为专家型教师。为打造研究型教师团队，我们以课题研究为切入点，深化课堂教学改革，提升教师科研能力。

（1）大力支持教师申报科研课题，指导他们结合实际，围绕课程改革和教学实践中的具体问题，确立研究专题，开展深入的实践探索。近年来，各学科积极申报省、市、县课题，目前有5个省市课题已经结题，2个市级课题、6个县级课题正在实施，这些课题，跟学校中心工作和校本课程建设相结合，研究扎实有效，全面推动了课程改革，促进了教师教学方式和学生学习方式的改变，让课程教学研究焕发新的活力。

（2）加强过程管理，提升研究实效。我们邀请专家开设讲座，为每个课题组成员组织相关培训，举行开题仪式；每一个课题，都有行政人员专门督促和跟进，要求他们每期上一节研讨课，设计一节课例、录制一段微课视频、制作一个课件，并指导他们收集过程资料；学校分管领导参与课题研讨会，组织中期汇报会和成果交流会；邀请专家指导课题组成员完善结题资料，如期申报结题。

（3）鼓励教师积极撰写教育随笔、教学反思和教育教学论文，及时总结、推广教改经验和科研成果。学校教师撰写的教育教学论文课例获省市县奖励的有35篇，在省级以上刊物（CN和ISSN刊号）发表的有43篇。论文课例的获奖和发表，大大激励了全体教师参与课题实践和教学研究的积极性，有效地促进了教师的专业成长。

四、立足校本课程，以特色育特长

为了进一步落实“做更好的自己”的办学理念，丰富课程文化内涵，彰显办学特色，努力实现学校、师生共同发展，我们增设了礼仪、阅读、足球、书法四门必修课。同时，立足学生个性化发展，学校内涵式提升，启动并逐步完善“小太阳选修课程”，有如下特点。

1. 系统性强

活动内容有计划方案、有措施落实、有检查考核、有总结反思、有成果展示。除了每节课的巡查登记，学校还组织了“中期检查”“精品课程评比”和“文化艺术节”“体育科技节”等展示活动，动员学生参与比赛展示。

2. 内容丰富

课程包括球类、棋类、艺术类、文学类、科学类、表演类等58门课程。正计划利用各方资源完善管乐团、民乐团、创客联盟、戏剧社、文学社等学生社团。

3. 面向全体

多数教师参与，教师根据特长，积极申报课程；全体学生参与，学生根据兴趣，自主选择课程，参与率达到100%。按各活动组招收人数，尽量将学生均衡分配，学满一学年可变更课程，力争让每个学生从中找到自己的兴趣特长，并学有所得。

4. 成果丰硕

校本课程的实施，全面提升了教师的课程开发能力，精品课程逐年增加。结合特色课程，教研组组织教师编写了《礼仪教育读本》《经典诗文选读》《毛笔书法》《硬笔书法》《校园足球》《手工泥塑》《绘声绘色——英语剧场》《快乐风琴屋》等校本教材。

教研组作为基层教学研究组织，在完成课程教学的同时，落实素质教育的要求，实践新课程改革的精神。多年来，我们坚持围绕办学理念，促进教师共同价值取向的形成，培育特色科组文化，打造卓越教师团队，促进教师专业成长！

第四节　集团化办学实践与探索

为更好地利用名校资源，推动城区学校均衡发展，2020年8月，按照县集团化办学思路，五华县第一小学教育集团玉茶校区正式成立，五华县第一小学对水寨镇玉茶小学实施全面托管，利用集团本部资源，实现师资、管理、培训、教研、课程、活动一体化。

实行教师流动，充分发挥名校效应。五华县第一小学教育集团派出行政和骨干教师团队共9人，进驻玉茶校区，全面接管玉茶校区的行政管理、德育安全、教学教研。为促进内部挖潜，玉茶校区也将分批选派教师到集团本部跟岗学习，2020年，选派行政和青年教师共6人到本部跟岗。

加强培训研修，促进教师专业成长。玉茶校区依托集团本部师资团队和培训资源，全面组织教师培训和各学科教研。集团本部组织“名校长工作室”到校区进行学校发展诊断，为校区教师做“小学课堂组织”“体验职业幸福感”等专题讲座。校区教师全员参加集团本部举办的教师培训、工作室研修等活动，还按照集团本部模式开展校本研修。同时，本部为跟岗教师选派导师，指导他们尽快提升课堂教学水平，促进业务能力提升。2020年11月，跟岗教师周梓红参加县数学教师说课比赛和课堂教学展示获特等奖。

完善常规制度，促进学校规范管理。为实现管理一体化，依照集团本部办学理念，依据校本部管理制度，结合玉茶校区实际，逐步完善各项规章制度，特别是教师研修制度、常规教学管理制度、教学奖励制度、年度考核制度、学生“六星”评比制度等，用制度规范师生行为，促进学校规范管理。

实施特色办学，促进学生全面发展。玉茶校区结合乡村特点，借助集团本部师资，逐步开发特色校本课程。2020年，先后开设了足球、羽毛球、书法、阅读等选修课程，还参照集团本部，开设了晨读、5分钟演讲、练字10分钟等微课程，同时，利用校本部“校园文化艺术节”这一活动，组织开展英语朗诵、演绎经典、元旦会演等活动，还挑选节目参加集团本部展演，以此培养学生兴趣，激发学生信心。

加强家校互动，实施家校共建共育。参照本部“小太阳”家委会相关做法，玉茶校区通过培训、推荐、选举，成立了第一届校区家委会，加强本部与校区家委工作交流，并参照本部家委工作制度开展活动，先后开展父母课堂、亲子拓展、班级文化建设、志愿服务等活动，架起家校沟通的一座桥梁。

第五节　研修心得成果

研修是提升教师专业素养的重要形式，为激励教师积极主动参与研修，提升教师参与各级各类研修的效果，我们要求所有参与培训研修的教师，都要撰写研修心得体会，由教研部门负责收集、指导和遴选，然后确定分享主题，制作汇报PPT，安排在相应的会议或科组活动中进行分享。这样既增强了研修效果，又是一次很好的二次研修，扩展了研修范围，促进了研修者的深入思考，有利于提高研修者对研修内容的实践和应用。

一、干部研修心得

加强自我提升，改进学校管理

——中小学校长领导力提升研修班学习心得

2019年5月14—15日，我们参加了五华县中小学校（园）长领导力提升高级研修班暨纪律作风整顿动员大会，聆听了黄国标局长的方案解读和党务、财经、廉洁等三个专题讲座。这个专题培训和纪律作风整顿，是树立教育良好形象、提升教育管理水平的重大举措，非常及时，相当必要。三个月前，我们学校出现教师向学生违规推荐教辅资料的现象，虽然处理及时，但还是影响了学校形象，影响了教育形象。我们学校希望通过这一次的纪律作风整顿，消除教师和学校负面形象，改善群众对教育的整体印象。

（一）认真学习，深入思考

三个专题讲座，让我们系统全面地学习了党建知识、财务制度和廉洁纪律，我们通过学习，提高政治站位，提升党务能力，保障政治安全，规范管理经济，遵守经济纪律，树立廉洁意识，守牢法纪底线。有针对性的讲座和深入的思考，让自己提升了政治理论水平、依法治校意识和科学管理水平。专家讲座与特色办学经验交流，小组交流和学员代表的学习心得汇报，都让我受益匪浅，让我全面认识到，特色办学与品牌学校建设，不仅仅可以在重点学校或城区学校打造，只要确立科学的办学理念，充分挖掘学校资源，结合学校实际，找准切入点与突破口，坚持实施素质教育，加强规范管理，在山区学校、薄弱学校，一样可以打造特色学校和品牌学校。

（二）贯彻落实，查摆问题

培训结束以后，我及时向行政和教师进行了全面的学习传达，同时，通过抓好党建工作，提升班子战斗力，以纪律作风整顿为抓手，全面提升师德水平，提升教师队伍整体形象。

对照方案的要求，我针对自己、教师队伍和学校存在的问题进行了自查，发现了以下问题有待改进。

1. 责任意识不强，职业倦怠严重

教师对自己职业定位和角色认识存在偏差，对教师这一职业应该坚守的道德和操守认识不深，等同于其他普通职业员工。一些教师只考虑待遇与实惠，不愿意付出与奉献。职业理想淡化，特别是评上一级或副高职称以后，一讲评优晋级就讲资历、摆资格，一讲工作就讲身体、论年龄。

2. 学习意识不强，工作能力不足

很多教师不读书、不学习、不钻研，教学理念落后，教学方法陈旧，业务水平低，教学效果差，一谈工资待遇就嫌低，一讲学习研究就嫌烦，一听打牌赌博就来劲，一到放假休闲就兴奋。

3. 制度管理松懈，履职意识不强

学校制度不严格，常规管理不到位，责任追究不落实，上课离岗，接打电话，随意调课，不认真备课，不按时高质量批改作业，教学重形式、轻实效，生搬硬套，千篇一律，班级管理不精细，安全监管责任不落实，德育重灌输轻体验，很少开展甚至不开展活动，怕出事，怕担责。

4. 师德缺失严重，教师形象不佳

教师对工作要求不高，对待家长漫不经心、语气生硬、态度蛮横，家校关系不好，矛盾突出；对待学生不公正、不公平，讥讽、歧视、侮辱、体罚或变相体罚学生现象时有发生；教师不注重自身修养，语言粗俗、举止失范，有失教师形象；有收费补课、违规推销教辅资料等现象，也有违规收受家长礼品、礼金，接受家长宴请，要求家长为自己办私事的不当行为。

（三）全面分析，落实整改

通过学习培训，结合五华县第一小学的实际与突出问题，初步拟订“五华县第一小学学校改进方案”。

（1）结合学校暑假运动场改造，整合教室和教学辅助用房，改善教师办公条件，完善教育教学设备，重新规划校园文化、花木景观，新建阅读书吧、教师书屋与班级图书角，全面开放图书阅览室，大力创建“书香校园”，逐步完善班级文化，改造运动场室，调整完善充实校史德育室，按“音乐、美术、体育、科技、人文”分类设置功能场室，落实立德树人、文化育人新理念。争取校园信息化中心校建设项目，建设智慧校园，提高办公和教育教学的效率；建立机器人教室和学生创客室。

（2）结合学校教师实际，完善校本研修制度，加强科组文化建设，创新科组活动形式，有目的地分期分批安排科级组长、骨干教师外出学习培训，提升培训学习效果，分学期分学科组织教师学科素养和教学能力大赛，全面提升教师课堂教学水平，同时加强通识教育，向名师靠拢。

借此次纪律作风整顿行动，加强师德师风建设。以“讲述一小故事，凝聚一小精神”为主题开展征文比赛和相关活动，深入挖掘教育好故事，传播学校好声音，宣传教师好形象，树立教育正能量，通过开设讲座、开展活动，提升教师的职业幸福感、学校认同感，通过问卷调查、民意测评、无记名投票、征求意见、名师评选等方式，发现有教育情怀、有工作激情、有学习热情的骨干教师和学校行政，培养想干事、有作为、勇担当的新时代教育工作者。

（3）加强教师和家长培训，尽快建立“家长委员会”，按“完善机构、尝试活动—以点带面、内涵发展—参与管理、品质提升”的工作思路，加强家校合作，组织亲子活动，设立家长学校，开设父母课堂，全面提升家长素质，改变学生家庭氛围，全面提升家长委员会品位，形成“家校共育”新局面。

（4）健全教职工代表大会制度，完善教师岗位责任制度、考核晋级与评比制度、中层干部提拔任用考核制度、年级组长责任制、德育管理制度、教学常规管理制度、校本研修制度、课题研究制度、“名师工作室”制度、安全管理和应急处置制度、财务管理制度、“创新科组、和谐级组、文明班（中队）”评比制度、少先队干部竞选制度、少先队“星级评比”制度、学生综合素质评价制度等，汇编成《五华县第一小学教师管理手册》和《五华县第一小学学生成长手册》。

（5）根据学校办学理念与文化建设需要，挖掘五华、客家传统文化内涵，结合学校“古诗词诵读”和“校园足球”特色，组织教师外出培训观摩，提升教师学科素养和课程开发能力，逐步开设礼仪、诵读、书法、足球等校本课程，尝试开设综合实践活动课程。同时，逐步以“积累、表演、表达”为核心开发“人文”课程，以“健体、健心、健智”为核心开发“体育”课程，以“欣赏美、发现美、创造美”为核心开发“尚美”课程，以“创意、创想、创造”为核心开发“创客”课程，适度有序开发地方课程和校本课程，编写高质量的校本教材，培养学生兴趣爱好和个性特长，塑造学校品牌。

修炼个人品德　培育良好家风

——五华县事企业单位党组织书记专题培训班

2021年5月12—14日，我们全县100多名事业单位党组织书记，参加了“五华县事企业单位党组织书记专题培训班”的学习培训，短短几天，培训班围绕党的十九大五中全会、党史教育、意识形态、家风建设、党建业务等专题组织大家进行了系统学习和深入讨论。其中，中共五华县委学校副校长张志强同志做的“领导干部要带头树立好家风”讲座给我留下了深刻的印象。他围绕家风的定义内涵、意义作用、社会影响与路径探讨，对领导干部的家风建设进行了深入的阐释与论述。结合学校师德师风建设，我深深体会到，作为肩负“立德树人”、培养社会主义建设者与接班人重任的学校教师，作为引领学校发展的学校党组织书记、校长、行政领导，带头培育家庭美德，建设良好家风，更是可以影响教风学风、社风民风乃至党风政风。因此，我们要充分认识到家庭建设和家风培育的意义，从注重自身的修炼和涵养开始，通过良好的家庭教育和个人的榜样示范，加强对配偶、子女的教育与管理，逐步形成清正守法、明礼和谐、积极上进、勤奋俭朴的良好家风。

（一）树立良好家风应该“常修己身”

我们在学校，是领导，是老师；在家里，是家长，是家庭成员。作为家长，个人的能力修为、工作态度、为人处世与人品德行，对家庭成员的影响是极为深远的。

作为学校领导，个人的行为、语言，也往往会给教师以影响。校长勤勉，教师不会懈怠；校长上进，教师乐于提升；校长知礼，教师亦会文明。而教师会通过自己的言行变化，教育影响到每一个学生，以至通过“小手拉大手”，影响到每一个学生的家庭。

（二）树立良好家风应该“勤育子女”

家风需要培育，儿女需要教育，而子女是否成人成才，将决定家风是否清明正派，家道能否世代延续。

中国古代就有“孟母三迁”“岳母刺字”的典故，也有“曾子杀猪”“五子登科”的故事，近代有吉鸿昌当兵不忘父训，梁启超“一门三院士”，宋嘉树“一门天下，宋家王朝”，还有当代李大钊、毛泽东、朱德、古大存的“红色家风”，焦裕禄、谷文昌的“清廉家风”，无不给人以教育和激励，更有流传千古的诸葛亮《诫子书》、颜之推的《颜氏家训》，曾国藩的《曾国藩家书》，以作为后人教育子女，培育良好家风的教材。作为以“教书育人”为己任的人民教师，自己对儿女的成功教育案例，不仅可以培育“忠孝继世，书礼传家”的良好家风，还可以影响镇村、社区、家长以及学生，成为他人学习的榜样。

（三）树立良好家风应该“慎交朋友”

要树立良好家风，就要谨慎选择经常交往的朋友。古语有云：“近朱者赤，近墨者黑！”网络上也有一句话：“跟对人，走对路，做对事！”一个人的“三观”形成、为人处世与做事方式，很大程度上都会受同自己密切往来的人的影响。和什么人在一起，自己慢慢就会成为什么样的人。

和喜欢赌博的人在一起，会成为“赌友”；和喜欢钓鱼的人在一起，会成为“钓友”；和喜欢唱歌的人在一起，也会成为“歌友”。如果朋友中有人存在不良嗜好，只要经常在一起，逐渐就会影响到自己，影响自己的行为习惯、生活观念和工作态度，甚至影响自己对待家人的态度。另外，朋友当中也可能会有另有所图的人，为了某种目的而接近身为学校领导的你，从而影响自己对基建、维修、采购、招生、教师职称、评优晋级、工作安排等的公正性。因此，作为学校领导、人民教师，我们不应随意展示自己的兴趣爱好，以避免沾染不良爱好，不因爱好影响公正，多认识接触有学识、有品位、有能力的人，乐于和勤奋敬业、诚信友善、尊长爱幼的人交朋友，避免让带有某种目的的人成为自己的密切朋友，让自己的朋友圈纯洁起来，这样，才会让我们的家庭纯洁起来，让我们的家风纯洁起来。

通过系列党史学习教育，我们应积极全面回顾党的光辉历程，牢记初心使命，加强自身学习提升，加强家庭教育管理，促进良好家风的形成，以此推进校风学风、社风民风和党风政风建设。

取真经沉醉于冬日，待鲜花绽放于春天

——梅州市校园足球管理干部培训班学习心得

2019年12月1—5日，在冬日暖阳中，我们梅州市校园足球管理干部一行40多人，来到了美丽的海滨城市——粤西湛江市，梅州市校园足球管理干部培训班在这里开班。其间，我们观摩了幼儿园、中心小学、乡村完小、初级中学、完全中学各1间，分别听取了学校校长、吴川市、赤坎区和廉江市教育局相关领导的专题介绍，参观了学校校园足球文化，观摩了足球课、大课间活动和校园足球联赛。整个学习过程，让我们感受到浓郁的足球氛围，体会到深厚的足球情怀，领略到深入骨髓的足球基因。5天的学习，我们行程满满、收获满满。

（一）培训收获——协作、专业、课程、文化、人才

1. 领导特别重视

湛江市各级政府和教育行政主管部门对校园足球投入大量的精力和经费，一是招聘专业教师和教练时，给予倾斜，除按教师编制招聘体育教师，还另外招聘足球专业人才，为学校开展校园足球活动提供保障；二是政府在经费投入上给予充分保障，协调教育和体育部门，把其中一部分体育彩票收入，拨给教育部门开展校园足球活动；三是在足球场地设施上给予全面保障，无论中小学校，都具备条件较好的足球场地，有的学校还有多块足球场地，完全满足师生日常教学和训练。

2. 师资力量雄厚

湛江市除在足球人才招聘上专门核定编制，招聘足球专业人才，还非常重视体育教师和专业教练的培训，经常组织体育教师和足球教练进行相关培训，

如校园足球指导员培训、足球教练专业培训等。许多学校的教师和教练都具备足球E级或D级教练员证书，甚至有个别的教练具备C级教练证书，或者参加了一些国内外高端教练培训。同时，他们在训练补贴、课时计算、评优晋级等方面都对体育教师和足球教练给予照顾和倾斜。

3. 课程管理完善

湛江的各级学校对开展校园足球的意义理解比较深刻，转变了以往重训练轻课程、重比赛轻普及、重成绩轻发展的观念，注重开设足球课程，重视开展足球教研，关注学生的参与面与参与度，不断完善足球课程，逐步提升校园足球水平。

4. 足球文化浓郁

我们前往参观的每一所学校，一进校园，都会感受到浓浓的校园足球氛围，因地制宜，充分利用校园的角落、围墙，介绍足球知识、足球历史、足球名人，还在校园里设立足球雕塑，播放足球音乐，开辟校园足球宣传栏，介绍校园足球开展情况，展示足球活动图片，介绍学校足球教练，陈列足球竞赛成绩和培养的足球人才。每一所学校都会结合学校实际，开展足球联赛、足球节、足球嘉年华等活动，幼儿园还特别注重足球游戏的设计和开发，同时，结合足球训练比赛，开展绘画、手工、摄影、演讲、征文、手抄报等比赛和展示，在足球队成立足球家委会，动员家长参与孩子的足球训练、足球活动，充分利用家长资源，开展家校共建共育活动。

5. 竞赛成绩显著

湛江市在各级领导的重视下，在学校领导老师的共同努力下，在各级比赛中成绩突出，不仅在湛江市内表现优异，在“省长杯”、省运会以及其他邀请赛中，成绩也是非常耀眼的，经常能获得前六名甚至前三名的好成绩。

6. 足球人才辈出

青少年足球比赛成绩显著，让更多的足球人才脱颖而出，许多优秀足球苗子被推荐到各级足球学校、专业俱乐部进行专业训练，或者考取重点大学深造，也有不少特别突出的，被选派到省市甚至国家级青少年足球队进行集训，培养了一些足球俱乐部队员甚至国家队队员，也有一些成为各级运动队的教练或是体育部门的干部。

湛江市校园足球的蓬勃发展，促使学生个性化发展、全面发展，促进学校特色化发展、内涵式发展，更是推动区域教育的均衡发展、整体发展、优质发展！

（二）自我反思——理念、师资、课程、文化

近年来，我们五华县乘着梅州市创建足球特区的东风，积极投身校园足球改革，取得了一定的成绩，但通过这次学习观摩，发现了自己跟兄弟市县的差距与不足，主要表现在以下方面：

1. 教体合作不够深入

作为五华，充分利用体彩经费和青少年足球基金，是我们深入开展教体融合的突破口。而湛江市，体育部门的有效参与和主动投入，全面促进了湛江校园足球的科学发展和有效发展，值得我们深思与努力。

2. 课程研究有待加强

我们的学校，普遍对体育课与足球课研究比较粗浅，以科研课题引领课堂教学的观念没有形成，足球与育人的关系仍未明晰。

3. 师资提升迫在眉睫

体育教师与足球专业人才的缺乏，极大地制约了五华县校园足球的发展，特别是在一些乡镇乡村学校，没有体育教师，更不要说是足球教练。

4. 场地设施仍是短板

近年来，虽然我们新建或改造了一些足球场，有效缓解了一些校园足球重点学校场地不足的窘境，但还是有许多学校甚至是城区学校没有足球场，离“球王故里，足球之乡”的要求还有不小差距，制约了足球在我县的普及与提高。

5. 足球文化差距较大

许多学校只注重足球训练与比赛，不注重宣传、教育与跨学科活动的开展，只注重比赛成绩而不重视文化育人，校园里关于足球的宣传、展示、标语极少，学校里足球与文化完全不搭边，育人功能未能真正体现。

（三）整改提升——管理、提升、课程、文化

通过培训学习后的深入思考，反思我们在校园足球工作的偏差和不足，经过热烈的小组讨论，大家一致认为，在今后的校园足球工作中，我们可以在以下方面努力进行逐步整改和提升。

1. 不断完善校园足球管理

通过培训与学习，逐步提高校长对校园足球的认识，转变对体艺学科定位，特别是转变对足球工作的看法，全面健全校园足球管理机构，做好校园足球中长期规划，健全课程管理、普及提升与训练比赛等相关制度。

2. 加强教师专业提升

通过开设校园足球教练员培训班，组织校园足球教练员分批参加学习培训，推荐优秀教练员参加高水平的学习培训，加强各学校体育教师和教练员的研讨交流，组织足球课、足球训练、足球文化的观摩展示，促进各学校校园足球工作的整体提升。还可以建议上级人事编制部门，给予一定编制，另外招聘青少年足球训练专业人才，提升学校体育教师整体素养。

3. 注重足球课程开发

校园足球的开展，普及与推广是关键，我们要通过在体育课中增加足球元素，专门开设足球课，开展足球大课间活动，组织足球社团与梯队建设，在学校全面普及足球知识，让每一位师生认识足球，会看足球，爱踢足球，把足球当作自己的兴趣，成为足球爱好者，甚至成为足球的专业人才或足球普及发展的推动者。

4. 丰富校园足球文化

球王故里，足球之乡，没有足球文化的支撑，会让校园足球显得苍白。我们应该在每一所校园足球特色学校开展常规性的“体育科技节”“校长杯”班际赛、足球技能赛，足球亲子游戏等师生喜闻乐见的活动。同时，结合各学科、各部门的工作，适当开展与足球有关的征文、演讲、手抄报、摄影、绘画比赛，啦啦操比赛，啦啦队口号征集，队旗、队徽、队歌和足球吉祥物设计等活动，还可以通过宣传栏，普及足球知识，宣传足球明星，展示校园足球开展和足球小将风采，还可以通过建立家委会，实施家校共育。

今天，我们到足球强市湛江进行学习，收获颇丰，于冬日暖阳中求取真经，归来后，我们深入反思、用心学习、逐步内化、不断提升，静待来年，我们“球王故里、足球之乡”的足球之花、铿锵玫瑰定会悄悄绽放于春暖花开的日子！

二、教师研修心得

文化引领发展，课程彰显特色

——名校参访交流和观摩学习心得体会

为推动全面实施素质教育，提升学校品牌，促进五华县区域教育整体发展，2019年12月26—28日，五华县小学校长一行54人前往深圳市进行为期3天的名校参访交流和观摩学习，参访学校各有特色，学习内容丰富。

我们先后到龙岗区横岗四联小学、深圳市育新学校和龙华区中英文实验学校进行学习观摩，参观了学校的功能场室和校园文化，聆听了学校负责人对办学情况的介绍，对深圳这一经济发展领头雁、教育实验先行区有了更直观的体验和认识，名校的理念、课程和文化给我们留下了深刻的印象。

（一）重视理念凝练

学校办学理念决定着培养目标和努力方向，将全面回答“培养什么人”“如何培养人”“为谁培养人”这些关键性的问题。如，龙华中英文实验学校以“给孩子美好人生奠基”为理念，提出“焕发美好人性，培养美好人格，拥有美好人生，建设美好教育”思路。如，横岗四联小学，秉承“德才兼备，关注成长”的办学理念，遵循“品学兼优，味道守真”的校训，走内涵发展、多元发展、和谐发展之路，学校有活力、有特色、有品位。

（二）注重文化引领

走进横岗四联小学，传统风格的校园环境与文化氛围无不体现事事有品位，人人高品位，处处显品位，彰显“品位教育”特色，品味园、品果园、品书园、品星园、品艺园、品陶园、品画园、品创园，“八品”齐全，陶器、陶罐、瓷片、版画、民乐、星光大道、理想树、师生作品、假山流水、书吧书屋，充满传统文化和客家元素，体现了学校立足培养“品学兼优，味道守真”的有品位的人这一目标。龙华中英文实验学校的“美好教育”理念也充分体现在学校管理的方方面面，学习资源中心、创客中心、后勤服务中心等无不体现培育美好教师、培养美好学习、打造美好班级、建设美好家委的“美好”文化。

（三）强调课程特色

四联小学的陶艺课程、艺术课程、版画课程、创客课程……育新学校的科技创新馆、法制教育馆、国防教育馆、公共安全馆、拓展训练场、生态蝴蝶园和种植体验园……龙华中英文实验学校的艺体课程、创客课程、亲子课程和国际教育课程，都充分体现实践体验和创新创造。每一所学校都非常注重全面培养学生的兴趣爱好和个性特长，坚持开展月度主题活动，每年都坚持组织“体育科技节”和“文化艺术节”，为学生成长搭建了平台。

经过学习观摩和自我反思，结合学校实际，我们以“做更好的自己”作为办学理念，在传承的基础上继续完善和整合学校主旨文化，梳理其中的逻辑关系，并以此为依据，开发学校校本课程和综合实践活动课程。在课程开发方面，我们立足原有校园足球和古诗词诵读特色，充分利用地方资源，开发客家童谣和提线木偶系列课程。同时，整合学校原有校本课程，新增特色课程，打造以“积累、表演、表达”为核心的人文课程，以“健身、健美、健智”为核心的体育课程，以“欣赏美、激发美、创造美”为核心的尚美课程，以“创意、创想、创造”为核心的创客课程，以及以“实践、体验、操作”为核心的STEAM综合实践活动课程。同时，结合学校理念和特色课程，全面系统打造特色课程文化，为建设“教师有归属感，学生有幸福感，家长有荣誉感”的成长乐园和现代化学校而努力。

心改变，一切都将改变

——五华县小学校长幸福文化课堂学习心得

2018年12月14日，冷空气袭来的第一天，我们五华小学校长幸福文化课堂培训班一行80余人来到了番禺区永善村蓝态公益基金会，刚从温暖的大巴上下来，在寒风中紧紧衣领，蓦然听到“校长一路辛苦了！”，抬头便看见一排身穿红色马甲，披着黄色围巾的志愿者，站在凛冽的寒风中，对着每一位下车的校长深深鞠躬，齐声问好，顿时，温暖与幸福油然而生，这种温暖和幸福陪着我们度过了为期一周培训的日日夜夜。

（一）浸染传统，感受穿越时空的智慧

这是一次让我们接触、认识、浸润中华优秀传统文化的培训。我们在这几天里，聆听了国家安全部原副部长、中华炎黄文化研究会原副会长高以忱，全国优秀教育工作者、河北省望都县教育局原副局长王宝寨，山东曲阜春耕园学校校长邵雅忠，中华炎黄文化研究会文明传承工作委员会高级讲师、蓝态幸福文化公益基金会学术专家委员会委员王西胜等专家的专题讲座，以及蓝态公益基金会讲师、志愿者、学员代表符未名、谢征玉、谢泽辉、罗敏等学长的专题分享。

高部长的专题视频，让我们深刻认识到，学习传承中华优秀传统文化，对树立“文化自信”，实现中华民族伟大复兴“两个百年梦”的历史和现实意义，帮助我们了解到近代以来，我们在传统文化教育上的日渐式微，反思了我们当前的教育在孩子传统美德和人格培养上的缺失。他以生动具体的案例和深入浅出的讲解，让我们认识到文化传承的意义和力量，他告诉我们，学习传统文化，是一次破冰之旅，是一次对传统文化的补课。他让我们明白，教育，首先要让自己发生改变，然后才能影响他人，让自己的家庭和身边的人发生改变，其根本目标，是让自己成为灵魂干净、行为端正的人，才能真正培养全面发展的中国特色社会主义事业建设者和接班人。特别是作为教育工作者的我们，参加这一次培训的重大意义：我们的改变，意味着学校的改变，我们的成长，会引领全校师生共同成长。

王宝寨局长为我们做了“优秀传统文化与现代学校教育”的专题讲座。他从“为什么学校会变成学生、老师、校长都不愿意去的地方”这个问题谈起，结合《易经》《大学》《道德经》，深入分析了中华经典中的教育理论、教育思维，探讨小学语文教材内容中的传统文化因素；通过《孝经》《弟子规》以及著名家规家训的相关内容，分析教育的规律与方法，突出教育的根本目标是唤醒生命、激发良知，指出德育的根本在于“孝”，从孝道出发，激发爱敬之心，通过家训家规、劳动教育和礼仪教育，遵循“思想—行为—习惯—性格—人格—命运”的养成教育规律，以“化民成俗”；通过“诵读—解读—力行”阐释经典教育原理，以“情景出现—‘我’念升起—经典蹦出—经典替代我念”让经典生活化；通过课程分析与课程举例，为我们提供了经典诵读课程在学校的实践与探索。他认为，我们要通过传统文化教育，克服学生厌学和教师倦怠，让学校成为孩子快乐、教师幸福、校长向往的地方。

王西胜老师从屈原的生平和代表作《楚辞》《离骚》谈起，结合现代学校管理，分析了“法、礼、德、道”四重管理境界。他认为，法治的核心是制度，其关键词是“知止”，每个人都要问自己“我是谁？我应该做什么”；礼治的核心是尊重，其关键词是“感恩”，都要知道“我从哪里来？是谁成就了我的一切”；德治的核心是关怀，其关键词是“造福”，要多想着“我能为大家做点什么？他们需要什么”；道治的核心是规律，关键词是“无我”，要经常问自己：“还有什么不舍得的吗？如果有，我们还要保留到什么时候？”在“法、礼、德、道”中，法是刚性的规矩，礼是柔性的规矩；德是道的表现形式，道是德的内涵，德是有形的道，道是无形的德。

邵雅忠校长以她的家庭教育经历和办学历程为例，结合自己的教育体验和10多年的办学经历，对中国最早的关于教育的著作《礼记·学记》做了系统全面的解读。邵雅忠校长分别从“以礼齐民、教学相长、学习次第、教罚之道、蒙以养正、因材施教、师道尊严”七方面，结合经典原著和亲身办学经验进行了深入的阐述和分析，为我们今后学习经典及运用经典原理打下理论基础。

罗敏校长以英德华粤艺术学校的办学实践为例，分享如何在坚持“立德树人”的前提下，在课程、课堂、课间、课外加入传统文化元素，充分体现了传统文化在学校管理中的应用。一是以“孝”为核心，从思想引领到行动实践，再到习惯养成，从而达到知行合一的境界；二是以活动和仪式为载体，开设一系列的德育课程（如作揖礼、放学五分钟整理、晨起自勉文、夜幕省思文、校长讲弟子规、班会分享、入学礼、成人礼、毕业礼），开发传统选修课程（围棋、古筝、书法、国画），组织太极、鬼步舞等大课间活动；三是在教师中开展神秘“爱心天使”、校长写家书、劳动竞岗实践周等活动，让师生从枯燥的理论学习，转向具体的实践活动，系统全面地在学校开展“礼”教育，打造“家”文化，努力办不一样的职业教育。

谢征玉和谢泽辉学长分别做了题为“家和万事兴”和“父子有亲”的分享，以自己家庭关系的改变为例，结合中华传统文化原理，和大家一起探讨了夫妻关系、父子关系的处理方法和技巧。他们一致认为，在家庭关系处理中，“勇于认错、学会低头、放下面子”是家庭和谐的关键，碰到矛盾，总要想着“行有不得，反求诸己”，自己是一切的根源，改变自己就好。家庭关系的根本是夫妻关系，夫妻不和的根源在于“唠叨、霸道、掌控、厌烦、强势”，作为女人，柔是根本、顺是本分、微笑是通行证；作为男人，孝是根本，和是本分，谦卑可让生命升华。

符未名老师以“教谁、谁教、教什么、怎么教”四个问题为探究课题，引导大家体验“个人思考、小组共创、集体决策”的探究方式，以个性化的方式探讨教育的对象、定位、目标、方向。她以一位著名医生对中医从疑虑到相信的过程，证明中国传统文化的价值，并指出，现在不理解不代表没有科学道理，只是我们还没有找到依据，同时发出“我们的祖先有穿越时空的智慧”这一感叹。她还结合自己对《学记》中“学学半”的理解与体验，建议我们教育工作者坚持学习经典，吟诵经典，以“修身、修心”，不断沉淀自己、改变自己、提升自己，逐步树立万物一体、同生共荣、无我利他的世界观、价值观、人才观、教育观，用自己所学所知，温暖人、照亮人、感染人，让自己活成一束光，光而不耀，照亮一群人。

蓝态公益基金会秘书长、基金会创始人张华在开班仪式和结业典礼的致辞中，和我们谈到了传承中华优秀传统文化的意义，他认为，向经典学习，就是站在巨人的肩膀上。他还提出“终点比起点更重要”“积德比积财更有益”“慈悲无冤家，智慧无烦恼”，让人领略到他“以义为利、造福社会、幸福自己”的眼界和情怀，让我们深切地感受到一位致力于中华传统文化传播的企业家的责任感。

（二）体验力行，感受奉献付出的幸福

在短短的几天学习过程中，我们除了听讲座、分组讨论外，还安排了晨诵和晚修的内容，每天早上6点起床，半小时洗漱整理内务，然后到讲堂诵读《学记》，早晨、中午和晚上，一小时用餐时间，要分组完成“力行”任务——为全体学员清洗餐具，管理宿舍的志愿者还要对我们的宿舍内务整理进行评价。这几天，我们真正体会到亲身劳动的辛劳，体验到学员间以礼相待的融洽，感受到我们每天自我反省后的快速成长。

在这几天的学习体验过程中，有一批志愿者和我们共同学习，为我们真诚服务。每天凌晨，志愿者就早早起来，提醒学员起床洗漱，整理内务。当我们走出宿舍时，志愿者为我们测温，并送上一句温馨的问候：“早上好！学习愉快！”上课下课，志愿者都会举着组牌，引领我们进课堂，带我们去食堂用餐，还为忘了戴口罩的学员送上口罩和一句温馨的问候：“老师好，用餐愉快！”向每一位用餐的学员行传统的鞠躬礼并送上餐具。在用餐过程中，志愿者时时用牌子提醒学员“感恩食物，止语用餐”，志愿者还帮助学员清洗餐具、晾晒被套床单。在服务之余，志愿者全程参与课程学习，组织讨论交流，还有一些有经验的志愿者参与主持和分享，还为我们专门排练了几个以传统文化为主题的精彩节目。志愿者这几天来的服务和引领，让我们在寒冷的冬天感受到了春天般的温暖，他们的言行举止和亲身示范，让我们深深体会到中华优秀传统文化和传统礼仪的感人魅力。

（三）反思教育，认识内心改变的力量

经过几天的学习、讨论和反思，我深深感受到一些不一样的东西在心里涌动，一些对传统教育和办学方向的认识在心里萌芽：

1. 历史是智慧的源泉

中华民族五千多年的文明史，蕴藏着无穷的智慧，我们的先祖为我们留下了超越时空的文化遗产。像《易经》《论语》《道德经》《孟子》《大学》《中庸》《学记》《三字经》《弟子规》这些经典著作，里面都对宇宙万物、事物发展、教育社会做了全面的论述和阐释。我们日常的教育原则、方法、策略和实践，都可以在其中找到实践依据和理论参考。这些充分证明了我们中华优秀传统文化的精髓一样可以指导我们的现代教育和管理智慧。正如1988年，世界诺贝尔奖获得者在巴黎集会上发表的宣言："如果人类要在21世纪生存下去，必须回到2500多年前，去汲取孔子的智慧。"

2. 孝道是德育的根本

"夫孝，德之本也，教之所由生也。"学校教育也要从"孝"道出发，激发孩子的爱敬之心，从而培养孩子们的优良的道德品质。"孝道"是中华民族传统文化的核心，是一个人最基础的素养。历史上的贤人君子，无不恪守孝道，以孝作为立身基础；那些明君良臣，无不敬爱父母，以孝作为治民根本。一个不孝的人，代表着他不懂感恩、不知回报，没有同理心，他们的所做所想都是以"自我"为中心，很少去考虑别人的感受。

3. 自己是一切的根源

"行有不得，反求诸己。"改变别人的思想和行为是最困难的，但我们可以通过改变自己来影响别人，再慢慢地改变别人。无论是在生活中还是在工作中，我们都应该时刻反省自己，特别是碰到困难，出现矛盾，都应该先从自身去找原因，并且主动地反思、积极改变，从根源上，从自己的内心深处去改变。

让我们带领学校教师和学生，一起深入学习中华传统文化，从传统文化中汲取养分，从传统文化中获取信心，从传统文化中寻找教育的本源和力量。心改变，一切都将改变，"我"改变，学校才会改变。

有效设计课堂与作业

——五华县小学教师学科全员研修学习心得

2022年7月16—18日，我们参加了教师全员培训，我参加了小学语文学科新课标研修。短短的3天时间里，我们聆听了嘉应学院古晓君、刘义民教授，以及梅县、兴宁、蕉岭、五华的教研员为我们所做的关于新课程标准的解读。他们通过“语文课程思想的时代变迁与应对”“深度学习视域下的语文课堂教学设计”“教学科研——卓越教师专业成长的捷径”“四环相扣，强力推进整本书阅读”“基于核心素养培养的小学语文作业设计”“当前课堂教学存在的问题与对策”等专题讲座，分别从不同的角度全面解读了《义务教育语文课程标准》的相关内容与要求。我认真聆听了几个讲座，结合前段时间自学2022年版课程标准，以及几个关于新课程标准解读的几个专家讲座，根据学校语文教研现状和平时听评课了解，有了一些初步的体会。

（一）我们要上什么样的语文课，要怎么上好语文课

新的语文课程标准中，反复提到学生核心素养，小学语文核心素养包括文化自信、语言运用、思维能力、审美创造四个方面的内容。这四个方面的内容是一个整体，而不是割裂为独立的四个内容，其中，语言运用是关键，也是根本，文化自信、思维能力、审美创造，都必须建立在积极主动的语言运用基础之上。因此，我们必须把与文化自信、思维能力、审美创造等核心素养训练相关的内容，渗透、融合语言的阅读、积累和理解、运用过程中，依据学习任务群分层任务和学业质量要求，结合单元人文主题与语文要素，合理设定教学目标，精心设计教学活动，深入研究训练内容与命题方向。我们还要围绕核心素养的要求，设置培训科目，加强校本研修，全面提升教师自身基本功和语文学科素养，提升课堂教学水平。

（二）学习任务群与单元主题必须建立内在联系，加强单元整体设计

学习任务群是2022年版小学语文课程标准新提出的一个概念，包括基础性任务、发展性任务和拓展性任务三个层面。而小学语文教材中，三至六年级，每个单元都有单元训练主题，其中既有人文素养方面的要求，也有语言文字训练方面的要素，这些主题训练内容，分解到单元课文内容、课后问题和语文百花园当中。在新课程标准背景下，我们语文教师一定要结合单元训练主题，加强单元整体教学设计，依据学习任务群的分层任务，深入钻研教材，设定单元目标、每课目标和课时教学目标，结合“快乐读书吧”和教师推荐书目，合理安排拓展内容。

（三）语文阅读教学应该注重学生深度学习

深度学习是培养学生从低阶思维向高阶思维转化的关键，特别是基于学情、符合学生发展规律、适应学生认知水平的，以低阶思维为基础、高阶思维为拓展的深度学习，通过设计不同层次的学习活动，适应不同类型的学生学习需求，培养不同层次的认知能力。无论是课内阅读课还是课外阅读指导课，抑或是整本书阅读以及阅读交流汇报，我们都可以通过阅读、积累，培养记忆能力，通过体验、感受，培养理解能力，通过实践、活动，培养应用能力。我们还可以通过创设情境、质疑生成、个性化体验、多元化评价，促进学生的深度学习，培养学生高阶思维能力。

（四）结合学习任务群分层设置语文作业，促进学生核心素养形成

我们在语文教学中，应该依据学生的知识水平和认知能力，有效设计分层分类作业。在每个单元的教学中，我们可以结合单元主题与语文素养要求，精心设计一些涉及记忆、理解内容的基础性作业，也可以结合学习任务群要求，设计部分情境应用、分析问题、解决问题的发展性作业，以及有一定评价性、实践性、创造性的拓展性作业。

2022年版的课程标准还增加了对核心素养、学习任务群、学业质量的相关阐述，在课程实施中对教学建议、评价建议进行了具体说明，还对课程资源的开发与利用、教学研究与教师培训做了全面细致的分析。通过3天的认真研修，对照课程标准进行深入的研读、分析，以及对教学实践的反思，我深刻认识到，课程标准是教学的目标、标准和要求，也是课堂设计的导向和依据。只有深入研读课程标准，全面落实课程标准要求，才能真正提升课堂教学水平，提升教育教学质量。

第三章

课程体系：

让德育、特色、活动课程在融合中升华

课程是学校实现办学理念和育人目标的基本路径和重要载体。在落实国家课程、地方课程的基础上，根据学校的自身特点和发展规划，结合学生的需求和地方特色，将培养学生道德品质、社会责任感、人文素养的德育课程，和根据学校办学理念和特色开设的特色课程，以及促进学生综合发展和全面提升而开设的丰富的活动课程，融合在一起，不仅可以满足学生的个性化需求，并促进学生的综合发展和全面素质的提升，还可以突出学校自身的教育特色，打造自己的特色品牌，提高教学质量，使教育更具有个性化、针对性和发展性。

第一节　德育课程

“立德树人”是教育的根本任务，为落实“全员、全过程、全方位”育人宗旨，增强德育实效，促进德育创新，我们注重德育课程的开发、整合。近年来，我们坚持“以人为本，全面发展”的宗旨，以中华传统节日为主题，以“爱国主义教育”为核心，结合小学教育特点，丰富“两节”（文化艺术节、科技体育节），完善“四礼”（入学礼、入队礼、成长礼、毕业礼），整合12个“月度主题”，开设“五分钟演讲”“练字十分钟”“红领巾大讲坛”等微课程，开展“大队干部竞选”“校园小导播海选”“传承红色基因故事演讲”等活动，立足“扣好人生第一粒扣子”，让教育与生产劳动和社会实践相结合，从而坚定理想信念，培养个性特长，提高综合素养，培养德智体美劳全面发展的社会主义事业建设者和接班人。

一、德育计划

五华县第一小学教育集团学校德育工作计划

（一）指导思想

以习近平新时代中国特色社会主义思想为指导，全面贯彻落实党的教育方针、十九届五中全会和全国教育大会精神，深入学习贯彻习近平总书记“七一”重要讲话精神，落实立德树人根本任务，全面贯彻落实《中共中央 国务院关于进一步加强和改进未成年人思想道德建设的若干意见》和《公民道德建设实施纲要》，加强社会主义荣辱观教育、“五爱”教育、“四个学会”教育，以创建良好班集体为基础，以塑造美好灵魂、培养“四有”新人为目标，在提高德育工作的针对性、实效性上下功夫。依据《中小学德育大纲》，落实

《中小学生日常行为规范》和《中小学生守则》等内容，坚持与时俱进，力求德育创新，务求德育实效，以“以人为本，以德为先”为宗旨，以培养学生创新精神、实践能力和增强社会主义荣辱观为核心内容，让学生“勤奋学习、快乐生活、全面发展”，加强和改进思想道德建设，全面推进素质教育，努力开创学校德育工作新局面。

（二）工作目标

（1）坚持党建引领，转变教育理念，凝聚教育共识，打造有执行力、创造力、凝聚力的行政队伍和善学习、能合作、会成长的骨干教师队伍。

（2）结合创建国家县级文明城市工作的要求，全面改造富有特色、充满内涵的校园文化，开展丰富多彩的教育活动，逐步构建全面、全员、全过程德育工作新局面。

（3）加强教师职业道德建设，继续贯彻落实《公民道德实施纲要》，树立师德典范；加强学生诚信教育和心理健康教育，培养“五育并举”，全面发展，具有优秀品质，健全人格，健康心理和进取精神的学生。

（4）结合家委建设，深入探索家庭教育指导新途径。

（三）工作内容

（1）坚持党建引领，全面推动教师队伍政治、师德、业务水平的整体提升，转变教育思想，树立“为党育人，为国育才”观念，确立科学的教育观、人才观、业绩观，全面回归“立德树人”教育初心，打造“五有良师”；立足学生长远发展，终身发展，坚持“做更好的自己”这一办学理念，培养全面发展、个性鲜明的“五好少年”，培养堪当民族复兴重任的新时代中国特色社会主义事业的建设者和接班人。

（2）落实“德育为首”思想，结合学校实际，围绕周期性活动、中华传统节日、校园文化艺术节和体育科技节，积极开展以“爱党、爱国、爱社会主义”为核心、以礼仪教育为主要形式的德育活动，持续巩固“广东省文明校园”创建成果。同时，结合校本特色课程，积极开展社团活动和校园文化活动，培养学生兴趣，发展学生特长，发现学生天赋，挖掘学生潜力。

（3）教育学生自觉遵守《中小学生守则》《中小学生日常行为规范》《五华县第一小学值日评分细节》等，结合自身实际，遵纪守法，养成文明行为习惯，做到尊师爱校、知法、懂法、守法，创造良好和谐的校园文化环境。

（4）引导学生积极参加文体活动和各种课外实践活动，培养学生正确的人生观、价值观和世界观，加强对学生的诚信教育和心理健康教育，养成良好的心理品质。

（5）完善家委会建设，打造家委工作品牌。完善家委建设机构与职能，逐步建立家委评价制度，丰富家委活动形式，提升家委工作的内涵，彰显家校共育特色品牌。

（四）具体措施

1. 成立德育工作领导小组

（具体名单略）

2. 加强师德师风培训，狠抓队伍建设

深入学习习近平总书记“七一”重要讲话精神和习近平新时代中国特色社会主义思想；扎实开展思想政治教育工作，把党史学习教育融入思政课程，统筹推进思政课程和课程思政，落实省、市教育部门要求，线上线下相结合，对思政课教师进行全员培训；把党史学习教育融入党、团、队组织生活，深入开展“四史”教育；加强公民道德建设、法纪教育和师德培训；加强党风廉政建设。

加强师德师风建设，树立教师良好形象。继续开展“不忘初心，牢记使命”的主题活动，加强教师的职业道德教育，把师德教育摆在教师队伍建设的重要位置。各教师要利用课余时间认真学习有关师德理论，全体教师要进一步理解教师这一职业的深刻内涵，牢固树立“学高为师，身正为范”的从业准则，依法执教，爱岗敬业，自觉抵制享乐主义思想；关心爱护全体学生，真正做到爱护而不放纵，严格要求而不粗暴对待，耐心教育而不歧视、挖苦；衣着整洁得体，语言规范健康，举止文明大方，从而真正成为学生钦佩的“人类灵魂工程师”、人民满意的园丁。

3. 加强德育阵地建设，厚植家国情怀

利用“国旗下的讲话”“宣传橱窗”“黑板报”“主题班（队）会”，发挥节日的效应作用，如清明节缅怀烈士，培养学生奉献精神；六一儿童节，培养学生励志的情操；七一建党节，培养学生热爱共产党的品质；十一国庆节，培养学生爱国主义情怀。

（1）加强学生养成教育，优化课堂教学

在课堂教学中着重培养学生的良好习惯，创设情境，吸引学生的注意力，听懂老师的指令。抓好组织纪律，为课堂教学提供有力保障；不断总结经验，使学生主动投入学习中来，能按教师的要求去分析问题及解决问题；抓好诵读和写字教学。教导处将组织有关人员制订方案，并组织实施。培育和践行社会主义核心价值观进教材、进课堂、进头脑。

（2）实施阅读提升工程，丰富校园文化生活

一是开展“队旗飘飘，引我成长”，争做“五好小公民”主题教育读书活动，通过故事演讲活动，分享读书感悟、教益，引领学生形成良好的读书习惯；二是引导师生利用教师书吧、学生书吧，倡导师生自主管理、诚信取阅，提高师生阅读数量和效率，举行学生课外阅读沙龙活动；三是开展“书香校园”读书月成果展评比活动，丰富师生读书积累方式和方法。

（3）落实班主任工作

班主任利用好晨会、班（队）会、黑板报等阵地，开展丰富多彩的活动，让学生在活动中受到教育，举行班主任经验交流（书香班级创建）；重视和家长沟通，争取家长的积极配合，做好班主任手册的记载。

（4）强化学生常规管理，加强学生自主管理

加强学校值日工作管理，抓细节管理。将开学第一个月定为“行为规范养成教育月”，制订具体工作方案，强化班级管理，提高学生自我管理、自我教育的能力，结合《中小学生日常行为规范》和《中小学生守则》，培养学生知礼仪、讲诚信、多宽容。一是建立班级自治制度与学生自管队伍，完善学生自主管理评价机制；二是充分发挥班委会、大队部、校团队组织作用，创建校级学生干部管理体制；三是评选年度“星级自主管理班级”。培养学生自我教育、自我管理、自主发展的意识和能力，促进学生全面发展、健康成长，举行“大队干部竞选”和“我是小小播音员”海选等活动。

（5）抓活动开展

利用重大节日、纪念日开展系列的主题教育活动，如开展“三节”“三爱”活动，开展以“孝敬父母、诚实守信、友爱他人、学会感恩”为主题的班（队）会活动，开展以“尊师”为主题的教育活动，开展以“珍爱生命”为主题的法制安全教育活动，开展以“诵读经典”为主题的读书征文活动，开展以“红歌大家唱”为主题的活动，开展以“我运动、我健康我快乐”“垃圾分类知识知多少”“防火安全”为主题的活动，丰富学生的校内生活，培养学生多

方面的兴趣，使学生们在轻松的环境中陶冶情操、接受体验、增长才智。

（6）抓家校联系

成立第三届“小太阳”家长委员会及家长学校，让“马路天使”、亲子活动、亲子课堂等工作常态化，指导家长树立正确的教育观、成长观和质量观，搞好家庭教育；适时宣传学校的办学理念，争取家长对学校工作的支持、理解与配合，形成教育合力，把德育工作落到实处。举行学生、家长代表访谈（测评）。

（五）具体活动安排

9月

（1）组织学生入学和教育工作，收集假期布置的作业。

（2）开学典礼。

（3）上好“开学第一课”（包括安全教育、防疫教育、文明礼仪教育等）。

（4）召开值日工作会议。

（5）教师节庆祝活动（动员家委组织）。

（6）家委工作会议（换届与计划）。

（7）拟订第二届“校园文化艺术节”方案。

10月

（1）爱国主义教育主题班（队）活动。

（2）学生、家长代表访谈（测评）。

（3）少先队建队日活动。

（4）举行第二届“校园文化艺术节”活动。

（5）做好创建国家县级文明城市的相关工作。

11月

（1）“四化”检查、最美教室评比。

（2）举行第二届“校园文化艺术节”活动。

（3）少先队建队日活动。

（4）班主任经验交流（书香班级创建）。

12月

（1）值日工作小结。

（2）元旦庆祝活动、最美教师年度表彰会。

（3）举行第二届“校园文化艺术节”闭幕式。

1月

（1）“四化”检查、最美教室评比。

（2）做好班级之星和各项评优工作。

（3）收集工作总结。

2月

（1）组织学生入学和教育工作，收集假期布置的作业。

（2）开学典礼。

（3）上好“开学第一课”（包括安全教育、防疫教育、文明礼仪教育等）。

（4）召开值日工作会议。

3月

（1）“献爱心送温暖”主题队会。

（2）学雷锋活动。

（3）法制教育讲座。

（4）做好创建国家县级文明城市的相关工作。

4月

（1）表彰学雷锋活动积极分子。

（2）缅怀革命先烈活动。

（3）学生、家长代表访谈（测评）。

（4）开展安全教育活动。

5月

（1）班主任经验交流。

（2）抓好校园的美化、净化建设工作。

（3）组织大课间活动。

（4）做好创建国家县级文明城市的相关工作。

6月

（1）六年级毕业典礼。

（2）家委总结会。

（3）迎“七一”庆祝党的生日活动。

（4）法制教育讲座。

7月

（1）做好班级之星和各项评优评先工作。

（2）做好学生的素质评定、总结工作。

（3）放假前教育，布置假期工作。

（4）收集工作总结。

充分挖掘课程资源，让《道德与法治》课堂鲜活起来

小学《道德与法治》课程标准中指出：新课程具有生活性、活动性、综合性、开放性。上思政课的时候，如果只使用教材，只讲道理，内容贫乏，没有吸引力，特别是小学的《道德与法治》课堂，如果没有趣味性、缺少形象性、少了生活化，课堂效果就可想而知了。在多年的《道德与法治》（品德与生活）教学过程中，我不断地尝试探讨，不断挖掘课程资源，把课程与生活相结合，大大提升了课堂教学的效果，学生再也不会感觉《道德与法治》这门课程只有单调与枯燥，而是逐渐喜欢上了这门课程。

（一）模拟生活场景，在身临其境中体验

《道德与法治》教材中都会有许多预设场景，有些是和学生生活相似或一致的，因此，通过举例想象，回忆真实情境，在课堂教学中是极为重要的。可以让学生在模拟真实的生活情境中思考并解决问题，从而使教学过程主题明确，逻辑严密，结构完整，这种方法对于小学生思维逻辑性的培养会大有裨益。比如，在教育学生如何对待红绿灯问题时，由于小学生对于交通知识的了解较为浅薄，因此可以让同学们回忆一起去春游的场景，同时，通过一些照片的出示，让学生通过回忆亲身经历的情境，把自己带入现实场景当中。然后，再把教材中提出的问题在这个情境中一一呈现，使同学们身临其境地体会这件事情，从而将书本中的大问题分解成为一个个小问题。在模拟春游的路上，学生每过一次马路，就询问同学一次过马路和遇到红绿灯时应该怎么做，通过生活中的真实案例让学生意识到遵守交通规则的重要性。在潜移默化中渗透，通过学生的反复体会和热烈讨论，把对交通规则的认识内化为他们的自觉行为。

与生活分离的纯粹道德是不存在的，就像人不能独立于社会存在是一样的。《道德与法治》教材的编写，渗透在儿童生活的各方面，良好品质的形成源于从小的培养，并且以越细腻越充分的例子去影响他们，他们的道德体悟就

会越高越透彻。因此，在教学中，我们要认真发现学生与生活之间的联系，利用他们的生活知识，更为直接地让他们参与社会实践，俗话说实践出真知，感知活动的生动形象，会使学生的领悟更为清晰。如，在人教版二年级的课本中教学“我们小点声”时，可以从学生走进班级、学校产生的噪声入手，让学生切身体会噪声对我们的影响。或者是在课堂上把在市场上、图书馆产生噪声的视频展示给同学们看，引导他们充分表达自己的感受。有的说：“太吵了，什么也听不见！”有的说：“那么吵，书都看不下去，心里烦躁得很！”教师借机引导：“是的，在公共场所，哪怕极小的噪声，都会对别人产生影响，但往往我们自己却感觉不到。所以我们在公共场合应该怎么做呢？”有的同学说：“要保持安静，不要大声喧哗。”有的同学说：“如果有话说，就小声点，轻声说话，不要影响别人。”这样的情境设计，让学生身临其境，可以充分体验场景，有效培养学生规则意识，强化道德感知。

（二）利用学校课程，在活动观摩中学习

《道德与法治》教材中的案例和资源是有限的，有许多生活场景教材中无法充分体现，但学校的校内资源和课程生活是丰富多彩的，我们可以充分应用，作为对教材的有效补充。如：在教学人教版五年级下册第三单元“百年追梦，复兴中华”相关课文时，可以把学生带到校史馆，按照教材内容，指导学生认真观看“伟大的祖国”部分中的“百年耻辱”“痛苦抗争”“民族觉醒”“红船记忆”“万里长征”“抗日战争”“解放战争”“开国大典”“艰难建设”“改革开放”“伟大复兴”等内容，通过丰富的图文资料，学生更直观地认识中国共产党的光辉历程和中华民族的灿烂文明，更深入地感受成立新中国的艰难和中国共产党的伟大，更自觉地担当起中华民族伟大复兴的神圣责任和光荣使命。

又如，三年级下册第五单元“画画我们成长的地方”，第一课就是“画画我们的学校”，我们联合美术老师，把道德与法治和美术学科结合起来，开展以“同绘旧场景，共创新辉煌”为主题的跨学科活动，让学生参照学校老照片和新修建的“桃李园”、运动场等，组织校园绘画、征文比赛，并以此为素材让学生上台展示、介绍，学生们在趣味盎然中完成了课程内容的学习。

学校还有许多丰富的校园生活和活动资源，如校园文化艺术节、体育科技节、学雷锋活动月、重要节日及周期性活动、班（队）活动，还有各种各样的活动场馆、教室、种植园、桃李园、图书馆等，都可以成为《道德与法治》课程的教学资源。

（三）开发家庭资源，在家校合作中展示

家长是孩子的第一任老师，家庭是孩子的第一所学校，也是孩子学习成长的重要地方。孩子在家里能培养良好的生活习惯、卫生习惯和学习习惯，学会尊长爱幼、和睦邻里，共同创建优良的家教、家风。因此，我们一直重视搭建家校合作平台，成立家长委员会，开设家长学校，组织父母课堂，开展亲子活动，充分开发家庭资源，为学校教育教学提供丰富的课堂资源和教学载体。

近年来，教师都能充分发动家委会，主动与家委会合作，结合教学需要，开展相关活动。各班的家委会会根据教育教学需要，结合教师建议和教材要求，适时开展丰富多彩的校内外亲子活动。如，在教学五年级下册第一单元“我们一家人”时，学习第一课之前，我布置学生通过交流，了解一下父母长辈的生活态度、兴趣爱好、行为方式，同时，了解一下父母长辈在平时交流时，是怎么评价自己的？课后，要求学生主动与父母交流沟通。利用队活动课，召开“我和父母做朋友”主题队会，邀请部分家长参加活动，分享在生活中如何主动交流、增进感情、相互理解的故事。

在教学“优秀家风代代传”一课时，教师布置学生向父母长辈了解收集自己的家风家训的来历和特别的故事，在课上分享家风故事。课后，还要求学生与家长一起编写以“传承优秀家风，引领良好风尚”为主题的手抄报，在班里展示。

每一个家庭，都有着丰富的教育资源，如亲子关系、亲子读书、家庭建设、经济开支、节能环保、垃圾分类等，通过利用家庭中的教育资源，更好地培养学生懂得理解父母、学会承担家务、关心父母长辈、担当家庭责任等。

（四）拓展社会课堂，在实践探究中成长

新课程标准指出：本课程活动应与家庭和社区合作，发掘和利用各方面的资源，打破封闭的、孤立的课堂中心模式，通过走出去、请进来，建立校外活动基地等方式，为儿童开阔视野，以及更好地向自然学习、向社会学习、向各行各业劳动者学习创造条件。因此，充分利用社区社会资源，让孩子们走出校门，创设开放课堂，以便提供更多的资源与机会，让孩子们更好地学习。

如，三年级下册“说说我们的社区”这一单元，我们可以布置学生利用假日走访社区，参加社区活动，了解社区公共设施，体会社区变化，然后在班级里汇报交流。同时，分组讨论，思考如何解决社区出现的问题。同时，布置学生分社区成立小组，开展社区调查，为社区建设提出自己意见和建议，同时组织假日志愿小队，参与社区服务宣传，参与社区净化美化与环境创设。

又如，三年级下册第三单元“看看我们周围的商店”，我布置学生和家长一起分类统计家里的购物情况，绘制统计图，然后小组讨论自己的发现（购物地点、方式，物品类型、数量，购物的价格、总额等）。同时，了解学校和住宅附近有哪些购物场所或商业街，联系学校附近商店（超市），带领学生前往参观体验，了解商店货物打折方式，发现其中的“陷阱”或问题，并根据购物清单（虚拟）计算所需费用，选择最佳购物方案。

另外，我们还常常布置学生通过网络，查阅一些社会生活中的知识，了解历史事件、社会道德和法律法规等知识，拓宽孩子们的知识面，增长见识，拓展视野。

鲁迅先生的作品《少年闰土》里有一句话：“他们都和我一样，只看见院子里高墙上的四角的天空。”这其实也是现在孩子们学校生活的真实写照。孩子们整天生活在狭窄的校园里和高楼套房里，不能广泛地接触大自然，就像井底之蛙，眼界狭窄。我们只有打破“围墙”的界限，把课堂拓展到校园的每一个角落，向家庭、社区以及同孩子们的学习生活密切相关的场所延伸，才会让我们的课程资源更丰富，让我们的课堂更鲜活、更有吸引力。

党建引领，致力教师发展
“五育”并举，期待华丽转身

2020年，学校实行了城区学校积分入学方案，参与了集团化办学试验，迎来了课堂教学展示活动，推进了教师全员轮训和校本研修。对于我们来说，2020年，是努力奔跑、倾情付出的一年。这一年，我们坚持党建引领，致力教师提升，落实“五育”并举，丰富校本课程，坚持家校共育，逐步突破瓶颈，期待华丽转身。

（一）党建引领，立德铸魂，培育良好师德师风

坚持党的全面领导，是保证正确办学方向的前提。我们坚持以习近平新时代中国特色社会主义思想为指导，贯彻落实十九届五中全会和全国教育大会精

神，全面加强党建工作，完善“三会一课”和“三重一大”决策制度，经常有针对性地开展主题党日活动，加强党建工作和学校常规管理的融合。

为促进行政和教师整体提升，我们不断丰富学习研修形式，如：组织政治学习，为教师上党课，开展师德培训；分批安排行政参加培训，实施分享制度；利用假日开展读书活动，撰写读书心得；组织行政年度工作汇报，通过PPT图文结合汇报分管工作；积极组织读书交流会、班主任工作交流、毕业班工作研讨和专题师德讲座等，全面提升教师师德水平。我们还通过坚持以党建带团建、队建，创造性开展团队工作，2020年，学校3位教师受市表彰，10位教师受县表彰！少先队大队部被评为“梅州市红旗大队”和“五华县红旗大队”，401中队被评为广东省“少先队先进中队”，3位教师被评为五华县“优秀辅导员”。

为更好地实施“党建引领”，我们坚持做到“四个结合”（政治学习与师德建设相结合、党员示范与业务提升相结合、党员评议与教师考评相结合，党建文化与课程文化相结合），努力打造“党建+”工作新模式。经过县市省评估，学校被评为“广东省第一批基础教育党建工作示范校”。

（二）制度育人，规范管理，形成良好制度文化

2020年，也是制度建设年，我们完善了党建工作制度、教代会民主管理制度、学校财务管理制度、校产管理制度、教师年度考核制度、评先评优制度、年级组管理制度、政治学习制度、校本研修制度、突发事件应急制度、考核奖惩制度、招生管理制度等，让学校工作在制度的笼子里运行。

我们还修订了大（中）队干部竞选制度、文明班评比制度、校园之星（文明之星、读书之星、艺术之星、足球之星）评比制度、班级“四化”评比制度等，通过开展少先队干部自治和学生志愿服务活动，逐步形成学生自主管理新模式。

按照城区学校积分入学方案规定，我们组织相关行政和教师进行工作培训，邀请退休教师担任监督员，对招生工作进行监督，严格按照方案要求的程序，精心组织好各阶段工作流程，按户籍生和积分入学对象进行网上申请、资格审查、材料审核、积分核定、上报审批、名单公示、入学注册等。

严肃招生纪律，规范招生流程，有效解决了学校多年难以破解的大班额问题，一年级班均45人，其他年级班均50人，基本消灭超大班额现象。

（三）评价导向，聚焦课堂，整体提升教师素养

自2019年以来，学校全面实施教师提升工程，健全研修制度，改革校本研修模式，创新活动组织流程，提升研修效果，我们依托广东省“十三五”规划课题以及“广东省梅州市互联网+校本示范项目”和广东省“三区”教师全员轮训试点学校，通过课题研究、教师轮训、网络培训和校本研修，有效提升教师的专业素养和学科教学能力，还通过“名校长工作室”平台，积极组织研修活动。我们还坚持实施“青蓝工程”导师制方案，开展中青年教师学科素养大赛和教师才艺展示。通过比赛，不断转变教师教育理念，提升教师专业素养。在学校教师参加学科素养比赛中，英语教师陈俊方荣获市二等奖，语文教师钟杏花和数学教师周梓红分获县特等奖。

为进一步推进课堂教学变革，切实提高课堂教学效率，促进课堂教学全面转型和教师专业发展，自9月以来，我们全面启动以“聚集课堂教学变革，构建科学评价体系”为主题的课堂教学评比展示活动。我们组织教师认真学习活动方案，深入研读评价量化表，明确以评价为导向的课堂教学改革思路，吃透悟通当前课堂教学要求，指导教师研读教材，制订教学方案。全体教师经过精心备课、科组试教，先后讲授展示课180多节。

2019年期末考试，在使用珠三角地区试题的过程中，我们发现了在教学理念、课堂应用、学科素养、综合实践等方面的差距。各备课组通过深入分析，理清命题方向和设计思路，准确把握各学科重难点。我们要求全体教师参考期末考试命题思路，组织命题比赛，以指导各学科作业设计与试题命制，不断转变教学理念，改进教学方法，促进教学质量全面提高。

在将来的教学指导和管理中，我们结合质量分析，将督促教师在以下几方面进行改进：①加强方法指导和学习习惯培养。②结合课标要求和生活实际，落实人文素养和学科素养训练。③让学生在操作实践中学习，通过亲身体验和感知，在猜想、尝试、验证中训练学生多种感官参与学习，开阔学生视野，拓展学生思维，培养创新能力。④面向全体，关注个体，重视小组合作指导和基础知识基本技能训练，抓两头，促中间。⑤注重知识应用和方法迁移，从而实现其知识的内化，促进理解力和判断力的发展。

（四）特色课程，多彩活动，促进学生全面发展

为给学生提供健康成长、全面发展和个性张扬的平台，学校开设了体育、美育、科创、人文和木偶系列课程，安排有特长的教师或聘请专业教师承担课程任务，学生们在课程中学会健体、学会赏美、学会创新、学会交流、学会实践操作，培养健康的兴趣爱好，树立自信，提升实践创新能力和综合素养。

上半年，学校举行了首届校园“体育科技节”，开展了足球、田径、大课间、跳绳、纸飞机、七巧板、种植等比赛。下半年，学校举办了首届校园“文化艺术节”，开展了书法、绘画、器乐、手工制作、英语朗诵、数学手抄报、小歌手比赛、诗词大会等活动，还在元旦进行了展示和会演，孩子们在丰富多彩的活动中得到成长。在校园足球联赛中，学校四个年龄组分别获得了第一、二、三、四名，这学期，新组建的U7梯队，获得了全县冠军；参加全县大课间活动展示获县小学组一等奖；参加客家童谣比赛获市二等奖，两个节目参加县文艺比赛分获二等奖和三等奖，其中五华提线木偶剧《盛世欢歌》还参加了县元旦会演，学校鼓号队连续参加了县展示活动；学生参加梅州市科技创新大赛、“小小科学家”比赛和创客创作大赛获得多个一、二、三等奖，学校被评为“广东省艺术教育（提线木偶）特色学校”和“梅州市科学教育特色学校”。

（五）改善环境，梳理文化，逐步开发隐性课程

为改善学校办学条件，学校积极争取标准化教室、运动场、宿舍、厕所、植物园和科学馆改造项目，改造了运动场、小花园、种植园，刷新了教师宿舍，新建了标准化教室，改造了科学室、创客室、美术室、音乐室、书法室、阅览室、心理辅导室、多功能演播厅、电视台演播室等功能场室。

学校还通过调整功能场室分布，在科学楼5个楼层分别设置“体育、阅读、书法、科创、美术、音乐”功能场室，同时按功能分布，动员师生设计制作作品，整合校园文化，全面美化校园。我们还通过家委会，积极开展班级“四化”评比和书香班级建设，创新班级文化，让各班的班级文化独具一格、百花齐放。2020年，学校被评为“广东省绿色学校”。

学校和工作室公众号共发布推文210篇，广播站改版了，电视台开播了，为“讲述一小好故事，传播一小好声音，树立一小好形象，传递一小正能量”发挥了重要的作用。

（六）积极参与，主动配合，真正落实家校共育

2019年，“小太阳”家委会成立，经过两年的磨合，家委会内部运行更顺畅，活动流程更规范，活动内容更丰富。校级家委会充分发挥主观能动性，积极与学校沟通，深入了解学校教育理念、办学思路与治校方略，了解学校年度中心工作，合理安排家委年度工作计划。

一年来，家委会在班主任的协助下，积极招募志愿者，成立“马路天使”交通导护队，每天坚持执勤，指挥疏导交通。学校有重大活动，家委会都会安排家长志愿者，协助学校做好相关工作。家委会还坚持组织假日亲子活动、外出参观、读书活动，邀请有专长的家长开设父母课堂，包括科学实验、种子栽培、法制安全、防性侵等丰富多彩的综合实践课程。家委会经常向学校提出建议，为学校发展出谋划策，提供教育资源，沟通家校关系，消除误会，调解家校矛盾。

经过两年的努力，校园环境变美了，校本课程丰富了，学科教师成长了，师生氛围融洽了，家校关系和谐了，在学校持续稳步发展的同时，教师归属感越来越强，学生幸福感越来越多，家长荣誉感越来越强。我们相信，越努力就越幸运，越付出就越幸福！

学党史，讲校史，传承红色基因

根据习近平总书记在党史学习教育动员大会上的重要讲话精神和《中共中央关于在全党开展党史学习教育的通知》《中共广东省委印发〈关于开展党史学习教育的实施方案〉的通知》《中共梅州市委印发〈关于开展党史学习教育的实施方案〉的通知》和《中共五华县委印发〈关于开展党史学习教育的实施方案〉的通知》精神及《五华县教育系统党史学习教育工作要点（第一至十期）》，学校在党史学习教育工作中开展了切合本校实际的各项工作，现将落实情况汇报如下。

（一）成立领导小组，召开动员大会

学校成立党史学习教育领导小组，党支部书记李钧同志担任组长，支部委员和校级领导任成员。领导小组不定期召开工作会议，学习贯彻习近平总书记重要指示批示精神和中央、省委、市委、县委有关部署要求，积极组织开展各项学习教育和实践活动，注重实际效果，力戒形式主义，防止浅尝辄止，引导党员、干部学出坚强党性、学出信仰担当。在3月25日的动员大会上，李钧同志与大家一起学习了习近平总书记在党史学习教育动员大会上的重要讲话，党中央《关于在全党开展党史学习教育的通知》，省市县党史教育动员大会精神等，并对学校的党史学习教育做出详细部署，并提出具体要求。

（二）开展了6次专题学习

在党员、干部以自学为主的基础上，学校采取理论学习中心组学习、举办读书班等形式，分专题开展学习研讨，针对领导干部和党员的不同要求，确定学习重点内容。学校分别在4月8日、4月22日、5月6日、5月17日、6月10日、6月24日开展了6次党史专题学习，认真学习了习近平《论中国共产党历史》《毛泽东、邓小平、江泽民、胡锦涛关于中国共产党历史论述摘编》《习近平新时代中国特色社会主义思想学习问答》《中国共产党简史》等指定学习材料，用好《中国共产党的一百年》以及《中华人民共和国简史》《改革开放简史》《社会主义发展简史》等重要参考材料。通过学习党史，进一步加强对新中国史、改革开放史、社会主义发展史的“四史”学习教育。

（三）开展了“传承红色基因”教育活动

（1）利用清明、“六一”、队活动课，对全校学生广泛开展革命传统教育，传承红船精神、井冈山精神、长征精神、苏区精神等革命精神，引导青少年铭记革命历史、崇尚革命英雄、继承革命事业。

（2）清明节前后，组织全校学生开展“网上祭英烈”活动，礼敬先烈先辈，感恩幸福生活。

（3）开展了“童心向党”主题实践活动、“党史主题”演讲比赛，组织全校学生开展以“童心向党”为主题的“四个一”活动，即“我向党旗敬个礼”“唱支红歌给党听”“党的光辉照我心”“党的故事我来讲”。通过歌咏比赛、文艺会演、展览会、故事会等形式，引导青少年从小听党话、感党恩、跟党走，厚植爱党爱国爱社会主义情怀。

（4）开展“向国旗敬礼”活动，对全校小学生进行国旗法、国歌法和“四史”（党史、新中国史、改革开放史、社会主义发展史）主题教育，开展升国旗唱国歌、“我和国旗合个影”、观看红色影视、参观爱国主义教育基地等活动，增强小学生国家观念和爱国情感。

（5）依托学校微信公众号等载体，开设党史学习教育系列活动专题专栏，制作微信动态页面，以图文、动漫、视频等形式展示活动情况。

（四）开展了“学党史、讲校史”活动

活化本校红色资源，深入挖掘学校红色资源，提升师生爱校意识；发挥校史的教育作用，203班家委开展参观爱国主义教育基地的社会实践活动。4月，学校邀请了退休老师曾德雄同志为大家开展了“学党史、讲校史，做新时代四有教师”的专题讲座，五一节期间在学校举行首届“桃李杯”足球赛暨向校友征集校史资料活动。7月1日，建党100周年之际筹办了一系列庆祝系列活动：大力开展“学党史、讲校史，做新时代好教师”征文比赛活动，“书党史名言，抒爱党情怀”教师书法比赛，“唱红歌，颂党恩”歌唱比赛暨第二届五佳教师评比。

（五）开展了“我为群众办实事”实践活动

把“我为群众办实事”实践活动作为党史学习教育重要内容，组织党员干部继承发扬优良传统，立足做好本职工作，推动解决师生最关心、最直接、最现实的利益问题。玉茶校区于3月进行了对家庭特困学生的慰问活动。4月组织党员干部对原校道进行填土整理。5月对留守儿童开展“爱心守护、共享阳光”、帮扶慰问等活动；引导学生通过志愿服务、社会实践、公益活动等关注社会、关爱他人；组织学校优秀党员、劳动模范、青年榜样、优秀团员、优秀学生做事迹报告会，5月曾剑锋副校长为学生做了党史专题报告会，让学生近距离聆听优秀党员的感人故事。

（六）推进“党建+”融合活动

一是把党建与学校的中心工作高度融合，学校党组织书记、校长李钧同志结合实际，带头上好一堂思政课；组织品德与社会、语文等学科教师成立思政课教研团队，定期对学生进行思政课教育，开好公开课，充分发挥学科主渠道的作用。二是梳理党史知识要点，供学生学习使用。三是发挥党建引领作用，以党建带队建带学校所有工作，开展形式多样的主题党、队日活动，紧扣提升学生综合素质这一主线，为学生创造校内校外实践机会和舞台，让学生在潜移默化中修身立德，学校在3月至5月举行了体育科技节活动。四是发挥党员教师先锋模范带头作用，推动党建工作与学校中心工作相融合、与立德树人相融合，学校建立了6个“党员示范班”。

（七）开展了党史方面的经典诵读活动

6月2日学校开展了“弘扬时代精神，传承中华优秀文体”主题教育朗诵比赛活动，利用经典诵读活动，激发学生积极阅读党史方面书籍的兴趣，用共产主义的崇高理想引导青少年，树立跟党走中国特色社会主义道路的信念，引导青少年牢记中国共产党是共青团的创建者和领导者。

（八）举办了系列庆祝活动

一是开展颂党恩歌唱活动。引导学生诵唱新歌谣、藏头诗，传唱红色经典歌曲，传播五华教育好声音，树立五华教育好形象，传递五华教育正能量。二是开展大队部系列活动。“传承雷锋精神·迎接建党百年”志愿者活动、“红领巾庆祝建党百年”手抄报比赛、“童心向党·鼓声嘹亮”鼓号队技能训练。三是成功举办了喜迎建党100周年的体育科技节系列活动。

（九）开展了“从小学党史、永远跟党走”活动

在校内设置党史专题宣传栏，建立党史学习教育宣传阵地。学校充分利用公众号、广播站，宣传党的光荣历史。动员学生以“从小学党史、永远跟党走”为主题开展手抄报、硬笔书法比赛，引导学生学习党史、了解党史，筑牢听党话、跟党走的思想根基。

二、德育微课堂

儿童时期，是价值观、人生观初步形成的重要时期。我们充分利用每一次国旗下讲话的机会，结合重要时间节点和中华传统节日，加强党史教育和主题教育，从而让学生坚定理想信念教育，扣好人生第一粒扣子。对于学生来说，校长的每一次讲话，都是一节思政课，会对学生价值观、人性观、世界观产生重大影响。因此，精心准备每一次活动的讲话、致辞、发言，甚至每一次与学生的谈话，对于校长来说都是非常重要的。如何围绕活动主题，结合学生实际，把话说到学生心里，激发其共鸣，从而在学生心里播下理想的种子，确立努力的方向，对未来萌生期许和希望，这是每一个校长的必修课。其德育微课堂如下。

我是“一小”人，永远争第一

我是你们的新校长，今天，我第一次参加升旗仪式，也是和大家的第一次正式见面，今天想和大家聊聊我们的学校。

同学们，我们的学校叫作“五华县第一小学”，没错，我们是五华县第一小学。那么，我们想想：第一，代表着什么呢?

“第一”，是一个目标和信念。我们每一个“一小”人时刻都应该牢记自己是五华县第一小学的一员，时刻以“永争第一”的信念做好每一件事，用“止于至善”要求自己，无论做什么，都要尽自己最大的努力，力争做到最好，达到最高的境界。当然，有比赛，就会有胜负，冠军只有一个，金杯只有一座，我们不只是关注“第一”的结果，更关注“追求第一”的过程，“永远争第一”，是一个目标，是一种鞭策，更是一个需要不懈努力的过程。

“第一”，是一种荣誉和责任。我们的老师，我们的学长，曾经为我们的学校争得无数的荣誉，我们每一个人都应该为自己是一名“一小”的学生和老师而感到自豪。这种自豪，是一种荣耀，更是一种责任和压力，我们每个人都有责任维护一小的名誉和利益，有责任努力学习，积极提升自己，有责任为学校发展献计献策，为学校改革添砖加瓦。我们没有权利也没有任何借口，拿历任校长、老师以及历届学长为学校争得的荣誉，作为自己沾沾自喜、扬扬自得、自以为是的理由。

“第一”，是一份承诺和担当。当我们走进一小，成了一个“一小”人时，那么，就意味着我们向社会、向家长、向自己许下了一个承诺：我要做到最好。大家的眼睛都在看着我们，全社会都在关注我们，而我们的家人、亲朋，都会为我们的光荣而自豪，也会为我们的失败而沮丧，他们的心跳将会和我们同频。也许，有同学会说：“我学习成绩不好，怎么承诺力争第一？”同学们，每个人都有自己的长处，也有自己的短处，只要我们扬长避短，一样可以全面发展，一定会找到力争第一，为学校争光的最佳方式。成绩不好，我可以礼貌争第一；唱歌不好，我可以跑步争第一；数学不好，我可以语文争第一；英语不好，我可以写字争第一……只要努力，我们总会找到自己闪光的地方。

这个“一”，我想，还有一种理解，“一”，在数学里，除了顺序和数量外，还代表着全部、整体，我们是一个整体，一荣俱荣，一损俱损。一根筷子，轻轻一折就断了，而把很多筷子捆起来，就可以承受很大的力量，习近平总书记在和首都群众学生一起植树时说，众人拾柴火焰高，众人植树树成林。团队的力量是无穷的，团队的智慧也是无穷的。全校师生3800多人，还有更多的家长和亲人，只要大家心往一处想、劲往一处使，没有什么困难是克服不了的，没有什么奇迹是不能创造的。今后，我将和大家一起学习、一起奔跑、一起呐喊，共同为创造新的“一小奇迹”而不懈努力！

爱校爱老师，做更好的自己

我们的学校，五华县第一小学，是一间非常好的学校，这是我们的光荣。

因此，我们要好好地爱护我们的学校，维护学校的荣誉，不乱扔纸屑垃圾，不攀折树枝，不踩踏草地，不弄脏墙壁，不损坏桌椅，节约水电；我们的老师也是非常优秀的老师，从今天开始，我们将在老师们的陪伴下，度过6年快乐的小学时光，我们要尊敬老师，认真完成老师布置的各项任务。努力学习，争取做更好的自己。

班主任老师肯定向同学们介绍了学校的办学历史和办学理念——“做更好的自己”，那么，我们怎么样才能“做更好的自己”呢？

一是要更有礼貌、更讲文明。同学们在进幼儿园之前就是好孩子了，学习了几年，变得更懂事了，我们无论在学校还是在家里，都要做个讲文明、懂礼貌的好孩子。现在，让我们对着自己的老师，说声——老师好！另外，我们碰到客人，外出做客，都要学会说声“您好！”（或者“早上好！”“下午好！”“晚上好！”）。我们要时时记住，我们是县第一小学的学生，我们是最有礼貌的。

二是要更爱学习、更爱读书。来到学校，读书学习，就是我们最应该做好的事。每天按时上学，专心听课，积极思考，学会提问，主动发言，养成良好的学习习惯，特别是规范站姿坐姿和读书写字姿势，爱护眼睛，保护视力，认真学好文化科学知识，学会体育艺术才能。

三是要更爱锻炼、更爱劳动。无论是上体育课还是做课间操，我们都要听体育老师的口令，努力锻炼好身体，还要听从老师的安排，认真学习劳动技能，搞好班级卫生。回家后，帮助爸爸妈妈做一些力所能及的事，还要学会整理书包和学习用具，自己穿衣服，自己系鞋带，自己叠衣服被子，自己的事自己做。

四是要更讲卫生，预防传染病。平时勤洗手，不吐痰等。同学们都认识了自己的老师和同学，今后，我们还会一起学习、一起游戏、一起成长，我们要珍惜这份珍贵的师生感情和同学情谊，相亲相爱，快乐成长。

奋斗成就梦想

习近平总书记说过：“人民对美好生活的向往，就是我们的奋斗目标。”大家都希望过上幸福的美好生活，但是，幸福是怎么来的呢？幸福不是天上掉下来的，不是等得来、喊出来的，而是干出来、拼出来的。9月1日晚上，同学们在家长的陪同下，认真收看了新学年中央电视台的《开学第一课》。在《开学第一课》上，通过科学家的介绍，我们知道了无数农业科学家经过几十年的砥砺奋斗，致力于种子研究，不断提高粮食产量，保证了中国十几亿人口的粮食供应，有效地保障了我们国家的粮食安全；为了守护绿色家园，保障持续发展，河北塞罕坝先后几代人，经过接续奋斗，终于成就了世界上最大面积的人造森林，创造了人工造林的奇迹；以“三钱”为代表的中国科学家，团结奋斗，成功研制“两弹一星”，新一代科学家，坚持创新发展，通过几十年的努力，共圆飞天梦想！

前辈的不懈努力，创造了今天的伟大成就，未来中华民族伟大复兴的中国梦，需要你们这一代人的接续奋斗，才能尽快实现。将来的奋斗，需要今天的努力，我希望，同学们在新的学年确立新的目标，以新的奋斗成就新的梦想。

我们的办学理念是“做更好的自己”。怎样才能成为更好的自己？我认为，坚持乐学善思，各美其美，争做“五好少年”，就是你们的奋斗目标。

一是要养成好习惯。良好的习惯能让人终身受益，我们在小学阶段，应该听从老师的教导，从小事做起，从一点一滴做起，养成良好的文明礼仪习惯、卫生习惯、阅读习惯、锻炼习惯，做新时代文明少年。

二是要锻炼好体魄。有好的身体，才会有好的学习姿态，良好的身体素质，是今后认真学习、阳光生活、努力工作的前提。我们要认真上好体育课，做好大课间操，积极参加课外体育锻炼，完成老师布置的体育课外作业，培养体育特长，至少学会一至两项运动技能，养成坚持锻炼的好习惯。

三是要发展好智能。良好而全面的智能，是人能持续成长、个性发展的基础。我们要专心听课，认真完成作业，通过各学科的学习，打牢自己的文化基础，增强学习的信心，促进阅读积累和思维的发展。

四是要培育好情商。准确地认识自己和他人，培养良好的沟通交流的能力，是现代生活所必备的。同学们要积极参加学校组织的各项活动，从活动中增长见识、磨炼意志、开拓思维，更要学习在活动中与人交流，耐受挫折。

五是要培养好才艺。学校开发了丰富的个性化选修课程，同学们可以通过这些课程的学习，培养健康的兴趣爱好，发现自己的个性特长，挖掘自己的天赋潜能，培育自己的职业倾向，拓展自己的知识面，成为多才多艺的新时代好少年。

锤炼坚韧意志，凝聚班级精神

自5月以来，我们的“体育科技节”开展得如火如荼，各项活动顺利完成。今天，我们将进行体育科技节的最后一个比赛项目——三年级队形队列比赛。三年级各班为了迎接今天的比赛，在班主任和体育老师的带领下，进行了认真的复习训练，队列水平得到全面提升，精神面貌焕然一新。

老师们、同学们，队形队列比赛，不仅是一个体育方面的赛事，也是一次综合性活动，是一门德育和体育综合课程。通过这次队形队列比赛，同学们可以得到全面的锻炼和提升。

一是可以锻炼强健体魄，培养运动习惯。我们平时上好体育课，落实课堂常规，培养体育兴趣，学习运动技能，锻炼了强健的体魄，也通过持之以恒的运动，养成喜爱运动、坚持运动的好习惯，并把这个习惯坚持带到生活和工作中，锻炼强健的体魄，为面对今后更多的学习任务，更复杂的生活环境，更繁重的工作压力打下坚实的基础。

二是可以塑造健美形体，磨炼坚强意志。队形队列训练中的每一个动作，都需要符合运动美、形体美、队形美的标准，通过反复的训练，培养同学们良好的站姿、走姿，训练动作变化和队形变化，从而培养大家对不同的美和认识。队形队列训练，是一项枯燥、单调的训练，也是一项考验人的耐性和意志的项目。通过队形队列训练和比赛，可以激发同学们良好的精神姿态，锻炼同学们不怕苦、不怕累的精神，培养同学们的耐性，磨炼坚忍不拔的意志。有比赛，就会有胜负，胜固可喜，败亦光荣，只要大家共同努力了，就不用遗憾后悔，也不会难过伤心，体验成功的喜悦和失败的挫折都是一种成长。学习之路漫长，生命之路漫长，只要能从比赛中总结失败的原因，汲取前进的动力，激发奋进的决心，树立必胜的信心，我们终将取得成功。

三是树立纪律观念，增强规则意识。队形队列项目，无论是训练还是比赛，都有严格的要求。正如国旗护卫队一样，规范的动作，整齐的队形，划一的步伐，响亮的口令，昂扬的气势，雄壮的口号，都体现了严明的纪律和严格的规则。同学们在训练和比赛过程中，可以很好地体验到其中的纪律和规则。

四是培养团队意识，凝聚班级精神。队形队列训练和比赛，是充分体现团队精神的项目，每一个人的表现，都和整个班的表现息息相关，一个人的失误，会造成整个班表演的失败。平时多流汗，赛时少流泪。在训练和比赛过程中，每一个同学都要努力付出、刻苦训练，发挥出自己的最好水平，才能取得优异的成绩。我们可以在比赛中感受到团队的力量、班级的力量，凝聚团队的精神、班级的精神。

每一次活动都是一门课程，每一场比赛都是一次锻炼，我们要珍惜每一次活动和比赛，从中学到知识、练到技能，从中学会体验成功、应对挫折。只要我们每天进步一点点，努力做更好的自己，我相信，每一个人都将会遇见更好的自己，都将会体验胜利的欢呼和成功的喜悦。

弘扬“非遗”之光，树立文化自信

不知不觉，“非遗”进校园活动和木偶系列课程在学校已经进行差不多三年了。在这三年里，我们的老师——木偶传习所的传承人带领我们认真学习，积极活动。同学们也在老师的带领下，从认识木偶、喜欢木偶、了解木偶到传承木偶文化，取得了显著的成绩。在每年的“文化艺术节”和省市县的比赛展示中，在“省长杯”开幕式上的展演中，都留下了“五华提线木偶”的美好形象。今天，在老队员即将毕业的时刻，我们在这里举行“小小传承人”传承交接仪式，把木偶课程学习、提线木偶传承的任务，交给新一批的同学，这是一种文化的传承，更是一种精神的传承。

老师们，同学们，中国是四大文明古国之一，中华民族有五千多年的悠久历史和灿烂文明，给我们留下了无数的文化艺术瑰宝。五华特有的提线木偶和采花戏、竹马舞就是其中的客家优秀文化的代表。在党的领导下，我们国家的经济得到了飞速的发展，同时，提倡从中华优秀文化中汲取精神力量，树立“文化自信”。传承和发展中华优秀传统文化，也是我们青少年学生的重要任务。

老师们、同学们，传承优秀文化，要有对中华文化的深入了解和认同，传承优秀文化，要有对中华文化的强烈自信，传承优秀文化，更要有对中国文化的无限热爱。我们开展“非遗进校园”活动，就是要增强大家的文化认同，我们开设木偶课程，就是要提升大家的文化自信，我们进行“小小传承人”交接仪式，就是要把这份对中华文化的自信和热爱，从我们身上，一届一届传承下去。

同学们，第二个百年梦想的实现，要靠你们去努力；中华文化的学习和传承，要靠你们去坚持；中华民族伟大复兴，要靠你们去奋斗。我相信，通过今天的活动，我们每一个人都会真正喜欢上客家优秀文化，爱上五华提线木偶，都会努力做好“小小传承人”，为中华优秀文化的传承和传播尽自己的一份力。

今日“小球王”，明日成栋梁

我们学校是全国青少年校园足球特色学校，广东省足球传统项目学校。学校足球队在历年的校园足球联赛中取得了非常好的成绩，2019年，更是获得了“市长杯”冠军，今年，也将由我们学校代表五华参加“市长杯”决赛。这两天，我们将在校园里举行一年级“小球王杯”班际足球比赛，就是为了激发同学们的足球兴趣，锻炼强健体魄，培养足球特长，促进同学们德智体美劳全面发展。

同学们，足球是第一运动，而中国，是足球发源地，早在2300多年前，春秋时期，我国就有了足球运动的雏形，那时，我们称之为“蹴鞠”，刚开始，是军队里战士训练之余的一种娱乐，后来传到民间，成了大家的一种游戏方式。再后来，经阿拉伯人传到了欧洲，并将其改良和规则修订，发展成了现代足球。现代足球运动在中国的开展，最早起于清朝同治十二年（1873），由德国传教士毕安、边得志两人在五华长布元坑传教（基督教）期间正式传入。因此，五华长布元坑，也就成了中国的现代足球发源地。“世界球王”李惠堂就是我们五华人。近年来，五华也先后涌现了李玉展、钟金玉、张均浪、曾繁钦等足球明星。所以，五华是一座传承着足球基因、流淌着足球血液的山区城市。

客家人，五华人，有许多优良的传统：吃苦耐劳，团结拼搏，不怕挫折，遵守规则。可以说，五华“硬打硬”的精神非常适合参加足球运动，中国人，是可以踢好足球的；五华人，是有足球天赋的。

上周，我们中的部分同学加入了中国少年先锋队，成了光荣的少先队员，还有一部分同学正在努力争取进步，力争尽快加入少先队。中国少年先锋队，是中国共产党的接班人和后备军，我们从小努力学习，积极实践，刻苦锻炼，长大后，才能真正成为社会主义的建设者和接班人，才能努力建设好伟大的祖国。

上周，中国共产党的第二十次全国代表大会也在北京开幕，今天，全体代表将选出新一届的中央领导人，我们在这一天，举行班际足球比赛，是非常有意义的。我们将见证党的新一届领导集体的产生，也将以优异成绩向党的二十大献礼。

还有一件事，也是特别有意义，一个月后，2022年第22届世界杯将在卡塔尔举行。同学们，我们今天在这里举行“小球王杯”，汗洒绿茵场，一个月后，我们可以在电视上看“世界杯”，我们今天的“小球王”，以后将会成为祖国栋梁。道阻且长，行则将至。我们期待着有一天，“世界杯”赛场上能够有你们的身影，我们也期待着有一天，“世界杯”能够在中国举行，中华民族伟大复兴的梦想早日实现。

目标和理想是远大的，我希望同学们从小立志、从小努力，目标终究会实现。同时，我也希望同学们在比赛过程中，发挥团结拼搏的精神，遵守纪律，遵守规则，尊重裁判，通过比赛，培养注意力、敏捷性、判断力、协调性、意志力和抗挫折能力，并把这些良好的思维品质应用到平时的学习和实践中。预祝比赛圆满成功，祝同学们健康快乐、天天向上！

第二节　特色课程

《国家中长期教育改革和发展规划纲要》指出："树立以提高质量为核心的教育发展观，注重教育内涵发展，鼓励学校办出特色、办出水平。"办特色学校，走内涵式发展之路，开发校本课程是一条重要途径。校本课程开发的意义主要有三个：促进学生个性发展，促进教师专业发展，促进学校特色形成。其中，学生的个性发展是校本课程开发的终极目标，因此，通过校本课程的开发，既可以满足学生的需要，也可以锻炼教师的专业能力，更能够彰显学校的办学特色，达到促进学校发展的目的。

我们根据山区学校的实际情况，开发校本课程，在课程设置和课程内容上下功夫，力求体现多样性、丰富性和可选择性。关注学生的个性需求，培养学生的兴趣爱好与个性特长，给学生一个自由发展的空间，促使每个人的个性得到充分、自由、健康发展，并努力使之成为办学亮点，提升学生综合素养，提高教学质量。

一、课程方案

五华县第一小学小太阳素拓课程方案

（一）指导思想

以习近平新时代中国特色社会主义思想和党的十九届五中全会精神为指导，深入贯彻全国教育工作大会精神和习近平总书记对教育的指示批示精神，坚持立德树人的根本任务，坚持党的教育方针，以促进德智体美劳全面发展为目的，全面推动学校素质教育，积极开发特色课程，打造特色文化，创建特色学校。

校本课程的开发，有利于改变学生的学习方式，为学生提供学习过程中的方法选择和内容选择，体现教育内容的多元性和选择性。学校的校本课程开发坚持以《中共中央　国务院关于深化教育改革全面推进素质教育的决定》和国家《基础教育课程改革纲要（试行）》为指导，根据《中国教育现代化2035》和《加快推进教育现代化实施方案（2018—2022年）》的相关要求，结合学校整体规划、课程建设与发展目标，积极探索教育现代化环境下校本课程开发的新途径，反思自身实践，借鉴外部经验，坚持在改革中不断探索新思路、追求新发展，我们将以校本课程“小太阳绿色教育”的开发为突破口，逐步把学校建成“教师有归属感，学生有幸福感，家长有荣誉感”的特色学校，使教师参加课程的开发，赢得继续教育的良机，提高教师的专业化素质，更大程度地满足社会、家长和学生的需要，尽可能地培养出有个性、有特色、学业有所长的未来人才。

（二）课程目标

（1）通过校本课程的开发，提升教师的课程开发能力，促进教师专业发展，培养一批一专多能的，拥有良好的课题研究、课程开发和课程实施能力，复合型、科研型的教师群体。

（2）让学生在兴趣与特色中陶冶情操、学会做人，做到修心养性，在实践与体验中启迪思维、学会动手，做到心灵手巧，在活动与比赛中开阔视野、学会思考，做到乐学善思，在互动与交流中分享收获、学会欣赏，从而得到生动、活泼、主动、创造性的发展，提高自主学习、自我完善的能力。

（3）学校在校本课程开发与实施中，培养高效的管理团队，形成科学的评价体系，最终发展为“学生有特长，教师有特点，学校有特色”的品牌学校。

（三）课程内容

“小太阳绿色教育”课程共分四大板块：

第一板块是以积累、表达、表演为核心的“人文课程”，具体内容包括课外阅读、诗文朗诵、演讲主持、英语情境剧、课本剧、童话剧、布偶剧、木偶编剧等。

第二板块是以健体、健心、健智为核心的“体育课程”，具体内容包括校园足球、乒乓球、羽毛球、篮球、田径、棋类等。

第三板块是以发现美、欣赏美、创造美为核心的“尚美课程”，具体内容包括书法、硬笔书法、蜡笔画、木偶绘画、国画、木偶泥塑、木偶服装设计、摄影、剪纸、创意手工、环保手工、折纸、合唱、舞蹈、器乐、鼓号操、木偶表演、竹马舞、采茶戏等。

第四板块是以创意、创想、创造为核心的“科创课程”，具体内容包括七巧板、吹气纸火箭、科幻绘画、种植体验、科学实验、电脑绘画、网页制作、机器人竞赛、创客工作室等。

其中，“木偶系列课程”“古诗词诵读”“校园足球”是学校传统特色课程。

（四）课程原则

（1）理论与实践相结合的原则。要注重相关知识的学习，更要注重实践活动与操作技能的训练；要注重实践方法的总结与提炼，也要重视科学理论的指导。

（2）自主开发和积极引导相结合的原则。选修课程的开展必须依靠领导和师生的主体性，充分发挥师生智慧，解放思想，开设更多受学生欢迎的课程；创造更多方法提高课程质量；形成更鲜明的课程特色；取得更高的课堂实效。同时，加强引导，引导学生在课程中做到“五多”：多观察、多思考、多想象、多动口、多动手。注重教师对学生的引导，鼓励学生勇于实践，大胆创新，独立思考，培养学生观察、思考和解决问题的能力。

（3）自主选择和科学指导相结合的原则。每个学生都有不同的个性爱好和强项，在选择课程上尊重学生，让学生自主参加自己喜欢的强项，发挥自己的特长。教师要充分发挥自身专业知识，加强指导，以科学的方法培育新苗。认真安排活动内容，有目的、有计划地指导学生，让每个学生在不同项目、不同层次的活动中学有所得、学有所获。

（4）趣味性和实效性相结合的原则。兴趣是最好的老师。要抓住课程活动中最突出的优势——趣味性，要让学生对课堂的每次活动都感兴趣，同时又要让学生并不为兴趣而兴趣，必须让学生在充满乐趣的活动中学到知识和技能。

（5）逐步完善和分类推进的原则。要求学生参加一门以上课程，对不同年级的学生，实施不同层次的课程内容，并按教育逻辑进行序列化。教师能够成熟一科开发一科，力争全面开发。

（6）校内资源和社会资源相结合的原则：充分利用学校资源，尽可能地挖掘家长和社区教育资源，为本课程服务，做到人尽其能，物尽其用。

（7）传统性和创新性相结合的原则。坚持学校传统课程，逐步完善和深化，同时，充分利用现代教育技术，勇于实践、大胆探索、敢于创新，不断开发新课程，不断提高教师课程开发能力和学生的综合实践能力。

（五）课程要求

1. 加强教育指导

（1）指导教师对学生的特长指导要做到有计划、有安排，在新学年初要制订出本年度的课程计划，使课程活动有计划、有目的、有步骤地进行。班级组建后，第三周指导教师要把本组本学期的辅导计划及各小组名单交至学校存档。

（2）指导教师要切实做好对学生兴趣的培养，本着乐中学、玩中学，学有所思、学有所趣、学有所获的宗旨，讲求课程实效，力争使学生的兴趣逐步发展为特长。

（3）指导教师要坚持对学生因材施教、分类指导，对选修科目表现突出的学生要做好重点培养，组织他们积极参加校内外各种竞赛，对取得优异成绩的学生要给予表彰奖励。

（4）指导教师要坚持育人与辅导相结合、课内与课外相结合、普及与提高相结合，通过选修课活动，逐步提高学生的实践技能。

2. 加强组织管理

为了增强辅导效果，切实提高选修课程的质量，对课程实行“五定”。一是定内容，各级组要结合本组实际，依据教师特长与学生特点开设活动课程，定好课程名称及内容；二是定教师，每个教师要结合自己的特长，充分发挥自己的优势，指导好一个班级的课程活动，充分做好年度的辅导计划和安排，保证质量；三是定学生，学生在班主任的指导下可自己选择参加一项活动，各课程负责教师组织报名；四是定时间，全校各个课程班级建立以后，每周要组织学生按时参加活动，指导教师要保证充分的辅导时间，做到不迟到、不早退、不随便旷课；五是定地点，各部门要负责协调好各班的活动场所，确保良好的学习环境。

3. 全面推广普及

全体师生要高度重视选修课程、校本课程的开发，并把课程的特色项目作为学校的办学优势。扎实抓好教师的备课、上课、辅导、考核等常规工作，打造特色品牌，把“益智、健体、尚美、创造”与学校的“诵读古诗、践行礼仪、传承文明、活力足球”等活动结合起来，擦亮“弘扬传统美德、传承中华文化”这一特色品牌。

（六）课程管理

课程建设领导小组（负责课程的规划和审议）（具体名单略）；

下设办公室（负责课程的开发和实施）（具体名单略）。

（七）具体操作

1. 需求论证

（1）利用现有资源，征集教师意见，确定课程的具体内容。

（2）将本课程开发的目的、意义、项目上报县教育局教研室审议，经同意后定稿。

（3）将开发的课程拿到学生、家长中征求意见，看学生、家长对所开课程是否喜欢、是否需要，确定本课程开发的内容、规模。

2. 培训师资

对实施本课程的教师进行上岗培训，做到先培训后上岗，不培训则不上岗。

3. 组织实施

由教导处统一安排课表、课时，相关教师组织学生进行本课程的各层次课程的实施。

（八）课程保障

（1）由课程开发领导小组负责审议和监督实施。

（2）建立课程实施阶段汇报制度，及时观察课程的实施动态，总结经验，吸取教训，不断改进。

（3）多方筹集资金，保证课程开发实施所需经费。

（4）力争上级领导、家长、社区、社会各界人士的支持。

（九）课程评价

构建合理的课程评价方式，着眼于学生的发展，承认差异，帮助学生认识自我，了解学生发展中的需要，在评价内容上注重学生的参与意识和活动的体验、经历；在评价形式上，注重多样性，即表演式、竞赛式、汇报式等；在评价主体上，注重多元性，即可采取自评、互评、师评、家长评等形式；在评价方法上，以鼓励为主，注重学生的发展发现，评价的结果多样，可定量，也可定性。

二、小学科创类特色课程建设情况

五华县第一小学科创类特色课程建设情况汇报

五华县第一小学于2019年成立科学信息教研组，并借省科技创新大赛的机会，组建教研团队，全面启动学校科学信息教学教研工作。近几年来，科学信息组坚持以习近平新时代中国特色社会主义思想为指导，全面贯彻落实党的教育方针和全国教育大会精神，落实国务院《全民科学素质行动计划纲要（2006—2010—2020年）》和《广东省全民科学素质行动计划纲要实施方案（2016—2020年）》，实施科学素质提升工程，整合社会科教资源，推进校园科普行动，开展科普教育体验，培养青少年的创新精神和实践能力，提高青少年科学文化素质。经过近三年的努力，学校科学信息教育取得了显著效果，2021年被评为“梅州市科学教育特色学校”。我们主要着重做了以下几方面的工作。

（一）加强组织领导，重视教师队伍建设

2019年，广东省科技创新大赛在五华县水寨中学举行，学校以此为契机，派出近10人的志愿服务团队，边服务边学习，近距离感受科学教育的魅力。同时，积极争取上级教育行政部门重视，大力加强科学室建设，逐步把学校建设成为五华县小学科学教育实践基地。

2019年9月，学校专门成立以校长为组长，分管副校长、教导处总务处干部、专职科学信息教师为成员的科学信息工作领导小组。在领导小组的主持下，成立科学信息教研团队，其中包括分管行政和专兼职科学信息教师，组长由物理副高级教师温积金老师担任。

从组建教研团队之日起，我们从零开始，摸索着前行，利用可利用的一切时间，不断研读相关文件、充分理解文件精神，结合学校实际进行研讨，拿出适合各自年级且能有效实施的项目进行实践研究，并及时纠正、反馈形成制度，逐步完善。

为提升师资力量，近年来，派科学骨干教师外出学习50多人次，举办校本培训研修多次。通过“迎进来，练内功；走出去，访名师”等形式，培训、研讨、访问、观摩，不断提升学校教师科学教育水平，全面提高师生对科学教育的认识。

（二）注重活动保障，重视科学场馆建设

为更好地开展科学教育和信息化学校建设，我们积极争取上级主管部门和相关部门支持，新建科学教学场室，逐步完善科学信息装备。2020年，我们在县教育局、科工商务局、县科学技术协会的支持下，积极申报广东省“科学馆建设”科研课题，并成功立项，争取了省财政20万元科学馆建设经费，以及县教育局10万元配套经费，重新规划功能教室，新建了“创客中心”和“科学实验室”，同时完善了相关装备。学校通过改造旧宿舍，不断扩充完善科学信息的相关场室，还争取上级的支持，大幅添置科学教学仪器和多媒体设备，完善班班通网络，安装投影白板和教学一体机。在广东省科技创新大赛后，带回许多作品展板，然后参照参赛学校设计的展板，指导学生开展相关活动，制作一些作品及展板，利用这些展板和学生作品，设立科普知识宣传栏、作品展示和科学长廊。

（三）开齐科学课程，开发科创校本课程

为更好地开展科学活动，学校首先立足开齐科学信息课程，促进全体学生对科学知识的了解和普及。

为激发学生学习科学的兴趣，我们还充分利用课外活动时间，让部分教师主持开展一些兴趣活动，设置的课程有创意手工、小实验、百变七巧板、七巧板与数学、电脑基础知识及电脑绘画、电脑设计及科幻绘画等，部分美术教师、音乐教师也参与并开展相关活动。

2020年下半年开始，我们逐步加大校本课程开发力度，增设了许多科创类选修项目，如小小机器人、3D打印、生物、化学、物理、BDS、无人驾驶、电脑绘画、摄影等。

（四）举办“科技节”，搭建比赛展示平台

为鼓励广大学生积极参与科技创新活动，从2020年开始，学校坚持举办“体育科技节”，每年5月开展以“创意萌动　活力飞扬”为主题的科技节活动。科技比赛分为前期部分和现场比赛部分，其中现场比赛项目要求各班先进行初赛选拔优秀人员进入决赛。

第一届科技节比赛时间：2020年5月31日至6月30日。

前期活动：一、二年级，欢乐种植；三、四、五年级，科学幻想绘画比赛。

现场活动：一、二年级，手掷纸飞机；三、四年级，七巧板比赛；五年级，吹气纸火箭比赛。

第二届科技节比赛时间：2021年4月至6月。

前期活动：科幻绘画、“小小建筑师”绘画比赛，轮船、汽车、飞机等模型制作比赛等。

现场活动：一年级，手投纸飞机；二年级，纸船承重；三年级，乒乓球二级跳；四年级，手抛滑翔机比赛；五年级，气球火箭发射；六年级，水火箭比赛。

拟进行第三届科技节比赛，时间：2022年4月至6月。

前期活动：一至二年级暂不安排任务。三至六年级作品主题分别为科幻绘画作品征集（三年级），“我是小创客”变废为宝创新实践小制作（四年级），科普手抄报（五年级），航天情怀（六年级）。

现场活动：一年级，手掷纸飞机；二年级，垃圾分类；三年级，手抛滑翔机；四年级，乒乓球二级跳；五年级，纸桥承重；六年级，萝卜高塔。

（五）积极组织参赛，激发学生参与热情

在各类科技创新比赛中，效果突出，不完全统计有：

（1）2020年1月，选派作品参加“第35届梅州市青少年科技创新大赛暨梅州市第5届中小学创客创新大赛”，获科技辅导员创新成果竞赛二等奖1个，科技创新成果竞赛项目三等奖2个。

（2）2020年11月7日，参加梅州市举行的“小小科学家中小学科学实验成果展示交流活动”及“第36届梅州市青少年科技创新大赛暨梅州第6届中小学创客创作大赛”：10位老师被评为“优秀指导教师”，3位同学荣获一等奖，4位同学荣获二等奖，6位同学荣获三等奖。

（3）2021年，参加“第36届梅州市青少年科技创新大赛暨梅州市第6届中小学创客创作大赛”获人工智能现场挑战赛小学组三等奖1个，二等奖1个，一等奖1个；3D打印荣获一等奖1个，二等奖1个，三等奖1个。

（4）2021年5月，在广东省第十一届小小科学家中小学生科学实验活动成果展示交流活动中，五华县第一小学荣获团体三等奖、优秀组织奖，学生荣誉：机器人组荣获三等奖；物理组荣获一等奖和二等奖；生物组荣获二等奖。多位教师被评为优秀指导教师。

（5）2021年11月，在梅州市第三届“小小科学家”中小学生科学实验活动成果展示交流活动中，物理组荣获一等奖和三等奖；生物组荣获二等奖、三等奖；小机器人组荣获二等奖、三等奖；6位教师被评为“优秀指导教师”。

（六）继续奋力扬帆，力争再创新的辉煌

（1）继续完善科学探索区文化，增加学生作品展示。

（2）继续完善创客室硬件和软件建设。

（3）继续完善科技活动室硬件和软件建设。

（4）继续组织学生、教师参加各级相关比赛。

（5）添加科技教育教学教研需要的教学用具和教学耗材。

（6）争取上级部门支持，尽快发展科技教育。

坚持特色办学，争创广东省级文明校园

五华县第一小学，创办于1940年，现有学生3200多人，教师150人。学校以“做更好的自己”为办学理念，高度重视文明校园创建工作，扎实抓好未成年人思想道德建设，为打造“教师有归属感，学生有幸福感，家长有荣誉感”的学校而不懈努力。

（一）加强校园文化建设，推进省级文明校园创建工作

1. 注重校园阵地建设，全面展示学校好形象

不断改善校园环境，新建学校少年宫，并按“科创、美术、音乐、书法、阅读、体育”等分类设置活动区域；积极完善心理辅导室和相关设施，并加强精细化管理。充分利用好校内外宣传阵地，强化校园宣传工作：在校内宣传栏展示学校办学理念、特色课程、读书活动等；在文化长廊和楼梯、走廊展示师生作品；在显示屏滚动播放“创建文明校园”宣传标语；在校门口设置文明校园、党史队史、德育安全、环保卫生、文明礼仪等宣传栏，营造了浓厚的创建氛围；积极通过微信公众号、校园之声宣传学校活动，展示学校形象。

2. 开展德育课程，引导学生“扣好人生第一粒扣子”

学校认真策划成长“四礼”、月度主题活动；组织师生收看党的二十大开幕式、爱国主义教育影片。成立少工委，建立完善少代会、大中队干部选举和学生督察制度，坚持开展升旗仪式、主题队日活动，组织鼓号仪仗队培训。开展“新时代好少年”和“最美少年”评比，筹备“千人口琴演奏《国歌》”活动等。围绕国家级非遗项目，开设木偶绘画、木偶泥塑、木偶服装设计、木偶表演、木偶编剧等“非遗课程”；逐步完善人文、体育、艺术、科创四大类校本课程，正在编印校本教材。坚持每年举办校园“文化艺术节”和“体育科技节”，为学生兴趣培养和展示特长提供平台，“扣好人生第一粒扣子”。

（二）加强师资队伍建设，打造卓越教师团队

1. 加强党建引领，提升师德水平

党支部坚持开展党史学习教育、主题党日活动和行政述职考核制度，精心设计校史室。成立“党员先锋突击队”，号召广大党员教师积极参加疫情防控和森林防火宣传工作。开设了师德讲座，夯实学校师德师风建设；坚持常态化开展“讲述教育故事，点燃教育激情”、“五佳教师”评选、教育故事分享等系列活动，加强教师之间的交流，促进教师的成长。

2. 加强教师培训，提升教师素质

坚持开展新教师岗前培训和“青蓝工程”师徒结对活动，持续开展高质课堂展示活动，不定期邀请老教师回校交流。依托省校本研修示范校和“名校长工作室”平台，构建“一体两翼三联动”教师研修体系。为提升教师信息技术水平，促进专业发展，学校分批次对教师进行了信息技术与学科融合专题培训。

（三）加强家委会建设，全面推进家校共育

1. 重视家委会建设，开办家长学校

开展家庭教育指导，与家委会联合评选了首届“书香班级”“书香家庭”和“书香少年”；学校家委会成立“马路天使”交通导护队，保障师生上下学安全。各班家委积极开展亲子读书、亲子拓展、父母课堂、红色体验等丰富多彩的班级亲子活动。通过家校共建共育，拓宽德育渠道，丰富教育资源，保障了未成年人教育保护工作。

2. 开设特色课程，发展核心素养

重视思政课研究提升，学校教师在县“道德与法治”教学比赛中，取得优异成绩。通过家委会，充分利用社会资源，开设父母课堂和体验课程，让思政课走出课堂、走进社区。

接下来，我们将坚持特色办学，立足内涵式发展，注重教师专业成长，努力提升学生综合素质，把学生培养成为德智体美劳全面发展的一代新人，力争早日获评“省文明校园”。

传承非遗文化塑造特色品牌

——五华县第一小学“系列木偶特色课程”实践与探索

五华提线木偶戏是广东梅州的传统戏剧。其于明朝初年由福建传入，至今已有600多年历史。五华提线木偶戏的表演技艺自成体系，别具一格，独创了许多奇特的绝技绝艺，是岭南民间戏曲艺术的瑰宝，也是中华民族文化智慧和创造力的生动例证。2008年6月，五华提线木偶被列入第二批国家级非物质文化遗产名录。传承提线木偶非遗，将面临巨大的挑战：五华县地处经济欠发达地区，又受到多元文化的冲击，加之绝技绝艺的传承难度较大，还面临人才的全面缺乏和青黄不接的局面，提线木偶艺术的发展举步维艰，如不加大抢救、保护和传承的力度，濒危状况将难以避免。为了进一步彰显学校的文化特色、传承和保护非遗，构建有利于学生发展的校本课程，我们深入挖掘学校发展中的优势，分析学生成长的需要，确立了以满足学生整体发展需要和针对学生个体发展需求的木偶特色校本课程。本课程以传承非遗文化为主线，开展以发扬提线木偶文化为核心的校本课程研究，让木偶文化不仅仅体现在学习与实践层面和寓教于乐的浅层次，而是最终形成以“非遗”神韵为核心的校园文化特色，并开发出以传承提线木偶为主的具有品牌特色的系列校本课程。

（一）特色课程建设的背景

1. 学校基本情况介绍

五华县第一小学创办于1940年，是县直属全日制重点小学，近年来学校办学条件不断改善，学校现有学生3000多人。经过多年的实践探索，学校形成了“做更好的自己”这一办学理念，确立了打造“教师有归属感，学生有幸福感，家长有荣誉感”的成长乐园、现代化学校这一办学愿景，立足发展每一位教师，成就每一个孩子。加上科学的管理、优质的师资和现代化的教学设备，为学生发展提供了保障，满足了社会对优质教育资源的需求，取得了显著的育人成果，也为传承提线木偶打下了坚实的基础。

2. 优势和经验

（1）分析本土资源，利用地域优势

学校地处五华县城区的核心地带，区域优势明显，有利于推进非遗进校园，也有利于培育植根文化自信的沃土，故以传承中华文脉、弘扬优秀传统文化为主线，以传承非遗为重点，打造学校的品牌特色。学校更与五华县提线木偶传习所达成合作共识，传习所作为专门从事五华提线木偶艺术的传承、保护、研究和展演的广东省非物质文化遗产传承基地，其传承的五华提线木偶戏于2007年8月被广东省委宣传部确定为全省九个稀有剧种之一，也是广东地区保存得最为完整的提线木偶戏，于2008年6月被列入首批国家级非物质文化遗产保护名录。木偶演唱以汉调为主，朴实淳厚，高昂悲壮；间唱客家山歌或采茶小调，曲调优美、动听感人；对白采用客家方言，生动通俗，押韵上口。五华提线木偶形象结构完整，制作精美，尤其是木偶头的雕刻、粉彩工艺，独具匠心，为学校的特色校本课程建设提供了得天独厚的教育资源。

（2）立足自身发展

早在“十三五”期间，学校就充分发挥教科研的先导作用，以“诵读经典古诗，提升学生人文素养的策略研究”为课题，以素质教育、创新教育理论和新课程改革的理念为指导，以学生的发展为中心，坚持文化自信，践行优秀传统文化教育，借对古诗特色内涵的挖掘与精神的铸就，有力地推动了教育与文化的有机融合，使学校初步形成了以“以人为本，全面发展”为内核的办学宗旨。近年来，本着“人无我有、人有我优、人优我精”的理念，我们从实际出发，充分挖掘五华人文历史、现实生活等方面的资源，精心培育学校发展新的“生长点”，开发了以“人文”“科创”“体育”“尚美”为核心的学校特色项目，以学校特色项目研究推进特色校本课程建设的发展新模式。

3. 特色课程开发的现状

校本特色课程是国家课程、地方课程的重要补充，它具有目标的针对性、决策的民主性、内容的开放性、情境的互动性等特点，是为学生全面发展而设计的课程。学校作为坐落于城区的重点小学，而提线木偶又是五华县著名的国家级非物质文化遗产。为了传承木偶文化并保护这一非物质文化遗产，学校进行了木偶进课堂的校本特色课程开发，构建了反映木偶文化的校本课程体系，将木偶引入了课堂，形成了具有非遗特色的艺术课，并邀请五华提线木偶传习所的专家一起将客家文化、童谣、精彩故事等编进木偶戏的唱词，把木偶特有的服装、剪纸、手工、表演等带进了课堂，形成具有木偶特色的校本课程。目前，通过课程拓展整合的方式，学校已开设的木偶系列特色课程丰富多彩，主要有木偶表演、木偶泥塑、木偶手工、木偶绘画、木偶摄影、木偶编剧和木偶服装设计。同时，逐步开发了以“积累、表演、表达”为核心的人文课程，以“健体、健心、健智”为核心的体育课程，以“欣赏美、发现美、创造美”为核心的尚美课程，以“创意、创想、创造”为核心的创客课程，不断丰富完善课程内容，形成课程特色与文化品牌。

（二）学校特色课程的理念

非遗传承人李新贤为孩子们展示“木偶书法”（见图3-2-1），孩子们在上木偶泥塑课（见图3-2-2）。

图3-2-1

图3-2-2

校本课程作为国家新课程体系的重要组成部分，满足学生个性发展的需要、能够体现学校办学特色。学校建校80多年来，始终不渝地坚持“以人为本，全面发展”，一以贯之地坚持“打造传统文化底蕴，弘扬创新人文精神”，持之以恒地进行“课程建设和聚焦课堂变革”，坚定不移地走“特色强校”之路。目前，学校开发的木偶特色校本选修课程，增进新时代青少年学生对五华提线木偶艺术的了解和体验，植根于中华优秀传统文化深厚土壤，培养高尚的道德情操，展现勇于开拓进取的精神风貌；基于STEAM理念下开设多样化的木偶课程，让学生能认识周围的事物，亲自动手操作与实践体验，灵活运用各种学科以及跨学科的知识，解决实际问题和动手实操能力，提升审美情趣，提升综合素养；学生通过参与多样化的木偶实践活动，能继承和发扬中华优秀传统文化，培养深厚的民族情感，促进学生身心健康发展，增强文化自信。而教师通过跨学科的学习研究，能促进学科融合和专业成长，特别是课程开发能力的提升。学校通过特色校本课程开发，培育特色课程文化，塑造了学校品牌。

（三）特色课程的总体目标

总体目标：学校通过积极实践，不断求索，争取形成一整套适合学生梯度发展培养的模式，丰富校本培训的内容，学生通过学习木偶系列课程，树立正确的审美观念、陶冶健康的审美情趣、培育深厚的民族情感，提升创造性思维和动手能力，促进学生全面发展，营造非遗传承发展的良好环境。

1. 促进学校文化品位提升

学校通过木偶特色系列校本课程的建构和实施，完善校本课程体系，丰富校本课程资源，凝练校本课程文化，更好地弘扬非遗文化精髓，学校作为优秀传统文化传承的主阵地，深入挖掘地方传统文化中的教育资源，将优秀传统文化渗透在校园文化建设中，提升校园文化品位。

2. 促进学生核心素养发展

创建木偶特色校本课程的终极目标是培养全面发展的人。在《中国学生发展核心素养》总框架中明确提出，“互联网+”时代，培养“文化基础、自主发展、社会参与”这三个方面中“人文底蕴、科学精神、学会学习、健康生活、责任担当、实践创新”六大素养，是我们课程实施的关键和目的。木偶课程开发与实施，可以促成传统文化与STEAM教育的对接，将学生身份进行转化，学生不仅仅是木偶系列课程的学习者，还变身为木偶的设计者和开发者。学校在学生身份转化的过程中，培养学生的创新研究精神，提升学生的动手实践能力，激发学生的学习动力，培养学生的团队合作精神，发展学生的思维能力，促进学生全面发展。

3. 促进教师专业素养成长

木偶特色校本课程的创建需要学校全体教师的专业支撑。在课程实践中要多站在教师的视角，激活一线教师的主观能动性，引导他们主动参与校本课程规划、实施的过程中，形成自下而上与自上而下相结合的课程规划实施方式，使校本课程始终保持张力与活力。同时，教师要充分领会校本课程设置的重要意义和内涵，通过课程开发、课题研究，坚持“学生在课程中央”的地位，提升课堂教学、课程育人的水平，使不同学生的最优化发展得以实现，推动课程全面发展人的价值理念真正落地。

（四）课程体系

目前，学校按木偶系列特色课程开设的培养目标分为木偶表演、木偶泥塑、木偶手工、木偶绘画、木偶摄影、木偶编剧和木偶服装设计共七类科目。

木偶表演：通过木偶文化的学习，培养学生用生动的语言和表情动作表演故事的能力，培养学生操纵布袋或手指木偶进行故事表演的能力。

木偶泥塑：学生通过动手操作，掌握捏泥的基本技法，同时通过查找资料开阔视野，陶冶审美情操，培养学生的立体造型能力和动手创造能力。

木偶手工：引导学生学会手工操作的基本技巧和方法，锻炼学生的动手能力，欣赏优秀的木偶手工制作作品，从中体会到手工制作与民族文化、生活的密切联系，唤起学生对手工艺术的热爱。

木偶绘画：引导学生认识木偶艺术，在学习制作木偶形象、表演木偶剧的同时，培养学生美术的鉴赏能力，同时培养学生保护、传承、发扬木偶文化坚定信念。

木偶摄影：帮助学生在兴趣中学习摄影技术，产生积极的学习态度、方法、价值取向。学生通过对摄影基本知识和技术的学习，能较为完整地表现自己的构思，同时发展创新思维。

木偶编剧：学生通过学习，掌握木偶戏剧的基本知识，抓住木偶戏剧的特点，试着将有趣的课文或故事改编成木偶剧，培养学生收集、处理信息的能力和综合学习、研究性学习的能力。

木偶服装设计：学生通过参与木偶美术活动，学会用拧、绕、剪、贴等技能装饰木偶的服装，体验创作装饰的乐趣，学会欣赏、感受服装的色彩美和图案的对称美，激发学生热爱“非遗”传统文化、热爱家乡的情感。

当前，我们正在积极应对新课标修订后带来的变化与挑战，校本课程科目的开设更要抓住机遇，扬长避短，充分体现灵活、开放、适应性强的特点。今后将继续优化校本课程的科目开发设计，如木偶文化的搜集与整理、木偶制作等。以落实核心素养为目标，把素养目标导向的课程科目与教学方式变革作为突破口，实现校本课程的迭代更新。

（五）特色课程实施

学校实施的木偶校本课程，遵从了学校以“做更好的自己”为办学理念，构建学校丰富的课程体系，旨在充分整合和利用校内外教育资源，为师生创造良好的教学情境和条件，构建学校教育人性化、个性化的课程，侧重于发现教师、发展学生，促进教师素质的提高和学生的个性化发展。

1. 制订方案

在明确了基于核心素养的校本课程教学方向后，我们通过前期调查研究，从社会文化、学生发展等多个维度考量，制订适合的课程方案。

首先是基于现实社会背景。中国传统文化历史悠久，许多优秀传统文化以其悠久的历史、伟大的创造而成为世界瑰宝。但在外来文化的冲击下，一些学生迷失了文化方向、失去了文化自信，成了传统文化缺失的那一部分人。习近平总书记多次强调，中华优秀传统文化是中华民族伟大复兴的坚强基石，是文化强国的历史支撑，是植根社会主义核心价值观的沃土。因此，在时代的呼唤下，开设传承创新中国传统文化——木偶校本课程，就具有极高的意义和价值。

其次是基于学生的发展背景。新时代背景下，学校教育应培养出行为文明、知识广博、气质高雅、情感丰富的学生，进而促进学生全面和谐地发展。五华提线木偶作为首批国家级非物质文化遗产，木偶形象结构完整、制作精美。运用木偶艺术教育的独特功能，使学生树立正确的审美观，培养其感受美、鉴赏美、创造美的能力。

最后是基于调查研究背景。在小学阶段开设以美益智的木偶校本课程，能培养学生的形象思维，促进身心健康发展，充分发挥以美辅德、以美益智、以美促劳、以美健体的重要作用。

2. 实施过程

每学期的第三周起，我们结合社会、学校、学生的各种条件、需求，围绕培养学生核心素养的目标，制定如下课程开展步骤：

（1）公布开设科目、安排指导教师及课程说明等。

（2）安排学生了解课程后，自由、自主选择课程。

（3）统计选课情况，调整校本课程科目学习人数。

（4）确定校本课程的形式、开课节数、上课地点等。

（5）遵循循序渐进的原则，教师制订学期计划，由简到难，精心设置符合学情的教学内容。

（6）按校本课程课时计划表，有目的、有计划地实施校本课程。

（7）定期开展课程研讨活动，研讨教材教学策略，提高教师对教材的驾驭能力。

（8）定期检查、记录、测试，反馈情况，对出现的问题进行调查与诊断。

（9）教师按学期对教材内容、教材的使用、学生学习效果进行阶段性的总结评价。

（10）总结阶段（期末）。

①教师整理好讲义和全部课程材料；

②教师做校本课程分析报告，进行反思性评价；

③教导处发放学生问卷，对教师进行评价。

上课时间：木偶特色校本课安排在每周三下午第二课堂，同时学校相关教学活动场所根据课程安排提供教学实施保障，以保证各类课程的顺利实施。

（六）特色课程评价

1. 评价原则

对校本课程的评价，学校遵循重过程、重应用、重亲身体验、重全员参与原则。

（1）体现评价的过程性

将评价贯穿于木偶校本课程开发与实施的全过程，重点评价教师参与课程开发与实施的积极性，评价学生的参与态度与心得体会。

（2）注意评价内容的丰富性

根据学生在木偶校本课程中参与程度、学习态度、实践体验、方法和技能的掌握进行全面评价。

（3）注重评价的激励性

结合学生的活动过程及研究结果进行评价，鼓励学生发挥特长、施展才能，创设有利于学生可持续发展的学习组织与学习环境。

（4）强调评价手段的多样性

评价采取教师评价与学生自评、互评相结合，书面材料评价与学生口头评价、活动展示评价相结合，定性评价与定量评价相结合等方法。

2. 评价内容和方式

（1）学生的评价

① 木偶校本课程可采用实践操作的考查方式，同时要做考勤评价记录。

② 教师根据每个学生参加学习的态度进行评价，实行星级制，分为“一星”“二星”“三星”“四星”“五星”，并以此作为“优秀学生”评比条件。（或结合具体课程特点另行设计评价等级）

③ 学习的成果。学生成果通过实践创作、作品鉴定、竞赛、评比、汇报演出等形式展示，同时设置不同层次的展示，如小组展示、班级展示、校级展示。

（2）教师的评价

学校原则上要求课题组成员都参与校本课程的实施工作，因此，教师校本课程参与工作作为教师的业务考核的重要内容之一，在每学期末，学校教导处负责考核。对任课教师工作考核的标准是：

① 教师从教必须有计划、有进度、有教案、有评价记录。

② 教师应按学校整体教学计划的要求，达到规定课时与教学目标。

③ 教师应及时反思，在每个学期教学结束之后，都要对该学期的内容进行摸查反馈。当一学期结束时，可以问卷的形式调查学生对该课程的总体反馈，从中找出课程存在的问题或不足之处，并在下一学期进行调整。

④ 教导处通过听评课、查阅教学反思、访问学生等形式对任课教师进行考核，记入业务档案。

（七）学校对特色课程的管理

1. 组织机构

成立学校校本课程领导小组，负责校本课程的总体策划，宏观调控。（具体名单略）

2. 成立学校校本课程开发小组

成立学校校本课程开发小组，负责组织落实、协调、检查校本课程进行中的事务性工作。（具体名单略）

3. 日常管理机构

（1）教导处

① 制订校本课程实施方案，课时计划，加强校本课程师资管理，指导各年级组、备课组制订实施计划。

② 落实各班指导学生了解各门学科，并做好学生选课，以便于对全校校本课程进行规划。

③ 根据计划安排校本课程的课时和教学（活动）场所。

④ 加强对每位教师开设课程的指导与测评，对活动过程进行监控。

⑤ 每学期召开一次校本课程研讨会，展示优秀教师的成功经验、学生的学习成果，解决存在的问题，及时总结校本课程的实施情况。

（2）年级组、班主任和上课教师

① 对学生的活动进行日常管理，协助教导处做好课程的实施、评价认定工作。

② 对学生进行活动的安全教育、纪律教育、法制教育等。

（3）教研组

加强校本课程的开发与研究，促进自身的专业成长。

三、特色课程取得成效

学校始终坚守“做更好的自己”的办学追求，同时不断赋予其时代的教育价值。在对现有课程体系进行审视并重新规划时，重在体现“打造‘教师有归属感，学生有幸福感，家长有荣誉感’的成长乐园、现代化学校”这一学校愿景，追寻学生全面发展的课程，开发木偶特色课程，并以此挖掘课程资源，关注课程的多样性与实践性，使学校的办学品位得到不断提升。

通过一直以来的探索与实践，我们欣喜地发现，木偶系列校本课程已经得到上级、社会和家长的认可。从学生的立场来审议校本课程，充分体现学生是校本课程的设计者、建设者、参与者与评价者，校本课程才能真正满足学生的学习需求；基于学生的生活，注重实践体验，准确把握校本课程中的预设与生成，使学生的特长得到了培养、能力得到了提高。

在2020年五华县中小学文艺会演（分赛区）比赛中，学校的木偶剧《盛世欢歌》荣获二等奖，学校也被评为“广东省艺术教育（提线木偶）特色学校”。同时，教师的优点得以展示，教师队伍的整体水平得到了进一步提升，学校的艺术办学特色正在逐渐形成。但是我们也清楚地看到问题和不足：一方面是专业教师缺乏，学校的师资力量还不能完全满足学生特长培养的需要；另一方面是选修课的管理问题，学生参与面不够广，还需要进一步做好扩大影响面的工作。学校将不断完善木偶系列校本课程的开发实施工作，计划用三年时间，全面推进“木偶”文化学习的课程化、普及化、常态化、特色化，从校内展示走向集团汇报—区域交流—全县展演。同时，逐步完善木偶特色课程与STEAM教育理念的深度融合；注重校本教材的优化、选编，继续完善校本课程体系建设，增进新时代青少年学生对五华提线木偶艺术的了解、体验和传承，植根中华优秀传统文化深厚土壤，建立高尚的道德情操，展现勇于开拓进取的精神风貌。

第三节　活动课程

活动是课程的载体，也是课程的延伸。确立课程意识，拓宽课程渠道，才是对待校园活动的正确态度。多年来，我们结合学校特色课程，坚持开展丰富多彩的校园活动，并把每一次活动都设计成一门课程，既活跃校园氛围，又培养学生兴趣，更是为学生提供锻炼能力、展示特长的平台。通过开展活动，有效地激励学生积极参与实践活动和素质拓展课程，彰显学校特色课程文化。

一、书法特色教育课程

书法怡情，墨香育人：书法特色教育在山区学校的实践与探索。

汉字文化作为传承中华文明的载体，以其独特的形态、深刻的内涵，享誉世界语林，是我们中华民族传统文化的瑰宝，是我们祖先智慧的结晶。教育学生继承汉字书写文化是学校教育的基本任务之一，写好汉字，这既是学生学好科学文化知识的基础，也是学生文化素质的一个重要标志。近几年来，为了贯彻落实《中华人民共和国国家通用语言文字法》和《广东省实施〈中华人民共和国国家通用语言文字法〉办法》，进一步做好学校语言文字规范化工作，提升学校语言文字工作的整体水平，全面推进素质教育，提高人文素养，学校大力加强了规范汉字书写教育工作。

（一）明确目标，强化管理，形成共识

《国家中长期教育改革和发展规划纲要》指出，“树立以提高质量为核心的教育发展观，注重教育内涵发展，鼓励学校办出特色、办出水平”。没有特色，学校就没有生命力。创建书法教育特色学校，可以让师生提高书写水平、书写效率，习得一技之长，在提高自身文化修养的同时，促使各方面素质全面发展。

1. 成立机构，制度管理

学校成立“规范汉字书写教育工作领导小组”，校长任领导组长，分管教学的领导、语文教研组组长和各年级备课组组长为成员。领导小组组织全体老师认真学习有关国家语言文字方面的法律法规和方针政策，明确落实书法教育的必要性和紧迫性，制订具体的实施方案，并结合学校实际，拟定了《关于规范学校语言文字工作的意见》《加强书法教学的实施方案》《书法教学工作计划》等一整套行之有效的制度和计划方案，以全面组织、安排、协调和落实。

2. 确定目标，明确导向

为更好地落实书法教育工作，我们深入研究，结合本校的实际，从学生的整体发展出发，确立了“创建书法教育特色学校”这一总体目标，并制定三个方面的具体目标：

（1）培养学生正确的写字姿势，执笔、运笔方法；培养学生规范、端正、整洁地书写汉字，养成良好的书写习惯；培养学生的恒心和耐力，养成认真细致专注的良好习惯；引导学生在学习书法过程中增强对祖国语言文字的理解和热爱，培养继承祖国优秀文化的责任感。在此基础上，注重艺术性，培养一批书法特长生。

（2）整体提高学校教师的写字水平和文化素养，培养一支高素质的书法教师团队，为学校的书法教育夯实基础。

（3）创设浓郁的书香校园氛围，激发师生对书法的兴趣，增强审美意识，提高审美能力，激发审美情趣，让师生受到书法艺术的熏陶。

各备课组也根据学生年龄特点，制定各年级、各学段书写目标。低年级以笔画和坐姿为主，学习书法常识，了解一些书法名家的故事；中高年级巩固坐姿的同时，学习书法技能和做人道理，学会欣赏名家作品。

3. 大力宣传，形成共识

为让书法进校园工作深入人心，学校利用行政会、教师会、教研会、国旗下讲话、家长会等场合大力宣传书法教育的重要性，让全校师生和家长形成共识。

为创设良好书法氛围，我们在学校会议室、教师办公室、书法室及显眼位置悬挂名家作品，发挥名家效应，让全体师生得到感染和熏陶；我们还在书法室、楼梯墙壁、展示栏张贴师生优秀作品，树立榜样，以此激发师生学习书法的热情。

（二）加强培训，提升素养，比赛激励

没有足够的专业书法教师，便无法保证书法教学的正常开展。当前，中小学专业书法教师紧缺，严重制约了书法教学的开展。因此，立足挖掘自身资源，是开展书法进校园工作的重点。

1. 利用身边资源，提升教师书写水平

学校聘请了五华县书法协会名家，利用假日开设讲座，开展校本培训，对教师进行书法史、书法艺术品鉴、书法技能与创作的培训。经过专业的培养，教师，特别是语文和书法教师的文化素养、书写水平和指导能力得到了明显提升。

2. 加强基本功训练，掀起书法练习热潮

学校为全体教师购买书法练习材料，要求每个教师每周认真书写一页毛笔字、一页钢笔字，张贴在教师办公室书法展示栏里，每天要在教师粉笔字练习栏里书写四个粉笔字。教师认真专注练字，为全校学生树立了很好的榜样。为了做好示范作用，学校校长和所有行政人员带头认真练习书法，从而在学校里掀起练习书法的热潮。

3. 组织书法比赛，激发教师练字兴趣

为更好地激发教师练习书法的兴趣，学校每学期都会轮流举行教师毛笔字、钢笔字、粉笔字比赛，全体教师全员参与，学校行政也一起参加，还邀请书法家担任评委，逐一审阅评出等次，并一一点评，同时把获奖作品在校园显眼位置张贴展示，还把特别优秀的作品装裱后悬挂在学校楼梯、过道的墙上，供师生学习欣赏。

4. 推荐加入书协，鼓励教师学习提升

为鼓励教师深入研究书法，提高书法素养和指导水平，学校鼓励有一定基础的教师认真学习、加强研究、努力提升，鼓励书写水平较高的教师积极参加书法协会学习培训和研讨活动，同时，向各级书法协会推荐优秀书法教师加入县、市、省、国家级书法协会，并对入会的教师给予一定的入会补贴。

经过学习提升，教师的理论水平、书写水平、辅导水平都有了明显的提高，有了第一批优秀的书法教师。其中，谢兰香老师加入中国硬笔书协，李荣琼老师加入省硬笔书协，还有多名教师加入了县硬笔书协。教师在各级书法比赛中取得了可喜成绩。

（三）落实课程，培养兴趣，发展特长

为了更好地提高师生的写字水平和文化素养，推进课改进程，营造校园书香文化氛围，学校把书法设为校本课程之一，扎实抓好书法教学，走出一条内涵发展、特色发展之路。

1. 增设书法必修课程

为提高学生整体书写水平，学校把书法列入必修课程，每周一节书法课，有专兼职书法教师，学校还组织书法教师研发、编写书法校本教材：一至四年级为硬笔书法、五至六年级为毛笔书法，任课教师以校本教材为依据，认真落实书法课程。除了抓好备课、上课的环节外，还重视书写训练。不同学段要求也略有不同，一般要求每周完成一页作业。我们还把书法练习与经典诵读相结合，在学校走廊、楼梯、橱窗悬挂师生书写经典作品，教师书法展示栏展示古诗词作品，体现“传统文化”主题。

2. 开设书法选修课程

近几年，学校在每个年级开设书法选修课，其中有“方格笔韵”“撇捺人生”“笔韵阁”“怡情轩”等硬笔书法课程，“笔墨横姿”“翰墨轩”等毛笔书法课程，学校还邀请书法家来校开设书法公益讲堂，聘请专职书法教师每周三为书法特长学生授课。

3. 抓好日常训练

（1）加强课堂写字训练。课堂是对学生进行写字训练的一个重要阵地。各学科教学，凡需要书写的内容，授课教师都必须结合教学内容有机渗透双姿训练和书写指导，并列入课堂评价指标，形成各学科齐抓共管的良好局面。语文课堂更是坚持识写结合，教学生字的同时进行写字指导；坚持指导写字和训练“两姿”（即坐姿和执笔姿势）相结合，培养写字习惯；坚持提高写字技能技巧与审美教育、品性教养相结合，陶冶审美情操。

（2）每天午间练字10分钟，利用学校校本教材，组织学生开展书写练习，扎实抓好书写的指导和训练，整体提高学生的书写水平。

（3）要求学生坚持进行书法练习，每周临习一页以上，把写得好的作品张贴在教室里的书法展示栏。

4. 组织比赛，发展特长

（1）学校每年12月都会举行“校园文化艺术节”，每次艺术节都安排有“书写经典”现场书法比赛活动，在比赛前，学校还会安排学校书法教师或邀请县里的著名书法家给学生做赛前培训。赛后，把学生优秀作品在校园“学生书法展示栏”张贴展示。

（2）学校结合重大节日和重要活动，在全校范围内开展学科手抄报、主题手抄报、专题黑板报评比活动。

（3）学校积极组织、推荐师生参加各级书法比赛，并对获奖的师生给予大力的表扬和鼓励。

有了展示的平台，学生书写兴趣提高了，规范书写意识普遍增强，书写水平及审美能力显著提高，精神面貌大为改观。学生普遍养成了“提笔即是练字时”的良好习惯，作业中，错别字大大减少，涂改现象也很少见，作业本干净整洁。学生在书写训练中意志品质增强了，自控能力提高了，也培养了一批水平较高的书法小能手，在各级书法比赛中屡屡获奖。

（四）示范引领，积极推广，扩大影响

1. 学校认真打造书法指导课堂，定期开展校内写字公开课、示范课

提升书法课水平，多位教师曾在全县教改活动周或前来学校观摩的学校领导教师上书法观摩课。

2. 学校被县教育局设为“书法骨干教师培训基地”

先后举办了10多期全县书法骨干教师培训活动。学校多次迎来了省、市、县各地书法名家、校长、教师参观交流，了解学校的书法教育工作开展情况，多次承担县内外书法教学参观交流活动，还承担了全县小学书法进校园现场观摩活动，2023年被授予“硬笔书法教学示范基地”称号。

这几年来，在全校师生的共同努力下，学校书法特色逐步形成，充满了浓郁的书法气息，书法教育工作进一步常规化、制度化、科学化。学校师生书法作品获国家、省、市、县级奖励100多人次。学校开设了书法课程，编写了书法校本教材6本，在五华县中小学教师硬笔书法比赛中，荣获“优秀组织奖”；在书法进校园工作中，被评为五华县书法特色教育“先进学校”；学校先后被认定为五华县“硬笔书法教学基地”和广东省“规范汉字书写教育特色学校”。特色办学使学校办学成果丰硕，近年来，学校先后被评为五华县“先进学校”，语文主题学习活动“先进单位”，梅州市“文明单位”“安全文明校园”“朝阳读书活动先进学校”，广东省“红旗大队”“安全文明校园”“依法治校示范校”，“中国好老师”公益行动计划基地校。我们将不忘初心、砥砺前行，继续加大书法教育特色学校的建设，不断扩大学校影响力，争创特色示范校，打造学校品牌，为办好人民满意的教育而不懈努力！

二、足球特色课程

小足球，大教育；小项目，大情怀。

五华县第一小学是县直属窗口学校。现有64个教学班，教职工167人，学生3303人。在上级的关心支持下，学校高度重视，师生共同努力，家长积极参与，逐步树立了校园足球新理念，充分发挥足球的教育功能，将小课程玩出大特色，以小项目激活大情怀，把小足球做成大教育，“阳光体育、快乐足球”成为全校师生的共识！作为省市“足球传统项目学校”“广东省校园足球推广学校”“全国青少年校园足球特色学校”，我们积极组织各年龄队伍参加市县校园足球联赛，成绩稳步提升。2020年，U8、U9梯队获冠军，U12梯队获亚军，U10梯队获冠军；2021年，U10、U11梯队获冠军，U12梯队获亚军，U9和女足获季军，参加“市长杯”足球赛获冠军。

（一）加强组织领导，厘清足球教育“大思路”

学校是省市足球传统项目学校，历任校长高度重视，为校园足球开展打下了坚实基础。为确保校园足球有序开展，学校成立领导小组，校长任组长，分管副校长任副组长，各处室分管行政、体育教师、年级组长为成员，落实责任、分工合作，确保校园足球工作顺利推进。学校把校园足球列入重要议事日程，制定《五华县第一小学校园足球“十四五”发展规划》，根据实际，分类实施，逐步推进。领导小组每月召开会议，研究和部署校园足球工作，探讨校园足球发展过程中的新形势、新问题，明确校园足球在学校教育中的重要作用，理清校园足球健康发展的思路，激励体育教师转变对体育和足球的认识，树立“小足球，大教育”的理念。

多年来，我们学校坚持“做更好的自己”这一办学理念，逐步形成“乐学善思，各美其美”的学风。校园足球作为学校重要工作，正健康有序进行，在促进学生全面发展、促进教育教学质量提升、促进各项工作良性发展方面取得显著效果，在历年毕业班质量检测和学校综合评估中，学校稳居前列，学校校园足球特色更加鲜明，“以人为本，全面发展”的办学思路更加清晰。

（二）注重教师提升，激活足球发展“大情怀”

校园足球要做强做大、做出特色，教师是关键。为做强校园足球特色项目，提升校园足球内涵，学校通过“县管校聘”配齐体育教师，还申请县业余体校派驻足球教练1名，返聘退休教练1名，保证教师教练队伍的足额配备。另外，我们还特别重视体育教师的学习研修和提升。学校提出“转变体艺教师角色，重新定位体艺学科”的口号，摒弃以前简单低效的教研活动，增加分享式、讨论式、讲座式、结构化交替进行的丰富多彩的校本研修模式。同时，学校启动以“卓越教师四阶成长”为主题的分层次系列研修活动，全面打造“一体两翼三联动”校本研修体系，全面提升体育教师学科素养和综合能力，激发教师投身教育、奉献足球的情怀。

近年来，我们争取上级支持，派出教师参加高端培训20多人次，不断提高教练执教水平。学校现有国家足球一级裁判1名，足球D级教练员3名，E组教练员1名，校园足球指导员2名。

（三）聚焦足球课堂，彰显足球课程“大特色”

学校坚持开齐体育课程，开足体育课时。若专职体育教师不够，就挑选一些有跳绳、踢毽子特长的女老师，兼任年级特色体育课程。一、二年级主抓“跳绳”，三、四年级练习“踢毽子”，五、六年级专攻“毽球”，为增强学生体质，提升灵敏性、柔韧性和协调能力，培养良好球感打下坚实基础。

专职体育教师在上好常规体育课的同时，每个班专门每周开设一节足球课，以足球游戏为主，结合简单的足球技能练习，寓教于乐，激发学生对足球的兴趣，让更多的学生喜欢并参与到足球运动中来。学校在要求教师认真备好课、上好足球技能课的同时，还要求教师准备一些关于足球知识的内容，如足球历史、足球名人故事、当代足球明星、著名俱乐部、足球场地与比赛规则等，设计室内足球课程，增进学生对足球的认识和了解，提高足球的普及程度。

（四）落实制度保障，做实足球特色“大课程”

我们学校为保障校园足球持续发展，每周三下午举办课外足球兴趣班，招收对足球有兴趣的孩子参加，开设足球拓展课程。通过兴趣活动的开展，充分激发学生对足球运动的兴趣，及时发现足球苗子。

为提升校园足球水平，学校组建了5支不同年龄的男子足球队和2支女子足球队，共7支训练队。制定了一系列激励、学习、训练制度，明确队员选拔条件及训练要求，每天下午组织日常训练。教师还利用周末、节假日、寒暑假组织短期集中训练。长期阶梯式规范有效的训练，让我们学校的校园足球水平不断提高。

为保障活动顺利开展，学校每年投入经费20万元以上，用于购买训练器材、队员装备，组织活动比赛，以及教练训练补助等。学校还积极发动企业乡贤捐款购买球衣球鞋、奖励教练。为调动体育教师的积极性，学校在评优评先、职称评聘时，都会对从事校园足球训练工作的体育教师予以优先。

（五）完善足球文化，做强校园足球“大教育”

学校在重视上好足球课的同时，开展足球大课间活动，渗透足球活动，提升全体师生对足球运动的知晓率。利用课后托管，开设足球兴趣课程。每年组织“体育科技节”，开幕式安排“小球王”进行足球技能展示，组织“校长杯”班际足球赛，及时发现足球苗子。各班还组织啦啦队，成立志愿服务队，动员有足球爱好的家长参与裁判、教练、啦啦队、志愿者等工作，还为小球员购买球衣球鞋。各班结合比赛，组织其他学生绘制足球专题黑板报、撰写足球征文、编写足球手抄报、组织足球绘画比赛，营造足球氛围，丰富足球文化，引起师生对校园足球的关注，扩大足球在师生和家长中的影响力、感召力。多年来，学校加大了足球宣传力度。在校园内悬挂标语，利用围网设计足球形象；利用国旗下讲话、LED显示屏、广播站、宣传栏、微信公众号、校园之声等宣传校园足球活动，表彰名教练、小球星，全面宣传校园足球。

对于部分学生家长担心影响学习而不支持学生参与训练的情况，班主任、教练员经常通过家访或电话联系，耐心细致地与家长沟通，打消家长顾虑，还通过家长学校，使家长认识到足球运动对孩子健康成长和全面发展的重要意义。

对于学校和青少年来说，足球不只是一项运动、一个项目，还是一种爱好、一种习惯、一种情怀，更是无可替代的综合性教育。我们坚持以“小项目激活大情怀”，把“小足球做成大教育”，为孩子健康成长、全面发展，为学校特色发展、内涵提升提供具有五华特色的球乡思路、五华方案。

第四章

家校共育：

让我们和孩子一起快乐成长

苏霍姆林斯基说：“两个教育者——学校和家庭，不仅要一致行动，要向孩子提出同样的要求，而且要志同道合，抱着一致的信念，始终从同一原则出发，无论在教育的目的上、过程上，还是手段上，都不要发生分歧。”

桃李园旁，凤凰树下，紫薇花正在绽放。我们播下种子和希望，守正创新，家委工作新局面打开，家校合作拓宽了育人新渠道；随着教育理念的更新，家校合力下的和谐校园成为一片片肥沃的土地，帮助“幼苗”生根、发芽、长高……相约十年，努力做“更好的自己”，是土壤和阳光希望种子健康茁壮成长的共同约定！家校共育，促孩子健康快乐成长！

第一节　家委建设

健全的家庭是社会的基石，也是个人成长的摇篮。教育，从来都不只是学校和教师的事，家庭教育在孩子成长过程中，发挥着不可估量的作用。就好比家庭教育是根，学校教育是枝叶，而孩子就是花，孩子的未来就是果。只有根深，枝叶才会繁茂，才能开花结果。我们多年来一直坚持重视家长培训，注重家长学校和家委建设，促进家校合作，提升家庭教育指导水平，营造和谐的家校共建、共育、共进氛围，培育“五能家长”，致力于“做更好的自己”，和孩子一起学习、一起成长。因此，我们制定了小太阳家委会章程，有了家校共育的准则和规范。

一、家委会章程

五华县第一小学小太阳家委会章程

第一章　总则

第一条　五华县第一小学小太阳家委会是学校开展学校管理、教育教学和家校共育活动的参谋、助手和咨询机构，是家长会议的常设机构，是依法办学、科学管理、民主管理的重要形式。

五华县第一小学小太阳家委会是建设依法办学、自主管理、民主监督、社会参与的现代学校制度的重要内容，是发挥家长在教育改革发展中积极作用的有效途径，是构建学校、家庭、社会密切配合的育人体系的重大举措。

第二条　学生健康成长是学校教育和家庭教育的共同目标。建立五华县第一小学小太阳家委会，对于发挥家长作用，促进家校合作，优化育人环境，建设现代学校制度，具有重要意义。

第三条　五华县第一小学小太阳家委会的宗旨是团结全校学生家长，积极组织家校共育活动，与孩子一起学习，努力“做更好的自己”，力争成为“能负责、能陪伴、能参与、能奉献、能成长”的五能家长，主动参与民主管理，充分发挥家长对学校教育教学工作的参谋、监督作用，把学校教育与家庭教育有机结合起来，促进学校教育改革，提高教育质量，为把学校建设成“教师有归属感，学生有幸福感，家长有荣誉感”的成长乐园、现代化学校而共同努力。

第二章　组织与机构

第四条　五华县第一小学全体学生家长，是小太阳家委会的会员，成为各班、级或学校家委会委员，必须具备下列条件：

1. 家委会委员应具有正确教育观念，掌握科学的教育方法，懂得一定的教育规律。

2. 家委会委员应具有一定的组织管理和协调能力，善于听取意见、办事公道、责任心强，能赢得广大家长的信赖。

3. 家委会委员应富有奉献精神，工作之余能贡献出时间和精力，关心教育，热心教育事业，关心学校，能为年级和班级工作出主意、提建议，参与学校活动。

第五条　五华县第一小学小太阳家委会组织办法：家委会成员产生由家长自荐、班级家长会民主选举10—12名委员，其中会长1名。班级会长列入学校小太阳家委会常务委员，参加学校家委机构竞选，召开班级家委会会长会议并民主选举产生学校家委会机构成员，并由学校发给聘书，聘期一年。

第六条　五华县第一小学小太阳家委会由校级、年级、班级家长委员会三级组成：

班级家委会由10—12名会员组成，设会长1名，副会长1名，其余为委员。

年级家委会由年级家委会各班会长组成，设会长1名，秘书长1名，其余为委员。

校级家委会由全校各班会长组成，设会长1名，副会长若干名，秘书长1名，其余为常务委员。

三级家委会分别在德育处主任、年级组长、班主任的指导协调下开展管理工作。

第七条　召开家委会会议由家委会会长召集，各级家委会每学期要召开1—2次会议，如遇重大事宜可召开有针对性的主题会议，在会议前一天准备好提交讨论的事项并通知各委员。校级家委会由校长或会长召集，年级家委会由年级组长或年级会长召集，班级家委会由班主任或班级会长召集，会议主题与内容可征求学校或班主任建议，与家委会成员商定。

第八条　家委会由学校分管领导协调，会长主持日常工作事务，如保管家委会成员名单和会议记录，制订有关工作计划，提交委员讨论，通过并执行，组织开展相关工作。

第九条　各级家长委员会每一学年为一届，其间可根据情况进行增减委员。学生毕业或转学，其家长的家长委员会成员资格自动取消。

第三章　职责

第十条　五华县第一小学小太阳家委会的职责。

1. 每学期听取一次学校的工作报告，了解学校的发展规划和学年工作计划，对学校有关工作提出咨询或意见建议。

2. 讨论家长委员会学期工作方案，定期召开会议，听取家长对学校工作和家委会工作的建议和意见，每学年至少一次向全体家长报告家委会工作。

3. 运用各种形式，总结和交流家庭教育的经验，共同探讨解决当前学生中存在的重点难点问题的有效途径与方法。

4. 积极整合各种教育资源，发挥家长的作用，开展校内外的教育活动及社会实践活动。促进学校与社会、家庭建立更加密切的联系。促进社会教育，支持和帮助学生的校外实践活动，为学校和学生开展社会实践活动提供方便。协助学校开展家庭教育工作，增进家长对学校工作的理解和支持，促进家校共建共育和谐机制。

5. 以多种形式呼吁社会各界在财力、物力上支持学校，帮助学校改善办学条件。

6. 协助学校调解家长与学校、教师之间的争议和矛盾。

第四章　附则

第十一条　本章程由五华县第一小学小太阳家委会常务会议通过后即生效，修改和解释权属五华县第一小学小太阳家委会。

二、家委会设置与分工

五华县第一小学小太阳家委会机构设置与分工

五华县第一小学小太阳家委会由校级、年级、班级家长委员会三级组成：班级家委会由10—12名会员组成，设会长1名，副会长1名，其余为委员；年级家委会由该年级各班会长组成，设会长1名，秘书长1名，其余为委员；校级家委会由全校各班会长组成，设会长1名，副会长若干名，秘书长1名，其余为常务委员。三级家委会分别在德育处主任、年级组长、班主任的指导协调下开展管理工作。

会长：主持家委会日常工作，召集家委工作会议，制订家委会工作计划，策划家委会活动方案，整理家委会相关资料。

副会长：学校会长和副会长兼任年级会长，年级副会长兼任班会长，协助会长分管各年级（班级）家委会工作，召集年级（班级）家委工作会议，记录、保管和整理年级家委会相关资料。

秘书长：协助会长召集家委工作会议，组织相关活动，负责家委通知起草、发布，会议活动的主持，做好会议记录和相关资料的收集整理归档。同时负责各级各班家委相关数据信息的收集，为年度评比提供依据。

（一）下设五个工作小组

1. 宣传联络组

（1）班级微信群的建设管理。

（2）活动摄影拍照、美篇制作、整理存档及上报。

（3）活动前的宣传动员，活动地点及相关单位人员的联络。

2. 组织策划组

（1）班级活动的策划与组织。

（2）配合学校开展各项活动。

（3）组织策划一些爱心活动。

3. 学习培训组

（1）本班级课室内的文化建设工作。

（2）配合学校的父母学堂工作。

（3）组织家委成员学习培训或协助家长学校工作开展。

4. 后勤保障组

（1）班级基金与活动经费的募集与管理。

（2）物料的采购与使用。

（3）其他活动后勤保障。

（4）活动的安全管理与保障。

5. 志愿者管理组

（1）马路天使志愿者的管理。

（2）配合学校志愿者各项活动。

（3）志愿者人选确认和服务时长的申报记录。

（4）协助班级其他活动的后勤保障工作。

（二）家委会组建流程（图4–1–1）

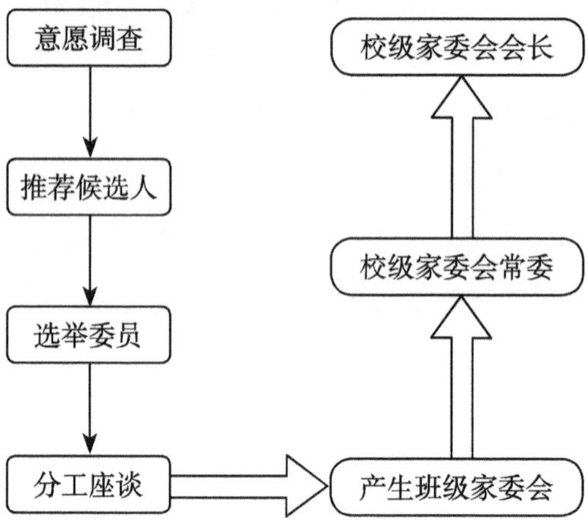

图4–1–1

第二节　家委管理

《大学》中说道："君子有诸己而后求诸人，无诸己而后非诸人。"意思为：品德高尚的，总是自己先做到，然后才要求别人做到，自己先不这样做，然后才要求别人不这样做。我们要创立家长学校，就要先组建一支强有力的家长队伍——家委会，更要有明确分工与责任的家委管理部门——小太阳家委会。家委管理在学校中扮演着至关重要的角色，致力于促进学校和家庭的协同合作，使学校与家庭之间的合作更加紧密，为学生的全面发展搭建坚实的桥梁。学校也高度重视家委管理的作用，并将其视为学校与家庭之间紧密合作的重要纽带和支持系统，共同为学生的成长和发展创造良好的条件。

一、家委会实施方案

五华县第一小学小太阳家委会班级积分升级实施方案（试行）

为进一步健全家委工作机制，完善五华县第一小学小太阳家委会班委工作评估考核制度，激励班级家委积极参与家校共建活动，经第三届小太阳家委会第一次常务会议讨论，通过班级积分升级模式，特制订详细实施方案（试行）。

（一）管理目标

探索科学有效的家委会管理模式，客观评价班级家委会工作效能，促进家委会健康发展。

（二）积分模式

以班级家委会为考核单元，基础积分为60分。开展活动获得相应积分，每增加10个积分升级一档，最高荣誉称号为"太阳班委"。

表4–2–1

星星班委	新月班委	明月班委	太阳班委
70分	80分	90分	100分

（三）积分规则

（1）班级家委会机构完整，顺利运行，获自然积分60分（基础分）。

（2）班级家委会圆满完成马路天使一周工作任务，获奖励积分5分。

（3）班级家委会圆满完成学校或校家委会布置的专题活动，获奖励积分4分；班级家委完成班主任布置的专题活动或任务，获奖励积分2分。

（4）班会长本人按要求参加校家委会会议或活动，每次获奖励积分2分（代会长获奖励积分1分）。

（5）班级家委会在校园内圆满开展一场家校活动（含读书活动、家长课堂、互动游戏等），获奖励积分3分。

（6）班级家委会在校外圆满开展亲子拓展活动，参与活动的本班学生人数10人以下（不含10人），获奖励积分2分；参与活动本班学生人数10—15人，获奖励积分3分；参与活动本班学生人数16人以上（含16人），获奖励积分4分。

（7）若两个及两个以上班级联合开展校外亲子拓展活动，校外活动积分奖励按参与学生的平均值，分别给予奖励积分。如：101班与102班联合开展校外亲子拓展活动，101班参与学生数19人，102班参与学生数13人，参与学生人数的平均值为16，则两个班均可获得奖励积分4分。

（8）学生家长为学校开设“家长课堂”一次，可为该班获得奖励积分4分；为本级开设“家长课堂”一次，可为该班获得奖励积分3分；为本班开设“家长课堂”一次，获得奖励积分2分。

（四）积分申报

（1）马路天使、会长会议奖励积分由学校家委会秘书处统计，并生成积分。

（2）班级活动奖励积分申报程序：活动前报告校家委会并提交方案，活动后上传活动图片及参与活动名单等资料，学校家委会秘书处审核成功生成积分。

（3）每学期为一个计分周期，所获积分为通报表彰依据，学年总评为两个计分周期的平均值，所获平均分值为颁发荣誉证书依据。

（五）补充

未尽事宜，另行商议，经学校审核后执行。

二、家委会相关制度

五华县第一小学小太阳家委会荣誉称号授予制度

为提高家委成员工作积极性，增强全体家长对小太阳家委会的归属感和荣誉感，激励家长、校友和社会各界积极参与和支持家委工作，完善家校共育平台，促使小太阳家委会健康稳定持续发展，把小太阳家委会打造成五华县第一小学的特色和品牌，特制定如下制度。

（1）积极参与家委会活动的组织与开展，主动承担“马路天使”执勤任务，志愿服务时间累计达30小时以上的，授予“最美马路天使”称号，颁发证书和纪念品。

（2）在五华县第一小学小太阳家委会工作满两届的班级会长，授予“星光会长”称号，颁发证书和纪念品。（两届的工作时间可以累计）

（3）在五华县第一小学小太阳家委会工作满三届及以上的班级会长，授予“阳光会长”称号，颁发证书和纪念品。（三届的时间可以累计）

（4）五华县第一小学小太阳家委会连续工作三届及以上的校级会长，授予“荣誉会长”称号，颁发证书和纪念品。且三届后不管是否担任职务，均聘为小太阳家委会校级家委工作顾问，直至孩子毕业。

（5）对家委会有重大贡献的会长，可提名讨论授予五华县第一小学小太阳家委会“特别贡献奖”或“终身名誉会长”称号。

五华县第一小学小太阳家委会班级亲子活动申报流程

为落实规范管理，确保活动安全，根据《五华县第一小学小太阳家委会班级积分升级制度》及家委会的相关要求，特制定班级亲子活动申报流程。

（1）班级会长组织家委委员讨论通过活动方向，包括活动时间、地点、主题。

（2）班级会长安排负责活动策划的家委，制订出活动方案（Word版），讨论修改并通过。班级会长把活动方案发给年级会长，年级会长报秘书处备案并向学校报备。

（3）班级会长安排负责活动宣传的家委，在家委委员群、家长群发起报名。报名参加活动的家长，由家委专人负责组建一个活动临时微信群。

（4）班级会长（活动组织人）在临时微信群强调安全责任，并要求家长复制粘贴统一格式的《安全责任声明》提示。在校园内的活动是家长进课堂活动，不用复制安全责任声明。

（5）活动圆满结束，把图片、视频及相关材料发送至家委会秘书处登记班级积分。

安全责任声明

请活动组织人（班会长）在活动微信群，要求每一个家庭的家长代表在群上复制粘贴此声明。会长保存聊天记录至活动圆满结束。

－－－－－－－－－－－－－－－－－－－－－－

安全责任声明

本人及家庭自愿参加此次活动，保证听从指挥，注意安全。本人承诺对本人及家庭成员在此次活动中的安全负全部责任。特此声明！

（1）（家长接龙）

（2）……

“小太阳书吧”建设操作细节

在各班会长的精心组织和家长朋友的大力支持下，各班“小太阳书吧”建设进展顺利。去年已经完善了各班书柜建设，并购买了部分图书，开展了一些阅读活动，这是各班会长、家委、家长们共同努力的成果。按学校工作计划，拟从本期开始，全面开展“书香校园”“书香班级”建设工作，“小太阳书吧”建设，是开展阅读活动的第一步，也是关键的一步。紧接着，各班家委会应想方设法，充实更新各班阅读书目，配合老师开展孩子的阅读活动。小太阳家委会在“小太阳书吧”建设方面，提出如下具体的操作细节。

（1）校级家委会主动与学校沟通，争取免费下拨给各班的图书尽快到位。

（2）校级家委会与学校教务处沟通，把适合各年级的“推荐阅读书目”清单电子版下发给各年级会长，由年级会长负责通知本年级各班会长根据实际情况购买（建议各年级沟通，购买书目应有适度差异，尽量不雷同）。

（3）各班会长尽快着手首批图书的订购，图书的选购是最花心思的一环。建议在选择图书过程中，多听取本班老师和学生代表的意见，适合学生的年龄特点，图书题材多元化，文学、艺术、社会科学、自然科学、生活常识、综合性等方面的图书均可选购，让学生在多元化的阅读中发现自己的兴趣。

（4）图书选购回后，要做好图书入库登记表，并要求在图书上做上统一的标记，防止图书遗失。校家委会有统一的印章，各班会长组织人员，在图书上做好标记。

（5）各班会长安排家委委员，打印出图书借阅登记表，联系班主任安排好书吧管理员。

（6）经费开支在图书角建设完成后，做好公示。各班结余的费用，与班主任商量使用，可用于后续组织阅读活动和本班家委会会费。各班会长应严格把好经费使用关，严禁公费聚餐，保证家委会的公信力。

（7）后续阅读活动建议：定期开展阅读心得交流活动，参与者均可获小奖品；定期开展阅读摘抄比赛，评比等次并颁发奖品以示鼓励；开展亲子共读拓展活动……

五华县第一小学小太阳书吧“图书漂流”活动实施方案

图书漂流活动是一项由学校老师、家长、学生紧密配合的系统化活动，缺少任意一个环节的力量都不能有效运行。

经过大家的共同努力，各班均完善了小书吧建设和图书的充实更新，前期的准备和热身阶段工作顺利完成。按计划于10月30日进入“图书漂流”正式实施阶段，现制订详细的活动实施方案。

（一）“漂流小天使”选拔

各班委选拔出3—5名学生干部担任“图书漂流小天使”，负责图书挑选和输送工作。

（二）图书漂流——借书事项

每两周为一个漂流期，在同一漂流期内可多轮借还书籍。“图书漂流小天使”找到自己班级对应的图书漂流源，每次可最多挑选30本图书。

双方班级的“图书漂流小天使”共同检查“××班漂流活动借书登记表”

的借出书目是否正确、图书是否完整，确认后双方班级的小天使签名并完成借出手续。

（三）图书漂流——还书事项

为期两周的同一漂流期内，每轮借阅完毕后，将图书归还给漂流源班级，双方班级的“图书漂流小天使”共同检查图书数目是否正确、书籍是否完整，确认后记录好还书日期。

一轮结束后，“图书漂流小天使”继续开展借阅活动，两周内不限借还轮数，直至两周漂流期结束。

（四）图书漂流——循环漂流

完成一个漂流期后，按年级安排，到下一个漂流源班级，开始下一漂流期的借阅活动。

第三节　家委培训

人常言：家长言传身教，思行立德；孩子学以致用，兼善天下。而我们创立家长学校的目的就在于：让父母有所提高，让孩子有所进步！家长学校是一个为家长提供专业培训的平台，旨在帮助家长提升育儿技能，增强家庭教育能力。在家长学校中，家长可以参加一系列的课程和讲座，涵盖了各个方面的家庭教育知识，如儿童心理发展、亲子沟通、家庭规则制定等。通过这些培训，家长可以学习到有效的育儿方法和技巧，更好地理解和应对子女的需求，建立积极和谐的家庭氛围。此外，家长学校还提供了与其他家长交流的机会，促进互相学习和经验分享。借助家长学校，学校与家庭之间的沟通与合作也可以得到进一步的加强。总之，家长学校为家长们提供了一个专业、实用的学习平台，旨在促进家庭教育的健康发展，为孩子们创造更好的成长环境。

一、家委培训原则

树立正确观念，争做“五能”家长

家委会成立不到一年的时间，取得这么突出的成绩，真的很不容易，特别是几位会长，尤其是发言的几位会长，一直都在为学校的发展出谋献策，为孩子的健康成长费心费力。去年以来，学校坚持“做更好的自己”这一办学理念，立足“打造‘教师有归属感，学生有幸福感，家长有荣誉感’的成长乐园和现代化学校”，培育“五好”少年，培养“五有”良师，打造“五优”校园，倡导“五能”家长。

“五优”校园：环境幽雅、校风上进、教师儒雅、学生活泼、家校和谐。

“五有”良师：理想信念、道德情操、扎实学识、仁爱之心、工匠精神。

“五好”少年：好习惯、好体魄、好智能、好情商、好才艺。

“五能”家长：能负责、能陪伴、能参与、能奉献、能成长。

每个家庭，都期望自己的孩子能健康成长，都希望能懂得一些家庭教育的方法和技巧，培养出聪慧、阳光、健康、上进的孩子，都希望孩子能成为自己的骄傲。

（一）能负责

作为家长，既然给了孩子生命，就要有对生命负责和敬畏的态度，要对孩子的未来负责，要对孩子的一生负责。负责任，不只是指在经济和物质上满足孩子，而是要教给孩子面对今后生活的正确态度和充分能力。负责任，也不只是对孩子无原则的溺爱和放纵，而是要教给孩子保护自己的能力，对其进行言行影响、正面教育、正确引导、严格磨炼、耐心等待、真诚鼓励。你既然无法照顾他一辈子，为什么要那么溺爱和放纵孩子？是爱还是害？负责任，不是以自己的主观意志和个人愿望强加在孩子身上，不是把自己曾经没有实现的梦想强加在孩子身上，而是要尊重孩子的个性、意愿和兴趣，发现孩子的特长和天赋，把孩子培养成健康自信的、更好的自己，“做更好的自己”也是学校的办学理念。因此，我建议大家，不以爱的名义放纵孩子，不以爱的名义强迫孩子，不以物质代替爱，一个拥抱、一句夸奖比任何物质奖励都要让孩子开心，克服“唯分数、唯学历”的观念，不以分数代表能力。教育方针指出，要培养德智体美劳全面发展的社会主义接班人，分数，不能只代表孩子的综合素养，甚至不能代表智育，分数只是智育中的一个小小的指标！

（二）能陪伴

陪伴就是最长情的告白，陪伴就是最好的教育。对于孩子来说，父母的陪伴甚至超过其他任何爱的表达方式，陪伴能让孩子感受到浓浓的亲情，感受到父母的关爱和呵护，陪伴能让孩子身心愉悦健康、性格阳光开朗。陪伴的方式有很多，可以陪伴孩子玩耍、爬山、跑步、踢球。可以陪伴孩子读书、购书、看电影、做作业。可以陪伴孩子完成动手操作和社会实践作业。可以陪伴孩子做家务、搞卫生，参加劳动锻炼。陪伴孩子远足、旅游、参观、访问。在陪伴这一任务上，如何充分发挥父母的角色和作用，也是值得研究和探讨的。爸爸坚毅阳光，陪孩子玩耍、运动、旅游、参观、访问和社会实践是最合适不过的了，而妈妈细腻温柔，陪伴孩子看电视、做作业、做家务、读书、练字是非常有效果的。

（三）能参与

孩子的学习与成长过程需要父母的参与，学校的教育教学活动与学校管理需要家长的参与。家长参与孩子的学习生活，是责任，是义务，是孩子健康成长的需要，家庭和谐美满的需要，家校共建共育的需要。家长参与孩子的学习，有很多方式：开展亲子读书、亲子拓展；参与孩子的班级活动、户外活动；参加“马路天使”交通导护，参加学校志愿服务活动；参与学校或班级活动的策划、组织，学校或班级文化的规划与设计；参与学校制度的修订或完善，学校发展规划的制定；国家教育方针的落实，学校办学方向、办学行为和教育行为的监督。只要家长积极参与，一定能给学校规范办学带来益处，一定能给孩子的健康快乐成长带来源源不断的动力。

（四）能奉献

参与学校的教育教学活动，参与孩子的成长，要付出时间和精力。参加活动的时候，我们不只是为自己的孩子服务，不只是让自己的孩子受益，每一位家长都要有为所有孩子服务、让所有孩子受益的高度和觉悟，那么，你的孩子就会因为你们这些有情怀、能奉献的家长的付出而受益。当你没时间的时候，你不用为你的孩子担心，因为，每一位家长都会照顾好所有的孩子。譬如马路天使、譬如父母课堂、譬如家长开放日……无须所有的家长都参加，但所有活动都会让所有孩子感受到家的温暖和来自父母的关爱。

（五）能成长

最好的教育不是对孩子讲无数的道理，而是和孩子一起学习、一起成长。通过家委会这个平台，我们可以学习一些家庭教育的知识，了解学校办学理念和治校思路，了解教师的教育理念、教学思路和工作方式，能够更好地理解学校和教师，从而体谅学校的难处，理解教师的苦衷；我们可以通过和其他家长的交流，探讨家庭教育的经验和做法，给自己以启示；我们可以通过参与孩子的学习实践活动，发现孩子的兴趣爱好和个性特长，了解孩子的性格特征和内心想法；我们还可以通过陪伴孩子读书、学习、游戏、锻炼，提升自己的综合素养，甚至提升自己的工作能力和水平。

希望所有的家长都能树立正确的家庭教育观念和家校共建共育观念，都能为孩子的成长付出自己的时间、精力和汗水，都能为孩子的成长提供力所能及的帮助，都能成为教育资源的提供者，都能为孩子的成长而成为“能负责、能陪伴、能参与、能奉献、能成长”的“五能”家长，都能感受到学校的发展带来的荣誉感和自豪感！

二、家委培训意义

改变孩子，从改变自己开始

中国有句老话“望子成龙，望女成凤”。我们每一位家长，都盼望自己的孩子勤奋学习，都希望自己的孩子学习成绩在班级甚至在年级名列前茅，将来能考上一所理想学校。但，这真的是正确的吗？“健康向上、感恩仁爱、责任担当”与“努力学习、成绩优异、事业成功”哪个更重要？所以，如何正确认识家庭、父母在孩子成长过程中的作用，从而改变教育观念、教育行为，提高家庭教育效果，对于我们来说，是至关重要的。

（一）家庭教育比学校教育更重要

1. 亲情与血缘，决定着父母在家庭教育中所起的关键作用

俗话说：“龙生龙、凤生凤，老鼠的孩子会打洞。”这说明了遗传在孩子成长过程中所起到的作用，但是这只是从生理学的角度来看。从心理学角度，血缘和亲情，让孩子对父母可以无条件地信任和依赖，父母的一言一行，都会在孩子心里留下深刻的印象，父母的语言、行为、情绪、德行、价值观无时无刻不在潜移默化地改变着孩子。长期在一起生活，无论是正面还是反面行为都会在孩子心里留下不可磨灭的印记（夫妻相、一个模子铸出来）。

2. 家庭对孩子的影响是深刻而久远的

其实，从教育角度来看，纯粹的遗传对孩子的影响很小（狼孩、熊孩的例子——成人后才发现的狼孩已无法恢复思维与语言能力），环境才是决定因素（①朱克家族与爱德华兹家族的比较；②通过儿童救护会联系有良好教育条件的家庭收养朱克家族的孩子；③梁启超家族一门三院士：梁思顺文史学家，梁思成桥梁专家、院士，梁思永考古学家、院士，梁思忠军事人才，梁思庄图书馆学家，梁思达经济学家，梁思懿社会活动家红十字会，梁思宁投奔新四军参加革命，梁思礼导弹控制系统专家、院士，梁从诫环境专家，梁鉴文物专家，梁帆环境伦理专家）。孩子从刚出生到入学，甚至到长大成人，长时间与家人一起，受家庭环境的影响，孩子的性格、习惯、行为方式、思维方式和价值观都会在不知不觉中受家人的影响，从而趋向一致。

3. 通过改变自己，改变家庭的文化编码

每一个家庭，都有不同的文化背景，不同的背景造就不同的文化编码，有精制的、有粗制的。通过这些特定的文化编码影响家庭成员，从而形成某种文化物质。家庭文化背景——语言表达（顺畅、复杂句、高级语法与文学性）、思维方式（系统性与逻辑性）、行为方式（文化修养与文明行为）——学业成就。

（二）反思我们的家庭教育误区

孩子成长过程中，家长如果没有充分发挥作用，孩子的教育就不可能取得理想的效果。家长出现的一些问题或误区值得反思。

1. 过度放任，过分依赖学校

从平时交谈了解到，家长真正认识到自己对子女教育负有责任，并能较好地担当起这一责任的家庭占不到一半。有不少家长认为："养子过学堂。"孩子送到学校，一切交给教师、交给学校就OK了，只要让孩子衣食不忧就尽到了家长的责任。有的家长甚至说："孩子在学校，学校会管，自己还操什么心？"过度依赖学校教育，感到与己无关，家长与教师之间缺乏有效沟通，不能配合教师对孩子进行教育。孩子出了问题之后，家长往往只会一味埋怨教师、指责学校。

2. 期望过高，望子成龙心切

面对日趋激烈的社会竞争压力，很多父母对子女的期望值非常高，"望子成龙、望女成凤"，对子女管教严厉，甚至剥夺孩子起码的休息、游戏、娱乐的时间，不让孩子玩耍，扼杀了孩子全面发展的自由个性，有的造成逆反心理。

3. 行为粗暴，影响身心健康

有的家庭封建家长作风严重，教育方式简单粗暴，家长至尊，不顾孩子的自尊，经常要求孩子无条件地服从自己。有的甚至认为"棍棒下面出孝子"，觉得孩子是打出来的，父母打孩子天经地义，对孩子动辄打骂、训斥、体罚等。长此以往，孩子变得胆小、退缩、冷漠，或以攻击和敌意对待他人。有的家长发现孩子有劣迹或犯了错误，态度简单粗暴、非打即骂，使孩子产生了强烈的对立、逆反心理。

4. 重智轻德，教育目标偏离

由于受应试教育的制约，大部分家长只注重孩子的学习成绩，在家长眼中，往往是分数代表着一切，只关注孩子“成才”而不是“成人”，过度看重学习成绩的好坏、名次的高低，忽视品德修养和心理素质的教育，忽视身心健康和良好行为习惯的培养。一些孩子“两耳不闻窗外事，一心只读教科书”，胸无大志，缺乏理想和人生追求，没有把“学会做人”当作自己的首要任务，不加强思想道德的修养，思想品德素质较差。少数孩子在各种消极因素的影响下，精神空虚，行为失范，有的甚至走上了违法犯罪的歧途。

5. 依赖家教，采取“代己教子”

有的家长为使孩子顺利地考上重点学校，不惜花费重金聘请家教，理由是自己工作太忙，无暇照顾孩子，自身的知识水平无力承担孩子的课业辅导。于是就通过家教的形式，给孩子找一个家教式的“陪护”，以期“代己教子”。久而久之，家长与孩子的交流越发稀少，孩子对父母的认同甚至亲情都会疏远，这实在是一件危险的事情。

6. 盲目溺爱，滋长骄横气焰

以前是独生子女多，今后可能是老来得子多，因此，有些父母对孩子过分宠爱、一味纵容、疏于管教，特别是一些留守孩子，由祖父母或外祖父母抚养，在这方面显得更为突出。家长只是千方百计地满足孩子的物质需求，并片面地认为这就是爱，使孩子养成了骄横任性、好逸恶劳、贪图享受的习惯，有的甚至养成追求品牌、迷恋网吧、不求上进、粗暴蛮横的不良习惯，性格变得任性而脆弱。一旦要求不能满足，很多孩子就有可能干坏事。一味地迁就溺爱，到头来可能害了孩子，也害了自己。

7. 言行不一，影响孩子价值认知

有的家庭重言教、轻身教，言行不一致，口头应承、随口答应，自身行为与要求孩子不一致，甚至完全相反，有的家长有迷信赌博、骂人打架、违规犯法等行为，导致孩子认知紊乱，影响孩子价值认知，出现一些不良行为，如厌学、逃课、外出玩游戏、上网，甚至与社会上的“混混儿”聚在一起，逐步沾染上赌博、小偷小摸、打架斗殴等社会恶习。对孩子来说，身教胜于言传，千万不要在孩子面前留下不良印象（读书、礼仪、规矩、孝道、爱心、责任……）。

（三）改变孩子，从改变自己开始

孩子是国家的未来，也是家庭的希望。我们都期望孩子能有光明的前途，希望孩子能通过学习改变自己的命运，甚至改变家庭的命运。说到底，就是培养孩子的核心素养，提升孩子的综合素质，但在这之前，我们每一位家长，都要先改变自己、提升自己，营造良好家庭文化氛围，改变家庭的文化编码。

1. 转变观念，以积极态度教育孩子

教育是一项系统的工程，教育是学校、家庭、社会三方面综合作用的结果，如果步调统一、相互促进，孩子的教育就会取得良好的效果。其中，家庭教育发挥着至关重要的作用。我们应充分认识家庭教育的重要性，克服依赖性，始终关心孩子的成长，自觉地做好孩子的教育工作，尽好家长的责任与义务。作为家长要随时关心孩子的学习和生活情况，特别是外出工作的家长，更要加强与学校、与教师的沟通，与任课教师加强联络，及时了解孩子的相关信息，并虚心听取教师的意见和建议，共同搞好教育引导。避免苛求教师，教师面对的是一个班几十个孩子，还要照顾各自的家庭和孩子，有时候有疏忽也是难免，及时沟通就好。只有家长和学校教师进行有效沟通，才能更好地加强家校合作，提高教育教学质量，共同促进学生的健康与全面发展。

2. 改变行为，以正面形象带动孩子

父母的行为对孩子的教育和影响不容忽视。每一个家长都是孩子学习的模板，我们的一言一行都会在孩子心中留下无法磨灭的印记。所以，我们要在孩子面前改变一些不良的行为，多一些读书行为、文明行为、爱心行为、守法行为……积极参与“亲子读书”“亲子游学”活动。当然，家长的学习，不只是满足辅导孩子学习的需要，更重要的是，为孩子树立不断学习、不断成长的榜样。因此，我们作为家长，要舍得放下工作、应酬、休闲的时间，陪孩子一起读书、一起成长，还要在日常学习工作生活中，注意一些细节，通过自身的正能量，不断对孩子施加正面的影响（马路天使、卫生习惯、遵守规则、诚实守信、努力工作）。

3. 改变氛围，以和谐的家庭影响孩子

影响夫妻和睦、亲子融洽的家庭环境，直接影响孩子的情感智商的发展，因此，营造良好的学习氛围，对孩子至关重要。孝顺老人、长幼有序、夫妻和睦、孩子活泼的家庭氛围，让孩子有安全感，能安心学习，这比良好的物质条件更重要。同样，家庭成员和社区邻里的关系也会影响孩子的成长。

4. 养成习惯，以正确的方法引导孩子

孩子有一个良好的生活、学习习惯等于成功了一半，将受益终身。在生活和学习中培养孩子养成良好的习惯，不仅是学校的事，更要引起家庭的重视。一是要求孩子合理安排时间，平时必须要求孩子克服依赖思想，培养动手能力，不拖拉，有条理，增强时间观念。二是鼓励孩子独立思考善于钻研，遇有不懂的问题，亲自查字典、翻阅资料，培养孩子发现问题、分析问题、解决问题以及独立思考能力，从而提高孩子学习的主动性、积极性和自觉性。

家长朋友们，你们今天的改变，就是为了孩子能变得更好，要知道，你们的所有行为、所有改变，孩子们都会看在眼里、记在心里，他们也会和你们一样，在不知不觉间改变。

三、家委培训总结

守正创新，开创家委工作新局面

——第二届小太阳家长委员会总结

五华县第一小学教育集团“小太阳家长委员会”，成立于2019年11月，首届家委借鉴其他学校的经验，全面启动家委工作，打开了家委工作的局面。第二届校级家委起着承前启后、传承衔接、总结提升的作用，逐步提升家委工作关注度、影响力，使“小太阳家长委员会”成为学校的亮点与品牌。

（一）家委工作逐渐凸显亮点

（1）积极开展、形式多样、内容丰富。如：马路天使、父母课堂（疫病预防、青春期卫生、交通安全、防欺凌、法制教育、科学实验）、激励表彰、亲子读书、读书交流、毕业典礼、户外活动、主题教育。

（2）精心组织、关注效果、勇于创新。如：注重教育性、参与性、趣味性、安全性；重视活动方案设计与活动前的准备！

（3）善于总结、重视交流、互相学习、共同进步！如：开学前交流、中期交流、期末交流；玉茶校区与本部的交流、班与班的交流、级与级的交流、学校总结交流，今后还要走出去交流。

（二）家校合作需要守正创新

（1）参与形式的守正（接受安排、参与陪伴）、创新（主动关注、建言献策、关心帮助）。

（2）活动主题的守正（亲子阅读、户外活动、父母课堂）、创新（体验式、挑战性、拓展营）。

（3）家委角色的守正（个别想法、学习模仿）、创新（注重创意、群体决策、开心快乐、角色转换）。

（4）活动展示的守正（方案、报备、低调、务实）、创新（展示内容有特色展示、成果展示、人物展示，展示途径有班群、家委群、美篇、自媒体、专栏展板等）。

（三）家委工作需要转变观念

1. 对家长而言

（1）主动组织，积极参与，乐于陪伴；

（2）努力学习，互相帮助，共同成长；

（3）主动付出，乐于奉献，大爱无痕；

（4）相信支持，积极沟通，形成合力；

（5）转变理念，品行为先，全面发展！

2. 对孩子而言

（1）尊重他人感受，拒绝做熊孩子。

（2）体验劳动实践，学会感恩珍惜。

（3）培养体艺兴趣，促进全面发展。

适当进行体育运动，可以促进大脑发育和骨骼肌肉的生长，增强心肺功能，改善血液循环系统、呼吸系统、消化系统的机能状况，有利于人体的生长发育，提高抗病能力，增强有机体的适应能力。

体育锻炼能改善神经系统的调节功能，提高神经系统对人体活动时错综复杂变化的注意力、反应力、平衡力、思维力、判断力，并能及时做出协调、准确、迅速的反应，使人体适应内外环境的变化，能提高运动和工作效率及对外界环境的适应力。

参加体育锻炼能有效地提高青少年的心理素质，增强自信心。学生在运动中能体会到成功的喜悦和失败的沮丧，这对增强心理承受能力有积极的作用。

青少年在体育锻炼中要不断克服客观困难（如环境变化、身体素质与能力的限制等）和主观困难（如紧张、疲劳等），越是能努力克服困难，就越能培养良好的意志品质，而体育锻炼中培养起来的顽强拼搏的意志品质能迁移到日常的学习、工作和生活中。

参加体育运动，对于发挥人的主观能动性及加强人与人之间的社会交往具有明显的作用，对良好个性的形成及发展和完善人的气质有促进作用。体育锻炼中的集体项目与竞赛活动可以培养人的团结、协作及集体主义精神，增强规则意识，培养礼仪习惯。

适当的体育运动，促使人体释放多巴胺、内啡肽（安多芬），产生快乐、愉悦的体验，分泌血清素、5-羟色胺、肾上腺素等，可以改善食欲和睡眠周期，能调节情绪、缓解压力、提高注意力。

（1）增加阅读积累，提升人文素养；

（2）参加创新创造，培养思维能力。

沟通中理解，体验中成长

在期末考试中，有些班在组织考试过程中出现一些小失误，包括听力内容播放不够清晰、部分级科考试时间推迟、个别班监考老师迟到等问题。另外，在考试形式上，有些科目采用了答题卡答题的形式，英语试卷从标题到内容全为英文，命题内容更开放、形式更灵活，对学生的知识面要求更高，等等。另外，有些教师和家长在微信上转发传播其他地区中小学考试内容，以致使部分教师、家长和学生产生了焦虑。

2023年开始，为了学习教育发达地区课改方向和命题方式，五华县专门委托外地教研部门，借用他们的部分试题。但在双方沟通过程中，考试时间出现小误差。有些珠三角的校外培训机构信息比较灵通，经常会搜集一些名校考题。为学习借鉴该地命题经验，有一间机构提前在网上公布了试题和答案，造成了一些不良社会影响。

今天中午，有些会长在群里提出了建议，有些家长在班群里发布了一些质疑的话，甚至有说要去投诉之类的。看到这些，我想和大家说几句心里话。

一是对大家的关注和提议表示感谢。家长们指出学校存在的问题并提出了意见和建议，是对老师的关心，是对孩子的关爱，是对学校的维护和信任，更是对学校发展的推动和帮助。

二是从家长的一些话语中，我对隐隐约约感觉到的一些家长的教育观、成才观感到担忧。

有些家长在交谈中，担心孩子因此考不好，影响成绩，甚至影响了未来。其实，家长朋友们，孩子们的每一次学习、考试、活动、比赛都非常重要，但这个“重要”，不只是指结果，更多的是指过程的体验，每一次不一样的体验，都是他们人生积累的丰富阅历和宝贵财富。每一个孩子在成长过程中，都会经历无数的不同，无论胜负赢输、成功或是失败，当然也包括这一次考试，也许试卷没做完、也许题型没见过、也许粗心考砸了，但这又有什么呢？孩子们一样健康地成长，我们要明白，成功固然能提升信心，失败也能让他们坚强。考试形式的改变，内容的拓展，考试过程的一些意外，都能让孩子们经历更多、收获更多。更何况，这只是一次期末考试而已，只是对孩子一学期学习的检查，和每一次课堂小测、单元检测没什么区别，我们不用过于紧张。也许，这次特别的经历会让孩子们收获得更多、成长得更好。

三是向大家提几点建议。

（1）碰到问题一定要及时同会长或教师沟通，沟通才能理解和包容，沟通才有支持和合力。毕竟，我们的目标是一致的，都是为了孩子们的成长，我们是教育路上的盟友而非对手。而且，你们面对的可能只是你的孩子，老师面对的是全班几十个孩子，学校面对的更是数千个不同性格、不同家庭、不同成长环境、不同学习基础的孩子。

（2）不了解真相的时候，不要在群里、朋友圈、网上发布未经确认的消息。当你发布出去后，往往会因自己的无意而让别人产生困扰甚至受到伤害。因此，自下而上，先通过班会长、级会长或者校会长，也可以直接向班主任或学校了解情况，这才是最好的沟通方式。

（3）不要过于关注孩子的分数，也不要总是想要为孩子扫清成长路上的障碍，因为，人生路漫漫，只有让孩子学会面对困难和挫折，他才能从容地面对人生。清理学习成长路上的挫折和障碍，本身也是一种学习。在学习成长过程中，保持敢于尝试的勇气，才能让孩子敢于实践、勇于创新，始终对陌生的事物保持好奇心。所以，要学会容忍孩子的失败和过错，甚至提供一些让孩子们感受失败和挫折的机会，让他们对人生中的困难和挑战习以为常。

创新家校合作　拓宽育人渠道

——新形势下家庭教育指导创新研究中的几点尝试

教育承担着立德树人的根本任务，但仅仅依靠学校教育，已无法顺利完成教育重任，家庭与社区的参与，将成为教育发展的必然趋势。以学生为核心，以培养全面发展的人为共同目标，家校双向互动，社区共同合作的多维度育人模式将成为主流。《家庭教育促进法》的颁布，为更好地推进“创新型家庭教育指导”模式的创建，提高家庭教育水平，积极构建家庭、学校、社会一体化的教育体系，总体提升家庭教育质量，为学生健康成长提供了法律依据和实施保障。学校与学生、家长紧密而特殊的关系，意味着在家庭教育指导方面，学校承担着不可缺少的作用。如何建立完善长效机制，保障新形势下有效开展对家庭教育的指导，提升社区群众和学生家长的家庭教育水平，我们学校结合山区县实际，进行了一些实践和探索。

（一）开设家长学校，加强家庭教育理念引导

从事家庭教育研究的人越来越多，很多家长的家庭教育认识水平也有了一定的提高，但也有许多家长从未参加过系统的家庭教育培训，不懂得家庭教育的原则，缺乏有效的教育方法与手段，更谈不上结合孩子的心理特征、家庭环境、成长经历，对孩子进行有针对性的教育和引导，导致亲子关系疏远，家庭生活质量下降，孩子出现严重逆反心理，受社会不良现象影响，形成不良行为习惯，三观缺失等。因此，更多的家长期待高质量的家庭教育。

在当前专业家庭教育指导机构未能普及的情况下，学校和广大教育工作者主动承担起这一责任，开展有效的家庭教育指导，提升家庭教育水平势在必行，任重而道远。

为转变学生家长和社区群众对家庭教育的认知，提升家庭教育水平，多年来，我们坚持开发教师和家长资源，利用家委会平台，开设“家长学校”，面对不同群体，分期分批针对班级会长、家委成员、家长代表进行家庭教育指导，还分社区进行培训，甚至把“家长学校”的指导对象延伸到周边学区的青年家长和妇女组织，带领社区群众和学生家长认真学习《家庭教育促进法》，转变教育理念，开展家庭教育指导。

“家长学校”师资主要来自三个方面：一是学校名校长、名教师、名班主任，他们教育经验丰富，教育理论水平高，接触过许多不同个性和特殊性格的学生，也接触过不同职业、不同教育背景的家长，教育案例真实感人，有比较好的指导效果。二是部分优秀家长代表，他们有同样成功，但不同方法渠道的家庭教育案例，他们的经验，比较容易使人产生共鸣，对家长来说，也更容易产生相似的情感体验，获得有效的教育经验。三是县内外家庭教育专家，他们对家庭教育进行过深入研究，理论水平高，也有不同类型的研究案例，能够深入浅出地阐述“应该如何做”和“为什么这样做”的道理。

（二）完善家委机构，搭建家校共学共育平台

五华山区，家长外出务工经商多，导致山区学校留守儿童多，家庭教育严重缺失，家庭教育与学校教育如何有效结合，成为老大难的问题。首先，为更好地建立家校沟通网络，搭建家校共学共育平台，我们与东莞家庭教育专家多次交流，请他们做讲座，召开行政会、教师会，明确家校合作的重要性，形成共识，还对全体班主任进行了“家委会机构建设与家委工作指导”的培训。然后，通过召开家长代表会，征求意见，征集建议，通过家长开放日，家长感受学校教育氛围，体验教师的工作强度，萌发家校共育念头。其次，召开全校学生家长会，对家长进行动员和培训，初步了解家委会建设的目的意义、原则依据、方法流程，指导各班家委会成立班级家委会，选举班级家委会委员和会长。最后，召集班级会长，选举校级家委机构，还为全体校级家委颁发聘书，同时，进行家委工作培训，教给他们家委工作的方法、技巧，班级微信群管理的要求，家委活动的筹划、动员、申报、组织的相关流程以及安全要求，展示一些成功的、有特色的家委工作案例，开拓校级家委和班级家委的工作思路。

为促进家委会健康稳定持续发展，引入激励机制，做好规范管理，我们组织家委会拟定了家委会《章程》《班级积分升级制度》《荣誉称号授予制度》等家委工作规程，很好地规范了家委工作。为拓宽家委工作思路，提升家委工作水平，激活家委工作热情，校级家委每学年都会组织一次“卓越家委”评选，然后隆重举行“小太阳家长委员会年度总结表彰暨工作交流会”。

机构的建立，制度的完善，为搭建家校共学共育平台提供了有效的实施途径，家校关系更和谐，家校合作更密切。

（三）创新活动形式，形成积极互动教育氛围

1. 通过多种渠道，帮助家长形成科学的教育观、人才观

开学初，我们就向家长发放了《家庭教育状况调查问卷》，从家长的职业、文化程度、教育观念等多个方面进行了分析，让家长清楚地了解自己的教育方式；利用家庭教育专题培训会，让家长形成正确的人才观、质量观、成才观；开通学校网站，专门设立家教栏目，开通了微信公众平台，开辟了向家长、社会介绍宣传学校教育教学工作的新途径，提高了家长科学教子的自觉性和积极性，真正形成学校与家庭的教育合力。家长和学校、教师共同做出利于学生成长、全面发展的决定，共同为学校发展承担责任和履行义务，有效提升育人质量，促进学生全面发展，促使教师和家长不断转变教育观念、提升教育能力。

2. 创新家校沟通渠道，利用网络、社区平台搭建共育桥梁

首先，为了便于家校沟通，各班挑选责任心强，有一定的理论、文化知识，热爱教育事业的家长，成立家委机构，及时了解家长的意见与呼声，开展亲子活动，组织家长学习交流，监督班级工作。

其次，在过去全校每学期召开一次家长会的基础上，结合实际，增加一至两次班级主题家长会。例如：为了给毕业班的孩子鼓劲加油，通过家委会组织“感恩师长，不负青春”交流会。在交流会上，家长代表谈对孩子们的期望与祝福，孩子们结合各自实际谈如何“感恩师长，珍惜时光，不负青春”，然后是教师寄语。活动充分激发孩子们的学习积极性，效果明显。

再次，打破传统的家访方式，利用网络、社区平台等多种渠道搭建共育桥梁，从而更为及时有效地了解学生的思想动态。班内学生当有成绩或思想出现问题的情况时，及时通过电话、微信家访；家访时深入了解家长的职业、阅历、经济、文化素质、思想修养、性格脾气等方面的情况，并做好记录，对学生的个体差异做详细了解和具体分析；注意家长的精神状态、身体情况、家庭气氛等条件，随机应变地调动访谈方式和内容。居家上课期间，学校教师通过网络、视频会议系统与家长进行沟通和保持联系，要求学生居家学习锻炼，每天不厌其烦地通过微信群和智慧校园平台与家长沟通教育理念、与学生沟通学习方法。

最后，学校还通过举行校园开放日活动，开展丰富多彩、主题鲜明、以学生为主体、具有实效性的家校共育活动，为家长和教师的沟通搭建平台。充分利用信息化手段，建立校园网站，设立家校合作共育专栏，向家长推送学校相关政策、相关要求、活动专题、家庭教育相关知识，让家长之间、教师和家长之间在智慧校园平台上充分沟通交流，大力提升网络服务的可及性及有效性。学校还大力拓展微博、微信和手机客户端等新媒体服务平台，拓展家校共育的信息服务渠道，为家长提供便捷的、个性化的指导服务。

（四）拓宽教育渠道，构建多维度教育网络

1. 学校广开宣传渠道

学校广开宣传渠道，建立红领巾广播站，成立“小太阳”文学社，开辟实践阵地；“警民军民共建”常抓不懈，多次聘请社会各界人士来校演讲和宣传，形成学校、社区一体，共建文明学校（社区）新格局。例如：六年级学生临近毕业，思想较浮躁，加上处于青春逆反期，学校号召家委会结合实际开展家校共育活动。如，邀请学生家长、心理咨询师邓老师为孩子们上“毕业了，青春不缺席”的主题讲座；邀请学生家长、派出所所长为孩子们上“珍惜同学情谊，拒绝学生欺凌”主题班会；等等。

2. 开展主题鲜明的各类活动

我们根据实际，由少先队组织做好四个结合活动：一是与重大节日结合，如清明节、植树节、教师节、老人节、国庆节，我们都要组织相应的活动，从不同方面对学生进行教育；二是与季节结合，组织种植园活动，教育学生热爱劳动，磨炼学生意志；三是与校园环境相结合，开展爱我校园，美化校园，为学校争光等教育活动；四是与时事相结合，开展体验教育，教育学生热爱祖国。例如：学校组织五年级家长代表与同学们一起，举行“快乐丰收节”活动，同学们参与感、快乐感、幸福感爆棚。

3. 构建社区、家长、学校互动平台，密切关注学生社会表现

在一年多的研究实践过程中，我们根据学校的地域特点，在相关社区设立了由学校指导、家委牵头组织、社区老同志参与的“帮教小组”，形成了家庭、社区齐抓共管的校外育人机制。各年级还设立“年级督察”，培养学生自主监督、自主管理能力。多次因学生间矛盾引发的争执，被班里的“督察”及时发现，班主任及时教育，避免了打架斗殴事件的发生。

4. 扩充校外实践基地，组织各种志愿服务活动

学校利用家委资源，把一些苗圃场、社区、企业、单位作为学校实践基地，组织相关班级开展“参观红色体验馆”“师生进警营”“访问球王故里”等实践活动。各班还组织少先队志愿服务小队，到学校附近的街道捡拾垃圾、打扫卫生；到敬老院慰问老人，到福利院慰问残疾儿童，做些力所能及的劳动，学会敬老爱幼等。

（五）结语

家校间要真正实现和谐共育，是多部门协同、多因素影响促成的，健全的家校共育机制是立德树人的“助力器”。学校应充分发挥自身优势，顺应时代要求，拓宽教育渠道，不断创新家庭教育指导形式和家校合作模式，充分发挥家庭教育的重要作用，促使家庭教育与学校教育的深度融合，促进学生的全面发展。

师生共进，家校同行，做更好的自己

素质教育，是一个很大的话题，不过，只要是教育问题，就离不开“教师、学生、家长”三个要素。下面就以我调任县第一小学以来的一些做法，围绕这三个要素，向大家做一个汇报，我汇报的题目是“师生共进，家校同行，做更好的自己”。

（一）让教师站在学校中央，逐步获得归属感

教师是实施素质教育的关键，有教师的提升，才会有学生的提升和学校教育教学质量的提升。我们坚持“让教师站在学校中央”的理念，始终把教师发展放在学校工作的中心，增强教师的归属感。

1. 党建引领育“头雁”

自开展主题教育活动以来，学校党支部开展系列活动，如：组织党员志愿服务队前往儿童福利院开展“用爱心拥抱天使”活动，激励教师“不忘教育初心，牢记育人使命”；组织“铭记光辉历史，传承红色基因”主题党日活动，通过重温入党誓词，铭记党员责任，回忆光辉历史，牢记教育使命；组织学校支委和行政前往古大存故居、中共县委旧址、龙村党建示范村、新农村建设示范点参观学习，提升政治觉悟，树立为山区教育振兴而努力的信心；上学期，组织了“知党情　颂党恩　跟党走”主题党日活动暨教师学科素养大赛。通过全面加强党建引领，在学校领导班子，学科组长和骨干教师群体中，逐步培养教育情怀深、教学专业精的领航“头雁”，充分发挥“头雁”效应。

2. 整顿作风铸师魂

为深入贯彻落实全国教育大会精神和习近平总书记在学校思想政治理论课教师座谈会上的重要讲话精神，切实改进教师队伍作风建设，严肃工作纪律，提升行政效能，规范从教行为，推进教育行风建设。2019年5月至7月，我们开展了为期两个多月的教师纪律作风整顿，组织了“五佳教师”和“年度最美教师”评选，通过级组推荐、教师座谈、行政评议、支委研究，公平公正地评选出一批优秀教师，并通过微信公众号和专栏进行宣传。其间，还举行了“凝聚一小精神，打造五有良师”“教师职业形象与礼仪”师德讲座和征文比赛，让教师在培训、展示和表彰中充分感受到事业的成就感和职业幸福感，铸就高尚灵魂。

3. 加强培训提师能

学校发展关键在教师，为提升教师综合素养，学校改革校本研修模式，完善校本研修活动流程，组织教师参加信息技术培训、书法培训和寒暑假“读书练字写文章”等自我提升活动，通过微信公众号展示教师学习成果。为给教师提供展示的平台，学校先后组织了教师才艺展示、数学教师学科素养大赛、语文教师学科素养大赛等活动，拟于下半年组织英语科和体艺科综合素养大赛。2022年，通过“县管校聘”和新教师招聘新调入教师27人，为使他们尽快熟悉小学教育教学工作，组织他们进行新教师培训，按照《“青蓝工程”导师制工作实施方案》，开展师徒结对活动，举行师徒结对仪式，加强师徒听评课的督促和管理，组织新教师开设亮相课、汇报课和期满考核，真正让师徒结对工作收到实效。

（二）让学生站在舞台中心，全面提升幸福感

学生发展需要正确的理念和方向，也需要充分的机会和相应的平台，我们充分挖掘学校和社会资源，为学生培养兴趣、全面发展、个性发展提供可能，真正提升学生成长的幸福感。

1. 改善环境设施，完善育人场所

通过运动场、植物园改造和“厕所革命”，全面改变学校面貌；新建学生书屋，开辟“种植园”，按“科创、美术、音乐、书法、阅读、体育”等分类设置功能区域，师生参与布置校园文化，让每一面墙都能说话，都有师生印记。在文化长廊、楼梯、走廊展示师生作品，校外宣传栏开辟党史队史、德育安全、环保卫生、文明礼仪等栏目，校内宣传栏展示办学理念、特色课程、师生作品、读书活动等。

2. 开发选修课程，培养学生兴趣

学校结合学校实际和学生兴趣，在坚持开齐开足国家规定课程的基础上，开设了以“发现美、欣赏美、创造美”为核心的尚美课程，如绘画、舞蹈、合唱等；以“健体、健心、健智”为核心的体育课程，如大课间、球类、棋类等；以“积累、表演、表达”为核心的人文课程，如演讲与主持、客家童谣、童话剧、课本剧等；以“创意、创想、创造”为核心的科创课程，如七巧板、吹气纸火箭、创意手工、电脑绘画、编程等，共数十个选修课程，以及“五分钟演讲”“练字十分钟”等微课程，拟增设以“爱生活、惜生命、会生存”为核心的生活课程，和“小学生大讲堂”等主题课程。特别是木偶系列课程开发和省级课题立项，为学校课程开发提供了研究土壤。

3. 活跃校园生活，拓宽展示平台

学校结合重要节日举办主题活动及书画展览，开展作家进校园活动，邀请作家叶萍为孩子们做主题报告，承办县城小学“小故事·大情怀”讲故事比赛，以“壮美七十年　讴歌新时代”为主题的元旦会演，开展“德育安全”主题征文和手抄报比赛，毕业班学生“播种希望，相约十年”毕业典礼。组织学生观摩广东省科技创新大赛，“蓓蕾计划”科普展览，邀请中国科学院院士开设科普讲座，组织首届“体育科技节”暨“校长杯”班际足球赛，举行“开心种植园”开园仪式，最近启动粤东西北地区中小学科学室（馆）改造项目申报工作。

4. 坚定理想信念，扣好人生第一粒扣子

国庆节前夕，学校开展了“我向国旗敬个礼”主题队日活动，县教育局、团县委领导及全县80多位中学团委书记、小学总辅导员参加活动，和全校师生同唱祖国赞歌、共抒爱国情怀；举行全校师生同唱《我和我的祖国》快闪活动，在这个过程中，全校师生全员参与、全身心投入，充分受到爱国主义的洗礼；学校部分中队组织了多场参观红色体验馆的亲子活动。疫情期间，学校举行了线上升旗活动，还通过“致学生的一封信”，对学生进行爱国主义和共产主义教育。

学校重视加强共青团和少先队组织建设，完善团支部学习制度，成立少工委，组织大队委、中队委竞选，“校园小导播”海选，坚持新生入队仪式、每周升旗仪式和国旗下讲话，开展主题队日活动、为高年级学生上团课，组织少先队鼓号仪仗队培训，开展“新时代好少年”和“最美少年”评比。学校还组织了少先队知识和礼仪培训，开展少先队各项主题中队会。

（三）让家长参与学生成长，不断增强荣誉感

我们重视家委会建设，充分利用家委会，进行家庭教育指导服务活动。让家长们参与学校工作和学生活动，和孩子共同成长，在参与过程中不断增强荣誉感。

2019年6月以来，我们组织了部分家长代表座谈会，开设“家庭教育讲座”、以“家校携手、共促发展”为主题的班主任培训、“开放课堂，遇见成长”家长开放日活动、家长会和“一起学习，共同成长”家庭教育讲座，各班还选出了班级家委会会长和委员，召开学校首届“小太阳家委会”成立大会暨家委工作培训会议。“相约书吧，悦读圆梦，你我不缺席”主题会议，“家校共建书香校园暨复学筹备工作培训会”，“拓宽教育渠道、促进深度合作”家委总结表彰大会。

2022年以来，学校家委会成立“马路天使”交通导护队，协助做好学生上下学交通疏导工作，各班家委会结合实际，开展了丰富多彩的班级亲子活动（亲子读书、亲子拓展、父母课堂、红色体验）。疫情期间，家委全力协助学校和班主任，全程参与疫情防控、线上学习、开学准备等工作。家长在参与学校活动的过程中，对学校越来越认可，对老师越来越信任，家长们也越来越有荣誉感。

我们认为，只有教师、学生、家长都能积极参与学生学习与成长，都能致力于“做更好的自己”，学校才能持续健康发展，才能真正打造“教师有归属感，学生有幸福感，家长有荣誉感”的成长乐园和现代化学校。各位领导、同人，对于素质教育见仁见智，教育工作者也需要有教育定力，只要坚持走正确的路，一定会结出丰硕的果实。

坚持“五抓五促”，落实“减负提质”

为贯彻落实“双减”意见，推进教育教学改革，学校牢牢把握“为党育人，为国育才”这个总方向，注重教师专业成长，逐步完善课程体系，全面推进素质教育，大力促进“五育”融合，丰富课后服务供给，有效减轻学生过重的课业负担和家长校外培训负担。

（一）抓教师成长，促理念转变

教师的成长是落实“双减”、提升质量的关键。学校教师认真研读各学科课程标准，阅读教育学、心理学、课程教学专著，并通过自学、读书交流会、讲座等多种方式，全面深入研究双减背景下的课堂教学。学校分批对教师进行信息技术、书法、朗诵等培训，锤炼扎实的基本功。学校开展了以“聚焦课堂变革，打造高效课堂”为主题的教学展示活动，通过集体备课、人人上教研课、教学评一体等方式，致力打造“双减”背景下的高效课堂。

我们依托省市教师研修项目，名校长名教师工作室平台，全面实施教师提升工程，健全研修制度，改革校本研修模式，创新活动组织流程，提升研修效果，通过课题研究、教师轮训、网络培训和校本研修，有效提升教师的专业素养和学科教学能力。学校整合研修内容，把教师分为种子教师、新秀教师、栋梁教师、常青教师，以“卓越教师四阶成长模式”为核心，打造“一体两翼三联动”校本研修体系，促进教师的专业发展、持续发展、终身发展。

（二）抓课程开发，促全面发展

为促进学生全面发展、个性发展，学校以课程建设为抓手，依托传统文化和特色项目，安排有特长的教师（或外聘专业教师）承担课程任务，开设了体育、美育、科创、人文四大类50多个校本选修课程，重点打造足球、木偶、创客、书法等精品课程。

学校通过举办“体育科技节”，开展足球、篮球、队列、跳绳、纸飞机、七巧板、种植等比赛；通过举办“文化艺术节”，开展书法、绘画、器乐、手工制作、英语朗诵、数学手抄报、歌手大赛、诗词大会等活动；学校开设“天天微课程”，如“五分钟演讲”“练字10分钟”等，还不定期组织主题论坛与演讲比赛；借助传统节日和成长“四礼”（入学礼、入队礼、成长礼、毕业礼），开展一系列德育课程，促进学生全面发展。

（三）抓作业改革，促减量增效

“双减”的核心是减轻学生过重的课业负担，作业设计的“控量增效”显得尤为重要。我们积极探索符合学校实际的作业设计方案，把减负落实到作业设计的每一个环节，力争做到优化作业设计、完善作业结构、严控作业总量，有效引导学生全面发展。我们设计符合年龄特点、体现素质导向的基础性作业，鼓励布置分层、弹性和个性化作业，推行“必做题+基础题或扩展题”模式，使各层次的学生都有收获。我们丰富作业形式，提倡布置探究性、实践性的家庭作业，增加阅读、锻炼、体验、合作性作业，坚决避免机械、无效作业，杜绝重复性、惩罚性作业。我们利用课后托管时间，加强作业完成指导和学习困难学生的辅导，做好答疑辅导和阅读指导。

我们通过学科组教师的合作研究，不断完善、更新作业资源，达到集思广益、资源共享、减负增效的目的。

（四）抓课后服务，促分类成长

许多学生家长由于工作原因，存在上下学接送难、作业指导难等问题。为解决家长困难，回应社会关切，学校精心规划430课后托管服务。学校动员教师利用休息时间，协助学校开展托管服务。为更好地提升托管质量，学校要求教师精心设计托管内容，提升托管效果。一个多小时的课后托管，学生利用40分钟左右的时间，认真完成晚上家庭作业，教师对学习困难学生进行个别辅导，然后结合作业过程中发现的共性问题，利用20分钟左右的时间进行集中辅导。剩余时间，学生利用班级图书角，开展读书活动或交流会。学校每天坚持行政巡堂制度，重点检查课后托管和素质课程的落实。

为满足有不同兴趣特长的学生需求，课外托管增加了人文、体育、艺术、科创、思维等素质拓展课程。目前，学校参加课后托管人数为2300人，占全校学生总数的70%。为提升指导教师水平和课程质量，我们还对部分素质拓展课程指导教师进行系统培训。

（五）抓家校合作，促共学共育

为使家长更好地了解“双减”政策，积极支持“双减”工作，我们专门为家长们做了“做好减法，全面推进教育公平，做好加法，促进孩子健康成长”等讲座，积极动员各班家委会，开展“争创卓越家委，争当‘五能’家长”活动。我们充分利用家委会平台，开展丰富多彩的课外活动，如，春游秋游、亲子拓展、亲子读书等；邀请有专长的家长开设父母课堂，包括科学实验、种子栽培、法制安全、防性侵、书法等丰富多彩的综合实践课程；邀请家长参与学校活动，增强家长参与意识；组织家长参加“马路天使”志愿服务活动；开设“线上家教课堂”；等等。

在新课程方案和课程标准即将全面实施的今天，我们聚焦“双减”，狠抓教师提升和高效课堂打造，优化课程开发和作业设计，逐渐形成学校特色课程体系，为学生全面健康发展奠定基础。

第五章

超越传统：

纵向教育改革带来新活力

园斯金说过：“教育不在于使人知其所未知，而在于按其所未行而行。”教育不等同于传授知识，而是能够让受教育者有实践的机会。理论付诸行动，才能发现问题，并且解决问题。学校就是为受教育者提供学习、实践的地方，它是一个需要顺应教育改革的方向不断地更新内容的地方。那什么是真正的教师？追求主动发展、专业发展和不断自我更新的教师，才是真正的教师。教师参与教育教学课题能够提升自己的专业水平发展，而教师是学校的重要组成部分，所以说教师的发展推动着学校的发展，反过来学校的发展也带动教师的发展，二者相辅相成。

第一节　综合实践课题：基于STEAM教育理念下的木偶系列课程开发实践与研究

一、课题概述

（一）研究的背景和意义

当今社会，如何有效提升学生的核心素养是大家普遍关注的问题。所谓“学生发展核心素养”，主要是指学生应具备的，能够适应终身发展和社会发展需要的必备品格和关键能力。核心素养是关于学生知识、技能、情感、态度、价值观等多方面的综合表现；是每一名学生获得成功生活、适应个人终身发展和社会发展都需要的、不可或缺的共同素养。但是，在实际的教育教学中，我们发现学生的综合素养远远滞后于时代发展。作为小学教育的管理者，我们不能单纯地把小学当作一个简单的学段，相反，它是一个不可替代的人生起点。一个人接受了良好的小学教育，养育了优良的综合素质，就具备了人生长足发展的坚实基础。

2018年4月，教育部发布的《教育信息化2. 0行动计划》中提出推动人工智能在教育教学中的应用，推动中小学推动创新智慧教育。因此，STEAM教育越来越受到重视。梅州作为一个山区城市，学生长期处于单一的学科教学模式，获得的知识也是经验性的，更谈不上艺术审美、天文识趣、地理趣闻、科学创造等。学生的动手、创新能力较差，综合素质还有待提高。作为教育者，我们要让更多的学生参与跨学科的学习，打破传统的学科界限，以此来培养学生的综合能力和创新能力。

广东五华素有“木偶之乡”之称。2008年6月，五华提线木偶戏被列入第一批国家级非物质文化遗产扩展项目名录。但是，民间对非物质文化遗产的认识、了解、保护和传承意识不足，因此，我们应增强非物质文化遗产保护意识，传承、弘扬中华优秀传统文化势在必行，而小学生是社会文化传承的优秀群体，在非物质文化遗产的保护方面有其自身特有的群体优势。作为文化的传承者，学生具有较强的学习新事物的能力，依托特定地域环境和客家特色文化，开发生动有趣的木偶系列课程，让学生在参与木偶活动的同时，学会感知光学、力学、平面设计、艺术绘画等，全面培养学生的动手、创新能力，以此来提升学生审美情趣和综合素质。

（二）相关研究综述

1. 国外相关研究综述

STEAM教育起源于美国，强调多学科的交叉融合。STEAM教育的核心理念是：所有的学科都应该相互连接，学生需要了解各种知识和技能是如何在解决实际问题时相互连接和相互交叉的。依靠国家支持和多方合作，国外不少国家取得了丰富的STEAM教育实践成果，如：创建了专门开展STEAM教育的学校、实验室和不少有STEAM教育相关的科技创新项目。2006年，布什政府提出美国当前的教育目标之一是将STEAM素养的培养融入传统教育中，并将融入艺术元素的科技创新项目引入课堂，整合艺术与工程类的实践课程，逐渐实现幼儿园和义务教育阶段的STEAM课程引入，促进了STEAM教育的发展。韩国也将STEAM教育与他们的天才教育计划相融合，通过开设STEAM课程用于人才选拔与特长生的培养。[①]由此可以看出，越来越多的国家将STEAM教育理念中“A”（艺术）看得越发重要。

1986年，美国《本科的科学、数学和工程教育》政策中首次明确提出了高等教育领域中STEM教育的纲领性建议，即科学数学工程和技术教育集成；2007年，《国家竞争力法》强调创新需要雄厚的研发投入和对STEM教育计划的切实执行；2011年，投入大量资金推进STEM有效教学，并预计在2020年前培养10万名STEM教师。由此可发现，美国对于STEM教育十分重视并在不断创新。STEAM教育是STEM教育的延伸，简言之就是在STEM的基础上增设了“A”

① Susan R. Smith, Handbook of Giftedness and Talent Development in the Asia-Pacific［M］. Springer International Handbooks of Education, 2021:27-34.

（Arts）学科的教育模式，它的出现让原有的STEM教育变得更具欣赏性、人文性和艺术性。在基础教育阶段，STEAM教育更加注重学生思维品质的提升，不再局限于技能和知识的习得，而是关注学生个性化的发展与创造力的培养。

美国戴顿区STEM学校是优秀STEM教育实践主体之一，其STEAM课程的特征主要集中在“基于项目，倡导跨学科与团队合作，旨在面向全体学生的艺术设计”[①]；巴基斯坦土著社区面向一些辍学高中生开展STEAM课程，其课程主要结合课程参与者所在社区存在的一些问题创设项目任务，帮助学生用自己的知识与经验完成项目并解决问题。课程实践结果明确显示相对于在学校里学习科学知识，这些学生更乐意参加以解决问题为目的的项目活动，学者对这些学生的辍学原因展开调查，发现大部分学生是因为感到学校里的内容对其生活没有帮助才选择辍学。[②]

查阅相关文献资料，我们发现基于STEAM教育理念下的研究，大多数学校开展了3D打印、机器人制作、工程设计、机械制作等，研究的对象多是初中生和高中生，他们注重实践、注重动手操作、注重过程，通过操作与制作的过程建构起关于科学、技术、工程和数学的丰富经验。但是，在小学阶段的研究相对较少，尤其是教育资源贫乏，本就信息获取途径落后的山区教育更谈不上开展课堂活动。因此，木偶校本课程的开发和实践为我们找到了一个突破口，探索适合校本课程发展的STEAM教育理念，坚持立德树人，坚持把社会主义核心价值观的人文素养融入STEAM教育研究中，以促进学生全面发展。

2. 国内相关研究综述

国内STEAM教育从2013年开始起步，2016年“互联网+”概念的出现引起热潮，创客以其新颖的“做中学”理念和自由的创作空间流行开来。2017年，核心素养的提出使众多学者开始考虑如何培养我国学生整体素质，聚焦学生的创新能力提升是培养其核心素养的重要指标。2018年，许多学者开始探讨创客教育和STEAM教育之间存在的内部关系，他们普遍认为创客教育是实践STEAM

① Watson A. D., Watson G. H. Transitioning STEM to STEAM: Reformation of engineering education［J］. Journal for Quality and Participation, 2013, 36（3）：1–4.

② Huang T. C., Wu T. T., Barroso J., Sandnes F.E., Martin P., Huang Y. M. (eds.). Innovative Technologies and Learning［Z］. Lecture Notes in Computer Science, 2020：23–25.

教育的重要途径[①]，在教学研究中，STEAM教育开始作为一种教学理念指导中小学教学活动实践，STEAM教育逐渐成为提高学生核心素养的重要途径之一。

许多专家学者对于STEAM教育在培育学生的核心素质方面的作用进行了调查和研究，这也是当前阶段中国教育工作需要重点加强的方向。许丽美提出了以STEAM教育理念为导向的重构校园综合实践活动课程体系[②]，她认为，在“双创”教育如此普遍的今天，传统教学已经无法满足这种培养目标的要求，而以STEAM教育理念为核心的教育从现实情境入手，将其融入综合实践活动课程，引导学生以解决问题做项目的方式，突破传统教学学科之间的壁垒，促进学生的知识迁移。这种课程体系不仅能推动综合实践活动课程的普及与推广工作，更能促进学校对培养创新型人才的培养。余胜泉、胡翔，对于国内外现有的STEM教育现状，总结了STEM教育的跨学科、趣味性、体验性、情境性、协作性、设计性、艺术性、实证性和技术增强性9个核心理念，介绍了相关课程广域课程两种跨学科的整合模式。[③]分析了3种跨学科整合的取向，学科知识整合取向，生活经验整合取向和学习者中心整合取向，并提出了跨学科整合取向。这些具有针对性的改进措施，为我国STEAM教育的具体实施提供了重要参考。崔鸿等人（2017）就STEAM教育对于学生的人文素养和理性分析方面能力素质的影响表现出了较大的积极意义。[④]因为STEAM教育在教育过程中加强了对于学生的学习兴趣、自主探究意识的激发和调动，这就对于学生在自行解决相关问题方面的能力得到了很大的加强，这也与我国倡导的素质教育理念不谋而合。王韵仪等人则认为STEAM教育核心理念是由技术融合、学科融合、情境创

① 李彤彤. 创客式教学：面向核心素养培养的STEAM课程教学新范式［J］. 中国电化教育，2018（9）：40–47.

② 许丽美. 以ＳＴＥAM理念为引领的综合实践活动课程建构［J］. 教学与管理，2018（32）：21–23.

③ 余胜泉，胡翔. STEM 教育理念与跨学科整合模式［J］. 开放教育研究，2015（4）：13–22.

④ 崔鸿，朱家华，张秀红. 基于项目的 STEAM 学习探析：核心素养的视角［J］. 华东师范大学学报（教育科学版），2017，35（4）：54–61，135–136.

设和创新实践4个大方面构成。[①]通过技术融合使学生提高学习积极性，提高学生动手实践能力，学科综合则是指学生通过一门学科的学习学到多门单学科的内容。在情境创设下，将学习问题更加社会化、生活化，能够让学生自主构建知识体系，使学习内容更加深刻。

现阶段，有关STEAM教育的研究大多是从实践策略、成果、案例出发，探讨STEAM教育的意义和价值。这种从如何推进、怎样实践的视角入手的研究，总结了我国为什么要运用STEAM教育的问题，大力推动着我国STEAM教育的理论发展和实践进程，致使越来越多的人关注到这种新兴的教育模式，并且在教育工作中达到“乐用”的态势。但是我们必须认识到，只有课程内容新颖，贴近生活且模式更符合学生的心理与思维品质，学生参与课程更为积极，能快速习得新知识、获得新技能、开拓新视界。因此，我们需要站在实践的角度，不断地开发新的课程内容。

与此同时，在“Arts”（艺术）越发重要的背景下，搜寻相关资料，我们了解多数关于“Arts”的研究围绕小学美术课程开展，如吕莉桦的研究表明STEAM理念中艺术让学生专注于释放人类的创造力和创新能力，提供高水平的常识解决与创造力和创新有关的问题。新课标（2022版）坚持创新为导向，培养时代新人，在美术教学中要善用多种材质、现代媒介，发择它们的特性，展示给学生形式、形象与意境，充分调动学生的感官享受，融想象、思考、创造于一体，激发学生创新潜能。[②]现有研究较少提出传统非遗文化与艺术相结合，因此本研究是基于STEAM教育理念的新创新，也是对非遗传统文化的新尝试。

（三）核心概念界定

1. STEAM教育

STEAM是由5个单词的缩写构成的，即Science（科学）、Technology（技术）、Engineering（工程）、Arts（艺术）、Mathematics（数学），在基于STEAM教育理念下，强调课程的跨学科学习，体现出课程综合化、实践化、

---

① 王韵仪，王玉龙，关晓怡，等. 基于 STEAM 理念的中小学跨学科课例设计模式构建［J］. 软件导刊（教育技术），2019，18（3）：50-52.

② 吕莉桦. STEAM教育理念在我国《义务教育美术课程标准》与小学美术教科书中融合［J］. 新课程导学，2022（29）：43-46.

活动化的诸多特征。着重培养学生的五种素养：一是科学素养，即运用科学知识（如物理、化学、生物科学和地球空间科学）理解自然界并参与影响自然界的过程；二是技术素养，也就是使用、管理、理解和评价技术的能力；三是工程素养，即对技术工程设计与开发过程的理解；四是艺术素养，即培养审美观念、鉴赏能力和创作能力；五是数学素养，也就是学生发现、表达、解释和解决多种情境下的数学问题的能力。STEAM教育理念倡导将各个领域的知识通过综合的课程结合起来，加强学科间的相互配合，发挥综合育人功能，让学生在综合的环境中学习，在项目活动中应用多个学科的知识解决问题。由此可见，STEAM教育理念与我们所倡导的教育本质有内在的一致性。

2. 木偶戏

木偶是指五华提线木偶，古称“悬丝傀儡”，源于秦汉，是古老传统木偶戏的一种。“五华提线木偶”于明朝初年由福建传入广东梅州，在五华及周边地区流行至今600多年，是广东地区保存得最为完整的提线木偶戏。“五华提线木偶戏”于2007年8月被广东省委宣传部确定为全省9个稀有剧种之一，于2008年6月被列入首批国家级非物质文化遗产保护名录。

3. 校本课程

1973年，在国际课程研讨会上，福鲁马克（Furumark）和麦克伦（MikeMullen）两位学者提出了“校本课程”（schoolbasedcurriculum）这个概念，并对其加以阐释。校本课程是以学校为本位，由学校自身来确定的相关课程。与国家课程及地方课程相较而言，校本课程更能满足学生的全面及个性化发展，也更能提升本土资源的利用率，通过组织本校教师开发、编订、实施以及评价的校本课程更加突出了学校的办学特色，同时对教师发展、学生全面成长等方面都有很好的促进作用。也就是说，校本课程是由学校教师结合国家的教育目标和本校内外环境基础的条件，针对特定的学生群体进行编制、实施和评价的课程。①

本研究认为的校本课程，是立足于本校，以国家及地方制定的课程纲要的基本精神为指导，结合本校的性质、特点、条件以及可以开发利用的资源，由学校成员自愿、自主、独立或与校外团体或个人合作开展的，旨在满足本校所

① 张美峰，孙启进，张万波. 植根式校本课程开发模式初探［J］. 教育探索，2006（7）：12-13.

有学生学习需求的一切形式的活动课程。[①]

4. 跨学科教育

“跨学科”一词源于英语词汇“Interdisciplinary”，它包含了“打破学科壁垒，把不同学科理论或方法有机地融为一体的研究或教育活动”[②]的意义。跨学科主题学习以主题为中心，引导学生在多个学科的视角和思维下认识世界与自我、解决问题。跨学科主题学习是强调以素养培育为指向，整合两种或两种以上学科的知识、观念、思维方式与方法去学习主题，考察与探究主题之下任务或问题的学习。跨学科主题学习设计关注跨学科学习的主题、目标、内容、实施与评价诸要素的设计，以推进学生通过跨领域的整合学习的方式实现素养的发展。

（四）理论依据

1. 政策理论依据

2019年6月，中共中央、国务院颁布的《关于深化教育教学改革全面提高义务教育质量的意见》指出，要增强美育熏陶，实施学校美育提升行动，结合地方文化设立艺术特色课程，引导学生了解世界优秀艺术，增强文化理解，办好中小学生艺术展演，推进中华优秀传统文化艺术传承学校建设。

《义务教育课程方案（2022年版）》指出，义务教育课程包括国家课程、地方课程和校本课程三类，校本课程作为国家课程和地方课程的拓展补充，要注重用好中华优秀传统文化，强化实践性、体验性、选择性，立足学校办学传统，发挥特色教育教学资源优势，以多种课程形态服务学生个性化学习需求。开发木偶系列课程既是为了继承和发扬中华优秀传统文化，培养深厚的民族情感，也是为增进新时代青少年学生对五华提线木偶艺术的了解和体验，促进学生身心健康发展，增强其文化自信。

《义务教育艺术课程标准（2022年版）》指出，培育和践行社会主义核心价值观，要着力加强社会主义先进文化、革命文化、中华优秀传统文化的教育，坚持以美育人、以文化人。让每个学生都成为活动的受益者，享有学习戏曲教育的机会。

① 徐玉珍. 校本课程开发：概念解读［J］. 课程·教材·教法，2001（4）：12-17.

② 胡知凡. 全球视野下的中小学美术教育［M］. 上海：上海教育出版社，2019.

2. 建构主义理论

建构主义理论认为：人的认识本质是主体的“构造”过程，所有的知识都是主体自己认识活动的结果，主体通过自己的经验来构造自己的理解。所以，学习不是由教师把知识简单地传递给学生，而是由学生自己建构知识的过程。学生不是简单被动地接收信息，而是主动地建构知识的意义，这种建构是无法由他人来代替的；学习不是被动地接收信息刺激，而是主动地建构意义，是根据自己的经验背景，借由其他人（包括教师和学习伙伴）的帮助，利用必要的学习资料，通过建构多样复杂的动作从而获得知识，木偶系列校本课程秉承这一理论，让幼儿亲自动手，切实体验木偶游戏，建构知识框架。维果茨基的儿童文化发展的一般发生法则（内化学说）中强调人要在与具备更高能力的人的实践和社会交往中才能习得高级心理机能，并实现内化。通过木偶戏教育，在教师与学生的互动交往中，对幼儿进行素质教育，使其具有一定的动手实践能力，体会木偶游戏的生动有趣，感受中华文化的博大精深。

建构主义学习理论同时还强调学习的情境性。情境性认知的建构主义学习观强调知识是不可能脱离活动情境而抽象存在的。因此，儿童的活动与课程应该与情境化的社会实践活动结合起来，在生活和实践中促进儿童的直接感知、动手操作和亲身体验。

本研究基于建构主义理论的教学模式，将创造性思维培养渗透各个教学环节，开展木偶系列校本课程，通过创设情境课堂，鼓励学生动手操作，切实提高学生审美情趣和综合素质，锻炼创新思维及创新能力。

3. 杜威“从做中学”思想

“从做中学”这一教育理论，是杜威实用主义哲学理论在教育方面的实践，意即从经验中学习，强调儿童的实践性，让儿童从自身出发的社会活动中学习，这是杜威教育思想的具体教育方法，他反对传统的“填鸭式”教学，强调“从经验中学习”和“从活动中学习”。从儿童的生理、心理发展特征出发，小学阶段的儿童在实践活动中所获取的认知体验会更深于教师单向的理论灌输，“从做中学”刚好满足了这一需求。在《儿童与课程》中，杜威指出了儿童经验具有交互性特征，指出艺术与生活实践紧密相连，是“自然界完善发展的最高峰”①。鉴于此，木偶系列校本课程应当遵循实践性原则，通过“从做中学”教学法发掘可行的契合点，运用“一个经验”思想指导教学实施，达到理论与实践相结合的目的。

二、研究设计

（一）研究目标

1. 总目标

通过积极实践，不断求索，争取形成一整套适合学生梯度发展培养的模式，丰富校本课程的内容，学生通过学习木偶系列课程，树立正确的审美观念、陶冶健康的审美情趣、培育深厚的民族情感，提升创造性思维和动手能力，促进学生全面发展，营造“非遗”传承发展的良好环境。同时，探索开发木偶系列课程的有效途径研究，逐步形成具有艺术特色的校本课程。

2. 年度目标

2019—2020年度：前期准备，资源搜集与整合，调研申报立项，制订实施方案，收集整理材料，开展“非遗进校园”展演活动，组织学生开展木偶观摩和体验活动，启动木偶课程。

2020—2021年度：深入开展课程教学研究，加强课程管理；举办主题展览、展演会；中期成果展示交流。

2021—2022年度：完善课程实施方案，撰写实验论文，编写校本教材，组织课程研讨交流，实验成果展示，撰写结题报告，申请结题。

（二）研究内容

1. 文献综述

国内学术界关于本课题的研究颇多，通过文献检索，近年来关于STEAM教育、木偶课程、跨学科教育等主题的学术研究成果都充分扩充了研究者对于课题研究的认知，从而深入了解了木偶系列课程各方面的研究趋势与综合现状。研究已有STEAM教育在国内落地的案例，借鉴已有的理论成果，以及木偶传习所编印的相关木偶历史、发展历程和相关知识书籍资料，以此发现问题、分析

① 约翰·杜威.经验与自然［M］.傅统先，译.南京：江苏教育出版社，2005.

问题，找出与本研究相关的设计创新点，研究STEAM与木偶结合的案例和可能性，为研究奠定坚实的基础。

2. STEAM+木偶系列课程的开发与设计

本课题研究将木偶课程与综合实践活动有机整合，在不加重学生课业负担，保证正常教育教学秩序的前提下，开设“木偶手工、木偶泥塑、木偶服装设计”等系列课程，知识与技能结合，学习与展示结合，课内与课外结合，校内与校外结合，根据学生年龄和身心特点，有序开展课程学习，引导学生积极参与课程选修与校内外展示。

3. STEAM+木偶系列课程的实施与落地

课题实施两年来，在上级教育科研部门的关心与指导下，课题组全体成员紧紧围绕课题方案中所确定的研究目标，按照研究计划、研究方法开展了一系列的理论学习和实践探索，以课题研究为抓手，扎实开展研究，带动了学生学习能力与教师教学水平的提高。

（三）研究方法

1. 文献研究法

查阅文献期刊资料，借鉴前人的研究成果。通过查阅文献资料、收集大量的图文资料并进行归纳梳理，包括专著藏书、期刊论文、新闻资讯等文献及影音资料，研究国内外最新的STEAM教育理论，特别是与木偶有关或相关联的操作性活动实践理论。借鉴已有的理论成果，支撑和构建本课题的理论框架和方法论，转变教学方式，加深学科联系，有针对性地制订研究方案和指导具体的实践研究。借鉴木偶传习所编印的相关木偶历史、发展历程和相关知识书籍资料，以此发现问题、分析问题，找出与本研究相关的设计创新点，充分分析并探寻出可行性策略途径，为研究奠定坚实的基础。

2. 调查研究法

通过调查研究，了解STEAM教育理念下小学校本课程开发的实践与运用现状，找出存在的问题，分析问题存在的主要因素，改进方法，做到有的放矢。以谈话、测试等形式了解学生的动手操作、实际解决问题的能力，发现问题，确定操作变量。调查、总结、推广教师在开展木偶操作探究活动中的新思路、新方法、形成新的教学模式，引导学生掌握操作的方法，共同解决问题，完成操作任务。

3. 行动研究法

通过行动与研究的结合，在教育教学实践中基于解决实际问题的需要，与专家合作，将问题发展成研究主题进行系统的研究，采用“行动—观察—反思—调整”的循环模式，透过木偶课程实践行动来不断解决研究过程中面临的问题。本研究的行动研究法循环模式见图5–1–1：

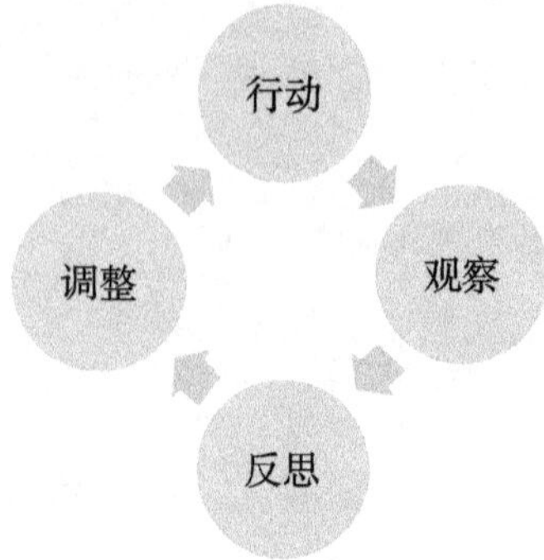

图5–1–1

三、研究过程与分析

该项目自2020年5月获批以后，从2020年5月开始，按照学校的要求，组织课题组成员进行本课题的研究。参加此课题的成员共有12人，课题组成员能够按照主持人的要求积极参与到调研中。下面是本课题的研究过程。

（一）准备阶段

2019年9月至2020年8月，为推进“非遗”进校园，植根文化自信，以传承中华文脉、弘扬优秀传统文化为主线，以传承“非遗”为重点进行前期调研，通过半结构化访谈等方式，分析校园周边资源，利用城区的地域优势，最终与五华县提线木偶传习所达成共识，加大国家级非物质文化遗产——五华提线木偶宣传力度，开展面向全校乃至全县师生普及非遗知识（五华提线木偶）系列课程的研究，邀请五华提线木偶传习所进校传授木偶知识。积极举办五华县“非遗（五华提线木偶）进校园”启动仪式，让更多的孩子了解五华传统民间艺术，让传统提线木偶焕发出新时代的活力，从而营造出文化底蕴浓厚的校园环境。

在确定课题研究的方向后，课题组积极收集有关木偶文化的资料，组织课题组人员进行木偶常识的学习和培训，2020年5月完成课题的申报工作。及时组织课题组成员对实施方案进行研究讨论，积极搜集资料论证课题的可行性，最终形成课题研究方案，形成开题报告，于2020年8月顺利开题。

（二）实施阶段

1. 实施过程

两年以来，课题组成员紧紧围绕课题方案中所确定的研究内容、研究目标、研究方法开展了一系列的理论学习和实践探索，在课题论证、研讨交流、课题实施、经验总结等方面做了大量的工作，也取得了一定的成绩。

（1）编印发放木偶文化宣传手册，着重介绍非物质文化遗产（五华提线木偶）的常识，宣传手册通过通俗易懂的表达方式讲述专业的知识，图文并茂、生动有趣、可读性强，以达到普及非遗知识的目标。木偶文化宣传手册（部分）见图5-1-2：

图5-1-2

（2）在明确了基于核心素养的校本课程教学方向后，通过前期调查研究，从社会文化、学生发展等多个维度考量，制订适合的课程方案。

首先，基于现实社会背景。中国传统文化历史悠久，许多优秀传统文化以其悠久的历史、伟大的创造而成为世界瑰宝。但在外来文化的冲击下，一些学生迷失了文化方向、失去了文化自信，成了传统文化缺失的那一部分人。习近平总书记多次强调，中华优秀传统文化是中华民族伟大复兴的坚强基石，是文化强国的历史支撑，是植根社会主义核心价值观的沃土。因此，在时代的呼唤下，开设传承创新中国传统文化——木偶校本课程，具有极高的意义和价值。

其次，基于学生的发展背景。新时代背景下，学校教育应培养出行为文明、知识广博、气质高雅、情感丰富的学生，进而促进学生全面而和谐地发展。五华提线木偶是首批国家级非物质文化遗产，木偶形象结构完整，制作精美。运用木偶艺术教育的独特功能，使学生树立正确的审美观，培养其感受美、鉴赏美、创造美的能力。

最后，基于调查研究背景。在小学阶段开设以美益智的木偶校本课程，培养学生的形象思维，促进身心健康发展，充分发挥以美辅德、以美益智、以美促劳、以美健体的重要作用。

结合社会、学校、学生的各种需求，围绕培养学生核心素养的目标，制定如下具体课程实施步骤：公布木偶校本课程开设科目、指导教师及课程说明等，学生自由、自主选择课程；统计学生选课情况，调整各校本课程科目学习人数；教导处确定校本课程的形式，开课设节；教师制订学期计划，遵循循序渐进的原则，由简到难，精心设置符合学生学情的教学内容；按校本课程课时计划表，有目的、有计划地实施校本课程；开展教学研究活动，研讨教材教学策略，提高教师对教材的驾驭能力；定期检查、记录、测试，反馈实验情况，对出现问题进行调查与诊断；教师按学期对教材内容、教材的使用及学生学习效果进行阶段性的总结评价。教师整理好讲义和全部实验材料；教师写出校本课程分析报告，进行反思性评价；教导处发放学生问卷，对教师进行评价。木偶特色校本课安排在每周三下午第二节课，同时学校相关教学活动场所根据课程安排提供教学实施保障，以保证各类课程的顺利实施。

课题组通过课程拓展整合的方式开设木偶课程，从2020年9月起已陆续开设的木偶系列课程有木偶文化、木偶绘画、木偶手工制作、木偶摄影、木偶泥塑、木偶服装设计、木偶表演。木偶系列课程图谱见图5–1–3：

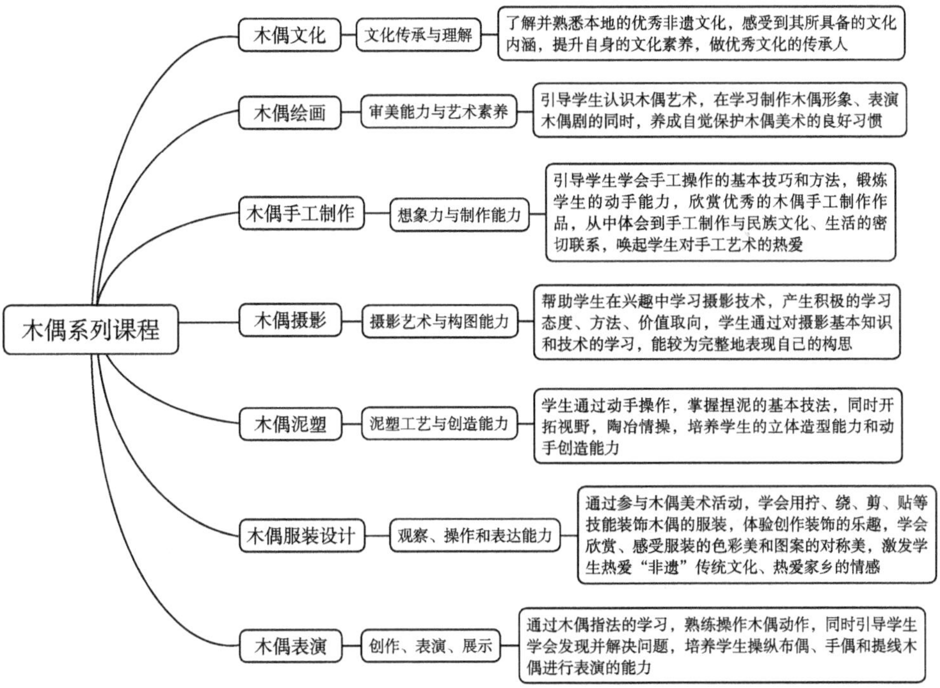

图5–1–3

（3）2020年8月至2021年7月，课题组成员积极进行木偶系列课程的实践，分项目进行教学，在积累一定经验的基础上撰写教学设计和教学心得，每月课题组成员进行成效研讨，并不断修正完善实施方案。邀请上级领导到校指导、观摩木偶特色课程的开展，参与城区学校“比学赶帮超”特色课程的阶段性成果展演活动。

2. 课程实施案例

在《木偶校本课程建设方案》对课程内容、课程教学实施、课程评价、课程资源的开发与利用做详细阐述的基础上，充分利用木偶校本教材进行实际的教学实践探索。现以《木偶服装设计》中的“连衣裙”的实践过程为例。

【教学内容分析】

服装设计课是从二维到三维转变的设计过程，重在培养孩子对美的感知，领会设计乐趣，与美学大师对话。服装设计师的想象力迅速冲破意识形态的禁锢，以千姿百态的形式释放出来。设计师的本质是富于创造性，最重要的工作是构思。服装设计既要有很强的审美观，又要有极强的想象力。课程内容采用设计和绘画相结合的教学方式，让学生掌握设计思路，学会手绘服装设计效果图。此次课程将帮助孩子们了解专业的服装设计的整个设计流程，帮助学生建立自信，打开设计思维，为将来的设计梦想打下基础。发现身边事物的美感、设计感，让每一个孩子在学习过程中得到创造性发展，是一种培养审美的高级课程。

【学情分析】

参与学习的学生分为低年级和中年级两个学段。低年级学生想象力较为丰富，学习兴趣浓厚但绘画能力的多样性有待加强；中年级学生具有一定的绘画基础，表现能力较强。

【教学目标】

（1）探索学习用点、线及简单图形装饰衣服。会选择鲜艳的色彩装饰衣服，并能注意袖口的左右对称，能够大胆创设花纹，喜爱画装饰画。

（2）在欣赏中发现连衣裙款式特征，感受连衣裙的魅力，尝试设计简单的连衣裙。

（3）能够表达服装设计的审美感受，理解美术的社会功能，体验学习的乐趣、分享设计成果。

【教学重点】

根据连衣裙的特点设计一款自己喜欢的作品。

【教学难点】

把色彩搭配方法巧妙地应用到连衣裙的设计中。

【教学方法】

图示法、总结分析法、情境教学法、练习法。

【学具准备】

木偶纸模特、铅笔、勾线笔、色彩笔、素描纸。

【教学准备】

连衣裙、PPT、针线盒、布素描纸、色彩笔。

【教学流程】

教学流程计划表见表5-1-1：

表5-1-1

流程顺序	主要内容	持续时间
流程一	欣赏连衣裙	5分钟
流程二	新授：怎样设计连衣裙	30分钟
流程三	课堂小结	4分钟
流程四	课堂延伸	1分钟

【教学过程】

流程一：导入新课（5分钟）

欣赏感受连衣裙的美。

提问：说一说你最喜欢的连衣裙样式。小组讨论后派组员回答。

（款式美、纹样美、色彩美）

【设计意图】初步让学生感受连衣裙的美，并用语言形容它的款式美、纹样美、色彩美，旨在提高学生的鉴赏能力和口头表达能力。

流程二：新授：怎样设计连衣裙（30分钟）

（1）什么是连衣裙？

连衣裙，是指上衣和裙子连成一体的连裙装。连衣裙在各种款式造型中被誉为“时尚皇后”，是变幻莫测、种类最多、最受青睐的款式。

【设计意图】规范了解连衣裙的概念，使学生初步了解连衣裙。

（2）选择6件花裙子，重点引导学生从色彩及装饰图案上来欣赏，感知裙子的美。

提问：

① 你想在裙子上装饰哪些图案？（小组讨论后派组员回答）

② 在裙子的前面、裙边以及袖子上装饰怎样的花纹？

教师进行简单的示范，启发学生用点、线、圈及简单的图形装饰。

③ 领边、袖边、裙边以及裙子的前面，注意左右对称，知道在图案的色彩上要对称的要领。

④ 色彩：教师讲授色彩的相关知识，通过图片展示服装色彩搭配形式。

邻近色、对比色、中性色、黑白灰。

【设计意图】初步了解连衣裙的相关知识，为接下来的设计打好铺垫。重视激发学生的创新精神和培养学生的实践能力，积极为学生创设有利于激发创新精神的学习环境，通过思考、讨论、对话等活动，引导学生在美术创作活动中，创造性地运用美术语言；鼓励学生在欣赏活动中，开展探究性的学习，发表自己独特的见解。

（3）播放示范视频。

① 交代装饰要求。教师提醒学生用线条和颜色对称的手法装饰衣服。

② 鼓励幼儿用鲜艳的色彩进行装饰，注意色彩的对称和搭配。

③ 动手实践：小组合作，设计一套喜欢的旗袍。教师巡回指导。

【设计意图】从教师录制的视频中能够直接感受连衣裙设计的过程，又能够节省课堂时间，给学生留下更多的时间创作。

学生总结步骤：一是确定造型款式，二是线条勾画轮廓及图案，三是色块添加、黑色水笔勾线。

【设计意图】检查学生的专注度，口头表达能力。

（4）出示设计要求，学生完成设计单，教师巡回辅导。

流程三：课堂小结（4分钟）

连衣裙是把上衣与下裙相连而成的一种服装，我国古代称为“深衣”。连衣裙是大多数女性春夏季理想的服装，裙长曳地的连衣裙曾是20世纪以前中外妇女的主要裙饰，体现妇女的行不露脚、笑不露齿的古典女德。20世纪初，随着妇女日益走出家门，裙长亦逐渐变短，产生了现代连衣裙的形象，而曳地的连衣裙被作为婚礼服、晚礼服。

（1）小组展示设计，说明设计思路。

（2）相互评价连衣裙的设计成果。

（3）教师点评设计闪光点。

流程四：课后延伸（1分钟）

连衣裙的衣料适用非常宽广，从轻薄的丝绸到厚重的呢绒都适用。多数是以轻薄型衣料为主，这是因为连衣裙为女性春夏季常见服装，轻、薄、柔软的织物是春夏季连衣裙普遍采用的面料。

连衣裙首选材料是华丽的丝织物，其次是朴素的棉织物、麻织物、化纤织物、各种混纺织物和蕾丝面料等。

【设计意图】继续注重对学生审美能力的培养。多给学生感悟艺术作品的机会，引导学生展开想象，进行比较。引导学生体验、思考、鉴别、判断，努力提高他们的审美情趣。

【教学反思】学生能够积极主动参与课堂，利用课堂中所掌握的连衣裙基本特征，进行巧妙设计，在设计过程中，能够运用美术元素进行巧妙装饰，设计出来的衣服款式多样，纹样各不相同，在色彩的搭配上能够运用对比色、渐变色等色彩搭配，但由于课堂时间有限，在细节方面不够深入。

3. 课程评价

（1）评价原则

对校本课程的评价，学校遵循重过程、重应用、重亲身体验、重全员参与原则。

一要体现评价的过程性。将评价贯穿于木偶校本课程开发与实施的全过程，重点评价教师参与课程开发与实施的积极性，评价学生的参与和体会。

二要注意评价内容的丰富性。根据学生在木偶校本课程中参与程度、学习态度、实践体验、方法和技能的掌握进行全面评价。

三要注重评价的激励性。结合学生的活动过程及研究结果进行评价，鼓励学生发挥特长、施展才能，创设有利于学生可持续发展的学习组织与学习环境。

四要强调评价手段的多样性。评价采取教师评价与学生自评、生生互评相结合，书面材料评价与学生口头评价、活动展示评价相结合，定性评价与定量评价相结合等方法。

（2）评价内容和方式

学生的评价：木偶校本课程可采用实践操作的考查方式，同时要做考勤评价记录。教师根据每个学生参加学习的态度运用“星级”进行评价，可分为“五星”“四星”“三星”“二星”“一星”等级，学生参与态度星级评价标准见表5–1–2：

表5–1–2

<table>
<tr><td rowspan="2">课程目标</td><td rowspan="2">考核内容</td><td colspan="5">评分标准</td></tr>
<tr><td>五星</td><td>四星</td><td>三星</td><td>二星</td><td>一星</td></tr>
<tr><td rowspan="2">学生对课程的参与状态和学习兴趣</td><td rowspan="2">在木偶校本课程中课堂参与的情绪状态、思维活跃度、动手操作的积极性；课后对木偶文化的积极宣传与实践</td><td>课堂情绪态度积极，思维活跃、乐于动手操作</td><td>课堂情绪态度积极，思维活跃、主动动手操作</td><td>课堂情绪态度积极，思维比较活跃、主动参与动手操作</td><td>课堂情绪态度积极，思维比较活跃、参与动手操作</td><td>课堂情绪态度比较积极，思维比较活跃、参与动手操作</td></tr>
<tr><td>课后积极主动参与对木偶文化的宣传与实践</td><td>课后主动参与对木偶文化的宣传与实践</td><td>课后参与对木偶文化的宣传与实践</td><td>课后参与对木偶文化的宣传</td><td>课后可以参与对木偶文化的宣传</td></tr>
</table>

学生成果通过实践创作、作品鉴定、竞赛、评比、汇报演出等形式展示，同时设置不同层次的展示，如小组展示、班级展示、校级展示等。根据对学生参与和实践成果的评价，教师会有针对性地支持学生的课程参与和学习。五华县第一小学木偶校本课程学生发展评价表见表5–1–3：

表5–1–3

<table>
<tr><td>科目：木偶服装设计</td><td colspan="3">人数：20</td></tr>
<tr><td rowspan="2">学生发展目标</td><td colspan="3">学生达成情况（人）</td></tr>
<tr><td>完全达到</td><td>基本达到</td><td>未达到</td></tr>
<tr><td>（1）欣赏不同表演形式的木偶戏，了解有关五华木偶戏的文化历史和种类</td><td>17</td><td>2</td><td>1</td></tr>
<tr><td>（2）从木偶服饰出发，引导学生从色彩、图案、样式等方面欣赏木偶服饰，感受民族服饰的美</td><td>16</td><td>3</td><td>1</td></tr>
<tr><td>（3）从观察中发现，采用引导法、观察法、实践法让学生动手制作，以掌握制作的技巧与方法</td><td>18</td><td>1</td><td>1</td></tr>
<tr><td>（4）培养学生对折纸活动的兴趣和动手操作能力，开发学生智力。教学生学习折衣服的方法，学会看过程图</td><td>19</td><td>1</td><td>0</td></tr>
<tr><td>合计（人次）</td><td>70</td><td>7</td><td>3</td></tr>
<tr><td>百分比</td><td>87.5%</td><td>8.75%</td><td>3.75%</td></tr>
</table>

续 表

发展简析	本主题87. 5%以上的木偶服装设计班学生基本能够达成预设的主题目标。本主题主要将“木偶”作为校本课程进行开发，加大“非遗”文化的宣传力度，使校园成为品德教育、木偶艺术教育的大课堂。培养学生对民间艺术的欣赏能力。在观察材料、欣赏造型和色彩、动手制作等学习过程中让学生动手感受知识源于生活，动手创作乐趣无限。培养学生对美的感受力和创造美的能力。引导学生学会欣赏的方法，体会民间艺术的美感，增强传统文化意识和时代创新能力

教师评价：学校原则上要求课题组成员都参与校本课程的实施工作，因此，教师校本课程参与工作作为教师的业务考核的重要内容之一，在每学期期末，学校教导处负责考核。对任课教师工作考核的标准是：教师从教必须有计划、有进度、有教案、有评价记录。教师应按学校整体教学计划的要求，达到规定课时与教学目标。教师应及时反思，在每个学期教学结束之后，都要对该学期的内容进行摸查反馈。当一学期结束时，可以调研、谈话等形式调查学生对该课程的总体反馈，从中找出课程存在的问题或不足之处，并在下一学期进行调整。教导处通过听评课、查阅教学反思、访问学生等形式对任课教师进行考核，记入业务档案。木偶系列课程开发路径见图5-1-4：

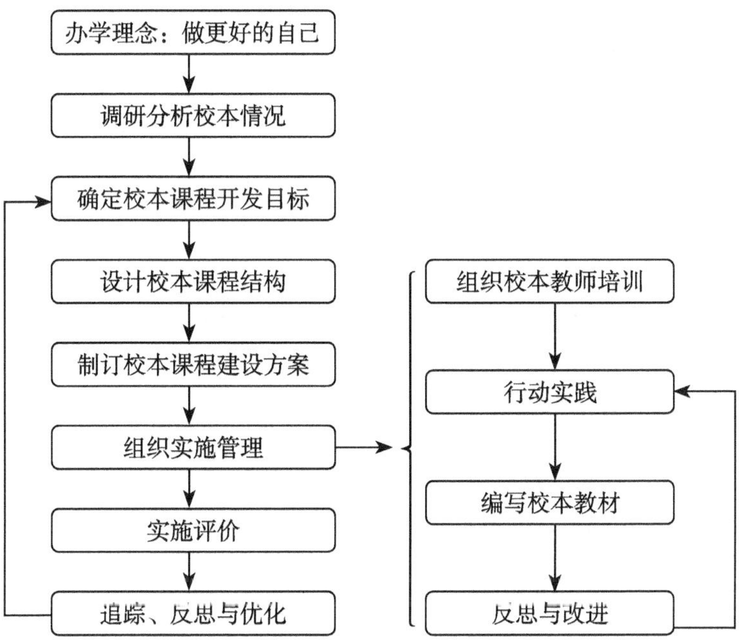

图5-1-4

4. 课程管理

（1）组织机构

成立学校校本课程领导小组，负责校本课程的总体策划，宏观调控。

成立学校校本课程开发小组，负责组织落实、协调、检查校本课程进行中的事务性工作。

（2）日常管理机构

教导处：制订校本课程实施方案、课时计划，加强校本课程师资管理，指导各年级组、备课组制订实施计划。落实各班指导学生了解各门学科，并做好学生选课，以便于对全校校本课程进行规划。根据计划安排校本课程的课时和教学（活动）场所。加强对每位教师开设课程的指导与测评，对活动过程进行监控。每学期召开一次校本课程研讨会，展示优秀教师的成功经验、学生的学习成果，解决存在的问题，及时总结校本课程的实施经验。

年级组、班主任和上课教师：对学生的活动进行日常管理，协助教导处做好课程的实施、评价认定工作。对学生进行活动的安全教育、纪律教育、法制教育等。

（三）总结阶段

2021年8月至2022年4月，课题组成员继续进行课堂实践与成效研讨，并将课题研究的教学设计，汇编木偶校本教材，并将开展校内展示走向集团汇报—区域交流—全县展演活动，营造格调高雅、富有美感、充满朝气的浓厚文化氛围，在广大学生中掀起看非遗、爱非遗的热潮，在全社会营造关心支持非遗进校园的良好氛围和舆论环境。

2022年4月至8月，课题资料收集、整理、汇编，课题研究手册的整理，完成课题研究总报告，接受上级课题主管部门的评估鉴定，做好总结应用工作。

四、研究结论及结果

（一）构建了木偶戏STEAM校本课程建设方案

通过文献分析发现，教师木偶戏STEAM校本课程的相关研究较少，且相关研究聚焦外显性要素，对于两者之间具体结合方案的关注和研究还有待提高。研究基于STEAM教学理念，制订木偶戏校本课程项目化方案，将素质教育渗透各个教学环节，通过木偶系列课程的实践与研究，通过创设情境课堂，鼓励学生动手操作，切实提高学生审美情趣和综合素质。尤其是通过校本教材的学习，开展相应的研究性学习和实践活动，不仅使学生对家乡的优秀传统文化有了一个较为全面的了解，而且极大地丰富了学生的文化知识，使学生对家乡悠久历史和灿烂文化有了更深的了解，又进一步激发学生热爱家乡、建设家乡的思想觉悟，从而在提高学生的文化修养和道德品质等方面取得了良好的成效。

（二）开发了木偶系列校本教材

根据《五华县第一小学木偶特色课程建设方案》，课题组深入挖掘五华提线木偶资源，结合学校实际，围绕“行动—观察—反思—调整”的思路，目前已开发出《木偶文化》《木偶表演》《木偶绘画》《木偶服装设计》和《木偶手工制作》五种校本教材。校本教材的课时设计根据木偶戏的逻辑系统和学生的认知规律，遵循由易到难、由浅到深、由单一到综合的原则，使学生系统渐进地掌握基本知识和基本技能。

（三）学生个性得到发展

校本课程开发2年来，在木偶系列课程内每位学生都根据自己的兴趣选择了一个课程进行学习。在课堂内学生都能用自己的特长、喜欢的方式展示学习成果，学生的特长得到发展；学习的方式更具个性化；学生的创新意识、运用知识解决问题的能力、动手操作的能力得到加强。特别是在“文化艺术节”和“体育科技节”中，学生用手工、摄影、绘画、表演等形式向全校师生和家长展现了我们学习木偶的成果，扩大了木偶课程的社会效应，形成了一种流动的具有学校特色的校园文化。从2020年到2023年，学生参加各级、各类比赛获奖200余人次。

（四）培养跨学科教育理念的师资力量

教师作为课程的开发者介入课程开发及学习过程，课程观念发生了根本的转变，对课程的本质、课程的价值、课程的要素与结构、课程中人的地位等基本问题有了全新的认识，了解并深化跨学科教育理念，提高了跨学科教育实践能力。同时，也为教师提供了反省教育理念的机会。一方面，木偶系列课程的开发实践是教师以研究者的态度和行为方式去开发课程，提高了课程实践的合理性和正当性。另一方面，木偶系列课程的开发实践是教师进行行动研究的过程，也是教师参与校本培训的过程。教师从以往的教材与教参的实践者成为教材的亲自编写者。教师的科研意识、科研理论水平、科研方法等得到普遍提高。

（五）彰显STEAM木偶课程特色

木偶系列校本课程开发与实施的两年多来，学校先后获得“广东省艺术教育（提线木偶）特色学校”“广东省第三批中华优秀传统文化传承学校（木偶戏）”等荣誉称号，同时随着研究工作的不断深入，校长、管理干部及教师逐渐意识到以提升学生核心素养为目的的木偶系列校本课程教育，就是学校特色发展的方向。这一学校特色开始形成，并初步得到有关领导与专家的认可与赞誉。

五、成果列表

课题组承担的木偶系列课程已经得到上级、社会和家长的认可，课程的开发基于学生的生活，注重实践体验，准确把握木偶课程中的预设与生成，使学生的特长得到了培养、能力得到了提高。成果明细见表5–1–4：

表5–1–4

成果名称	作者姓名	成果形式	字数	完成年月	出版单位或发表刊物名称、刊号	获奖或转载引用情况
《融入地方非遗文化的校本课程建设》	李钧	论文	4036	2023年3月	《下一代》CN21–1317/C 2023年第2期	—
《木偶剧编演对提升小学生语文核心素养的实践探究》	钟杏花	论文	2469	2022年12月	《师道》（教研）CN44–1299/G4 2023年第8期	—
《小组合作学习在小学美术服装设计课程中的应用研究——以五华提线木偶为例》	李春凤	论文	3035	2023年1月	《师道》（教研）CN44–1299/G4 2023年第7期	—
《小学音乐课推进“音乐木偶剧”的研究与发展》	胡淑芳	论文	3849	2022年9月	《科学与生活》CN65–1086/Z 2023年6期	—

续 表

成果名称	作者姓名	成果形式	字数	完成年月	出版单位或发表刊物名称、刊号	获奖或转载引用情况
《运用木偶美术课程培养学生的学科素养》	曾　慧	论文	2917	2023年2月	《教育学》CN11-4297/G4 2023年6月	—
《五华县第一小学木偶特色课程建设方案》	课题组	课程方案	6679	2020年8月	五华县第一小学	—
木偶剧《盛世欢歌》	曾辉凤、胡淑芳、丁庆超	木偶表演	—	—	五华县教育局	二等奖
广东省艺术教育（提线木偶）特色学校	五华县第一小学	荣誉	—	2020年12月	广东省教育厅	—
木偶剧《盛世欢歌》	胡淑芳、李　娟	木偶表演	—	2021年12月	梅州市教育局	二等奖
木偶剧《盛世欢歌》	胡淑芳、崔建萍、蔡玉东	木偶表演	—	2021年12月	广东省教育厅	三等奖
广东省第三批中华优秀传统文化传承学校（木偶戏）	五华县第一小学	荣誉	—	2022年1月	广东省教育厅	—
《浅谈小学摄影教学的作用——以木偶摄影为例》	谢献区	论文	2929	2022年3月	在课题组上宣读	—
《木偶表演》	李　钧主编	校本教材	—	2021年12月	五华县第一小学	—
《木偶绘画》	李　钧主编	校本教材	—	2021年12月	五华县第一小学	—
《木偶手工制作》	李　钧主编	校本教材	—	2021年12月	五华县第一小学	—
《木偶服装设计》	李　钧主编	校本教材	—	2021年12月	五华县第一小学	—
《木偶文化》	李　钧主编	校本教材	—	2021年12月	五华县第一小学	—

续 表

成果名称	作者姓名	成果形式	字数	完成年月	出版单位或发表刊物名称、刊号	获奖或转载引用情况
《完璧归赵》	蔡玉东	课例	—	2022年12月	五华县第一小学	—
《连衣裙》	李春凤	课例		2022年10月	五华县教育局	二等奖
美育课程融合"非遗"项目案例研究——以五华县第一小学"木偶系列特色课程"为例	李钧、崔建萍	案例	2996	2023年5月	五华县教育局	—
特色课程探索与实践	黄炎权	案例	—	2022年8月	广东旅游出版社ISBN978-7-5570-2848-0	—

六、反思与后续研究方向

木偶系列课程的建设在我们学校日渐完善，但依然存在许多问题，既存在于课题研究中，也存在于课程推广中，这些问题的存在和出现，也时刻提醒我们，以美育人的前路漫漫，我们要做的事还很多。这些问题主要体现在以下几个方面。

（一）理论素养不够丰富

目前学校木偶系列课程的任课教师全是兼职教师，虽然前期进行了STEAM教育理论的文献研究，但大部分任课教师STEAM教育理论与实践素养不够丰富，束缚了木偶系列课程的深入开展。课题组成员在每次研讨会议之前，都会组织阅读一些与课题研究有关的书籍文献，丰富自身的理论素养，但随着课题研究的不断深入，会越来越感觉到理论知识的缺乏，这就要求老师们需要在平时不断学习先进的教育理论。

（二）学校教师的课程开发经验不足

校本课程开发要求教师从"教育方法"时代进入"教育内容"时代，也就是说教师不仅是一个课程的使用者，同时还是一个课程的开发者，校本课程开发要求教师以一个研究者的身份进入课堂教学实践。而"教师成为研究者"这一观念在任课教师群体中得到很好的内化。目前，绝大多数任课教师对木偶课程的认识还较为浅显，虽然五华木偶传习所进行了多次指导和培训，但依然没法完全渗透。

（三）校本教材的科学性、严谨性还有待完善

在校本教材的开发与建设中缺乏专家的引领，校本教材的汇编难免存在不够科学、不够严谨的地方，如果要提升到全县推广的校本教材层次，专业性有待进一步加强，如何结合木偶课程特点采用有效而有趣的教育教学策略都需要寻求专家进一步指导。

作为自研的校本课程，我们能够料想出现的问题，也会正视这些问题，努力解决问题。在后续研究中，我们将会招募新成员的加入，培养师资力量，在教师培训中严格要求，提高教师整体素养和教育能力。同时，积极和学校各部门沟通，为本研究提供相应的空间和时间，也为孩子们提供感受传统文化魅力的学习平台。

在这几年的课题研究中，我们享受过成功的喜悦，也饱受失败的打击。在探究过程中，我们一步步走进木偶课程，感受着五华木偶戏剧的独特魅力，我们相信它的影响力，将会伴随每个孩子一生的成长。

（广东省教育科研重点项目）

第二节　德育科研课题案例：新形势下家庭教育指导创新研究

一、研究意义（研究背景、应用价值、学术价值）

（一）研究背景

人们常说：家庭是孩子的第一所学校，父母是孩子的第一任老师，而家庭教育就是学校教育和社会教育的基础与纽带。家庭教育占主要位置的父母，对孩子的影响是巨大的，这种影响也是潜移默化的，更是终身的。现今面对应试教育向素质教育转轨的关键时刻，家长如何摆脱应试教育的束缚，如何改进教育方法，如何培养子女自身的学习能力、创造能力和自我发展能力等问题，都是家长颇为头疼的难题，而学校有必要也有义务指导家长搞好家庭教育。

（二）研究目的

新形势，就是国家为顺应时代的变化，日新月异，不断发展变化，这就意味着国家综合实力在不断增强。而国家综合实力越来越体现在国民素质的高低和创新人才的数量、质量以及国家的创新能力；学生的素质，特别是思想政治素质，直接关系到国家和民族的前途与命运。我们还应该看到学生的素质，包括学生的思想政治素质受到家庭教育的影响，家庭教育的质量受到家长素质的影响。民族的竞争、综合国力的竞争、人才的竞争，说到底最根本的是父母素质的竞争。家庭教育是关乎国家前途和命运的关键点，而家庭教育指导的直接目的是提高家长的素质。

（三）家庭教育的界定

（1）“一级层面”——父母。我国的《中华人民共和国宪法》《中华人民共和国婚姻法》明确规定："父母对子女有抚养教育的义务。"由于亲子关系的特殊性，家庭教育研究首先应该把父母定格在"一级层面"上。

（2）"二级层面"——祖辈。家庭是青少年第一所学校，而又是重要的学校。祖辈"越组代疱"和参与现象的出现，也应列为家庭教育研究的"二级层面"。

（3）"其他层面"——家庭其他人员。家庭构成的其他人员，虽然有其特殊性，但或多或少地影响教育的效果，也应列为家庭教育研究的"其他层面"。

（四）选题意义及研究价值

家庭是社会结构中的一个基本单位。社会环境的一切影响，如社会的风俗习惯、行为规范、文化素养、价值观念、艺术欣赏、职业要求、大众传播等都是通过家庭而发生作用的。家庭的物质生活特征和精神生活风貌，不仅影响儿童的幼年与童年心理的发展，也影响其成年后的心理发展。教育是人类社会永恒的主题，随着社会的发展，家庭教育引起人们的高度关注。教育是一个系统工程，学校、家庭、社会缺一不可，只有三者形成合力，才能保证教育的成功。本课题通过研究探索，以推进"创新型家庭教育"的创建，提高家庭教育水平，积极构建家庭、学校、社会一体化的教育体系，总体提升家庭教育的质量，为学生健康成长奠定基础，为国家输送人才做准备。

二、本项目的研究现状及创新之处

（一）国内外研究现状述评及文献综述

从国际角度看，发达国家十分重视家庭教育。美国、瑞士、德国、日本等发达国家，在高度重视全民教育的同时，十分重视家庭教育的研究。美国著名心理学家斯金纳在他第二个孩子出生前夕，就设计了帮助父母养育孩子的"空中摇篮"。瑞士著名心理学家皮亚杰创立的"认知发展学说"，就是以儿童出生以后的家庭教育为起点而深入研究的。从国内角度看，我国的家庭教育源远流长。中国南北朝后期的文学家颜之推就撰有名著《颜氏家训》。我国的"幼教之父"陈鹤琴写过专著《家庭教育》。近年来家庭教育的研究如火如荼。从中国教育的现状角度看，随着我国独生子女的大量出现，家庭教育步入"误区"的新现象已经显现。家庭教育出现了一些"溺爱型""粗暴型""放纵型”等不良类型；重哺育、轻教育的现象屡见不鲜。家庭教育的失误呼唤新的科学的家庭教育研究。中国的教育“综合失衡”。我国的学校教育条件迅速改善，但青少年的心理问题也急剧增多，学校教育与家庭教育极不平衡。青少年出现的孤僻、自私、攻击、骄横、厌学等现象，根源在家庭教育，“板子”往往打在学校教育上。中国教育“综合失衡”的科学解决，亟待从家庭教育溯源，从搞好家庭教育入手。

（二）本课题主要特色及创新之处

本课题在科学的发展观、大教育观和以人为本的思想指导下，既对学生家长个体研究，也对他们家庭生活的物质、文化、教育环境研究，还对家庭教育现状研究，更注重教育的整体性和全社会性研究。家庭教育要顺应社会的发展，必然要有方向性的指导，所以本课题研究的目标不只局限于眼前问题的解决，更讲求从长效机制建立完善，来保障新形势下开展对家庭教育指导工作。这样的研究有针对性、有全局观、有前瞻性。

三、研究的目标、内容（重难点）

（一）研究目标

（1）逐步培养师生终身学习的意识和能力，建立新型的师生关系，广泛宣传、普及家庭教育和科学育儿知识，提高学生家长家庭教育知识和科学育儿知识的知晓率。

（2）通过研究和实践，提高研究教师的专业素养，重视和加强农村留守、流动儿童的家庭教育，引导和帮助留守、流动儿童家长增强家庭教育的责任意识，提高家庭教育的能力和水平。

（3）加强家庭教育调查研究，针对当前家庭教育中的新情况、新问题，开展专题调研，形成一批有分量的调研报告，有针对性地提出对策、建议。

（4）加强家庭教育工作队伍建设，开展家庭教育指导者能力培训。提高学校德育的效能、品位与魅力，使德育焕发出生命的活力，并实现教师专业水平的成长和发展。

（5）建立健全家庭教育工作长效机制，提高家庭教育质量，构建家校结合的网络教学模式，促进学生身心的全面发展。体现和提高学校德育的针对性和实效性，开创德育工作新局面，提升学校的办学水平，形成办学特色。

（二）研究内容

以研究学校家庭教育现状及对策指导为内容，逐步培养师生终身学习的意识和能力。通过研究和实践，提高研究教师的专业素养，加强家庭教育工作队伍建设，提高家庭教育的能力和水平。建立健全家庭教育工作长效机制，提高家庭教育质量，构建家校结合的网络教学模式，促进学生身心的全面发展。

（三）研究内容重难点分析

1. 课题研究的重点

指导家庭教育模式，提高家庭教育质量，使家长具备教育子女的能力和专业水平；教师能以家长的情感和家庭教育的长处，应用于学校教育教学中，以家长协调学校教育为目标，使家长认同学校教育方式，建立良好的家校沟通机制。

2. 课题研究的难点

使家长具备正确的育人观，明确当前家庭教育模式，如：以学校为主导，以公益组织、社区为辅的模式；针对当前家庭教育指导模式的思考，及“参与—互动—成长”家庭教育指导模式的探索，获得有利于子女发展的教育方式，家长要亲身、长时间地参与，积极与孩子、其他家长进行互动、交流，同时具备相应的专业知识，能够辅导子女。探索“参与—互动—成长”家庭教育指导模式后，针对指导目的的反思，培养孩子在家庭教育中遵守规则意识，引导、指引孩子学会解决问题，鼓励孩子多参加社会实践，锻炼合作能力。新形势下家庭教育指导模式的探索与实践，转变家长在家庭教育中的思想，家长与孩子间形成朋友式的沟通形式，形成家校合作模式，促进教师、家长、孩子的共同成长。

（四）研究方法

1. 文献研究法

借鉴图书资料，查阅文献期刊资料，借鉴前人的研究成果，以免走弯路。

（1）研究国内外新的教育理论和教改发展动态，特别是与家庭教育指导有关的理论。

（2）借鉴已有的理论成果，支撑和构建本课题的理论框架和方法论，转变教育思想，调整教学思路。找到新的生长点和支撑性理论，有针对性地制订研究方案和指导具体的实践研究。

2. 调查研究法

通过调查研究，以访谈、问卷、测试等形式调查家长对子女的教育状况、现有思想，发现问题，找出存在的问题的关键，分析问题存在的主要因素，确定操作变量，改进方法，做到有的放矢。

3. 实验观察法

通过对调查对象以及家长的行动和家庭教育实施措施的观察，了解调查对象的情况，如组建家委会、组织家长会、组织亲子活动等。

4. 个案法

集中、深入探讨被调查个体的个案特征以及问题的症结所在，从而对症下药。通过行动与研究的结合，采用“行动—观察—反思—调整”的循环模式。

5. 经验总结法

鼓励教师结合自身教学实践，不断总结得失经验，在实验发展的契机中推动自身素质的发展。通过操作变量，观察变化，前后测定对比，分析因果关系，使认识由感性上升到理性，再用理性结论指导教学实践。

四、课题实验领导小组及研究人员分工

1. 领导小组

（具体名单略）

2. 课题分工

李钧：全面负责课题的整体规划、督导、研究以及全面调控工作，负责课题理论培训工作，组织进行课题经验交流和课题大型活动。

李秋婷：负责课题全程会议记录，撰写课题的开题报告，编写课题的实验方案，负责中期评估报告撰写相关论文。

邹玉华：负责课题整体管理工作，制定课题研究工作管理制度、学习制度等各项制度，负责撰写课题阶段性总结与结题报告，同时负责结题报告。

李燕：教育教学经验丰富，在课题研究中主要负责整合资料，撰写中期报告，并撰写相关论文。

宋辉玲：本科学士学位，熟悉电脑操作，负责资料收录，同时也承担收集资料、实践研究，并撰写论文的工作。

朱丽芬：小学一级教师，担任班主任工作多年，语言表达能力突出，在课

题研究工作中，主要负责论文撰写、审核及修改。

曾剑锋：学校德育副校长，小学数学高级职称，在课题研究中主要负责协调课题开展、课题调研。

五、实验步骤

（一）本课题研究过程为2年，分为三个研究阶段

第一阶段：准备阶段（2020年9月至2021年8月）

确立实验课题方向，成立课题组，敲定课题名称，确定研究方案。开展前期准备工作：对家长和学生进行问卷调查，并深刻分析，撰写调查报告，整理成册。申请立项，根据研究课题的内容，开展实践研究活动。

第二阶段：实施阶段（2021年9月至2022年8月）

完成中期研究工作报告，初步普及科学家庭教育指导方法，做好研究记录及材料积累，及时总结和推广典型经验，建立研究档案，及时进行工作小结，找出优点和不足，修改完善研究方案，对部分研究成果形成论文材料。

第三阶段：总结阶段（2022年9月至2022年12月）

总结课题经验，撰写论文及课题研究报告，汇编研究各种资料，申请结题。

（二）课题的预期成果

（1）科学家庭教育指导培养一批优秀父母和优秀学习型家庭；

（2）相关论文数篇（《新形势下城乡家庭教育的现状分析与对策》《家庭教育失误导致学生考试焦虑的分析与对策》《留守、流动人口家庭教育问题的影响因素分析》《浅谈新形势下的家庭教育》《家庭教育现状及意义分析》等）；

（3）构建家庭教育指导的长效机制；

（4）课题研究阶段性报告1份、结题报告1份。

六、本课题负责人及课题组主要成员前期相关研究成果

为适应教育现代化工程，全面实施素质教育的需要，课题主持人积极承担课题研究，主研省级课题《小组合作学习理论与实践研究》《互联网+阅读教学创新研究》已结题。近年来致力于搭建家校共育平台，促进了学校内涵发

展。论文《山区学校校本课程开发的探索与实践》在《广东基础教育研究》上发表，《沐浴朝阳幸福成长——山区学校家长委员会建设小议》在《师道》发表；先后被评为梅州市“十佳校长”“嘉应名校长”“优秀少先队工作好校长”“南粤优秀教师”“梅州市名校长工作室主持人”，学校素质教育得到上级和社会的好评。先后为五华县兴华中学、第三小学、安流小学、华强学校做家长委员会建设专题讲座，2019年3月在五华县“家长委员会”建设工作现场会上，做“家校携手，幸福成长”的专题报告。为接下来全面展开研究工作打下了坚实的基础。

其他主要成员都是从事一线班级管理、教育教学工作。所有研究人员对研究工作尽心尽职，有足够的精力和时间，都能以全身心、全方位的状态投入课题研究中，为完成本课题的研究提供了人力保障。

［梅州市教育科学“十三五”规划2020年度研究项目（德育专项）课题］

第三节　名校长工作室案例：梅州市李钧名校长工作室2021年度工作总结

时光荏苒，岁月悠悠。转眼之间，2021年已过去，崭新的2022年已向我们走来。回首过去的一年，工作室在主持人李钧校长的引领指导下，在全体学员的共同努力下，按照梅州市教育局的统一部署，紧密结合各学员的学校管理工作，工作室脚踏实地、锐意进取，行稳致远，进而有为。

在这一年里，工作室继续坚持“突破自我铸就卓越”的理念，紧紧围绕“建立学习成长共同体，充分发挥名校长引领作用和工作室成员间协作互助，积极探索现代办学模式”的工作室目标，充分发挥工作室学员间的团结合作精神，提升校长的办学能力，促进学校的可持续发展，努力提升全体工作室学员所在学校的管理效益和育人质量。现将工作室一年来的工作小结如下。

一、“学”的基础在巩固

工作室要求每位成员每年年初制订个人读书计划。工作室为大家精选了一批教育教学理论书籍，引导学员有计划、有选择、有实效地阅读，自觉养成读书学习的习惯，夯实理论基础。每年年终对每个人的读书计划落实情况进行检查验收。通过理论学习以及自我反思，逐步更新了学员的教育教学理念，研究意识不断增强。过去的一年，我们工作室共同学习了《学记》和刘建强教授《学校个性化发展的理论、方略及实施案例》一书。工作室主持人李钧校长还精心制作PPT与学员分享交流了自己学习《学记》的体会，并结合自身成长经历，对学员如何理解《学记》的教育内涵做了引导。

二、“稳”的格局在持续

在这一年的时间里，工作室在主持人的组织下持续稳定地开展了丰富多彩的教育教学研修活动。

（1）2021年5月6日至8日，工作室与梅州市杨志东名教师工作室、刘静娴名教师工作室在五华县第一小学及河东镇大嵩小学联合开展研修活动，3个工作室的学员分组进行课堂展示。同时3个工作室主持人还就工作室建设思路做了经验介绍，并搭建平台让学员就各自学习的办学特色上台发言，让学员学有所成。

（2）2021年7月5日，工作室与五华县甘燕名教师工作室联合研修活动，组织工作室部分省、市、县立项课题中期交流汇报会。通过汇报展示交流，各课题主持人对于下一步课题研究的方向更加明确，思路更为清晰。在名校长、名教师的引领和指导下，在省市县课题实践教师的推动下，工作室的教育科研一定能取得丰硕的成果，也一定会带动工作室成员校课题研究的热潮。

（3）2021年10月20日至23日，工作室主持人李钧校长带领工作室学员一行赴东莞市与广东省戴彦勋名校长工作室开展联合研修活动，探索集团化办学思路和美育发展新方向，促进学校发展。在研讨会上，主持人李钧和学员周利强分别做《传承非遗文化，塑造美育品牌》《培育尚美文化，打造美好教育》的美育实践经验介绍，引起了与会人员强烈的共鸣和对美育实践的深入思考。

（4）2021年12月15日，工作室举办了“校本交流促成长，特色教研翰墨香”的校本研修交流活动，邀请了广东省“三区”教师全员轮训项目嘉应学院书法教师一行到校观摩指导，同时与大埔第二小学、平远县第二小学、丰顺县埔寨中心小学联合开展校本教研经验交流会与帮扶协议签订。

（5）2021年12月17日，梅州市李钧名校长工作室与五华县张国春名校长工作室、五华县甘燕名教师工作室、五华县温少猛名教师工作室在龙村镇第一小学开展“同课异构”联合研修活动。主持人李钧校长为龙村镇各教学点的校长和四个工作室学员做“做一名幸福的教育人——谈谈校长如何提升专业素养，厚植教育情怀”专题讲座。

三、“进”的力度在加大

工作室在主持人的引领下，各学员之间相互学习借鉴，最终辐射带动县内成员校齐头并进。以打造校园文化为契机、以实践为课题开展教学工作，重在实际，挖掘特色。

（1）工作室成员紧密联系各自学校的实际展开研究，以自己的办学实践为主线，边学习边研究，促进自己的专业发展，在一定程度上也改进了学校工作，促进学校可持续发展。

（2）以工作室为平台，各学员交流学习，外出培训，相互切磋，增进了友谊，学到了知识，启发了思想，开阔了眼界。

（3）工作室学员学习意识、研究意识增强。工作室学员所在学校都申报和在研有市级以上课题，其中市级课题7项，省级课题2项，学员在市级论文发表或获奖13篇次。

四、“新”的动能在成长

工作室吸引了县内积极向上的成员参加，大家为了“突破自我，铸就卓越”共同的目标组成了一个新的团体。在工作室这个团体中，大家充分发挥每个人的特长，汇聚大家的力量，成员之间发生聚变效应，实现1+1>2的良好局面。工作室通过这种聚变效应，提升整体实力的同时，全面提高每位成员的能力，引领大家走上良性发展的快车道，促使工作室的成员中能走出更多的名校长、名教师。

过去的一年，我们工作室全体成员满怀对教育的忠诚和信念，扎根做好自身的各项工作，既有仰望星空的情怀，又有脚踏实地的干劲。在以后的几个年度，工作室将在探索学校教育管理改革和发展的道路上，继续勤奋学习，钻研业务，坚持携手赋能，同心致远，努力提升自身领导力。

行稳致远，进而有为。再长的路，一步一步也能走完。稳中求进，抵达前方。在下一阶段，工作室团队成员将继续向“突破自我，铸就卓越”的目标努力奋进！

附录

大爱育桃李，热血写春秋

——李钧同志参评“梅州好人”事迹材料

作为教师，他关爱学生、潜心研究，勇立改革潮头；作为校长，他敬业奉献、科学管理，不断打造名校。近年来，他所在学校先后被评为“梅州市科学教育特色学校”“广东省书香校园”“广东省艺术教育特色学校”“全国少年校园足球特色学校”。他就是五华县第一小学党支部书记、校长——李钧。

李钧深知“一个好校长就是一所好学校”的道理。他认为，一名校长，首先要考虑的是“培养什么样的人？”“办什么样的学校？”。调任县第一小学校长以后，他结合实际，提出“做更好的自己”的办学理念，致力打造“教师有归属感，学生有幸福感，家长有荣誉感”的成长乐园、现代化学校。

一、他的学生总是洋溢着幸福感

他任校长期间，开展了诗歌、童话、书法、木偶、科技进校园活动。中国科学院院士以及市内外众多名家与孩子们面对面交流，热情引领孩子们走进传统文化与科技创新的世界。为了培养孩子们的兴趣，他第一个在五华山区开设校本选修课，为孩子们全面个性发展提供广阔平台。在县第一小学，他以“国家级非遗项目——五华提线木偶”为主题，开发客家特色校本课程，如木偶绘画、木偶泥塑、木偶制作、木偶表演、木偶服装设计、木偶摄影、木偶编剧等。同时，挖掘、整合学校资源，开发“小太阳校本选修”课程，以“积累、表演、表达”为核心开发“人文”课程，以“健体、健心、健智”为核心开发

“体育”课程，以“发现美、欣赏美、创造美”为核心开发“尚美”课程，以“创意、创想、创造”为核心开发“科创”课程，并着力打造学校课程文化，推动学校特色内涵发展。他还坚持每年举办“文化艺术节”和“体育科技节”，丰富的校本课程和学校活动，为学生培养兴趣、展示特长提供了广阔的平台。

二、他的老师总是充满着归属感

他在学校管理中总是以人为本，他想方设法提高教工福利待遇，改善工作环境，发挥工会作用，解除教师后顾之忧，彰显人文关怀。为了给教师营造“家”的感觉，他腾出地方，装修了一个温馨的教师“卓越书吧”，每一个教师生日时，都会收到一束工会订的鲜花。同时，他还为教师创造施展才华的机会，帮他们制定发展规划，鼓励他们外出研讨交流，在磨砺中不断成长。他开展了“讲述一小故事，凝聚一小精神”系列活动，教师征文、慰问困难党员、看望老教师、评选“五佳教师”、教师才艺展示……每一处细节，都体现了“让教师站在学校中央”的理念。他还制订“青蓝工程”导师制实施方案，为新教师选配导师，制订考核评价方案，促使新教师尽快熟悉常规，不断成长，导师在用心指导新教师进步的同时，也在不断激励自己不断学习、持续提升。为确立教育新理念，同时让教师充分感受成长的快乐和职业幸福感，他带领老师们承担了教育部和省教厅规划课题，经过深入研究，老师们不断成长，学校不断发展，多个课题先后通过结题验收，并被评为“优秀科研成果一等奖”和“梅州市普通教育教学成果一等奖”。他申报的广东省教育科学规划课题“基于STEAM教育理念下的木偶系列课程开发实践与研究”批准立项，这个课题，为学校的课程体系构建和特色文化打造提供了有效的载体，也为教师专业成长，实现个人价值提供了平台。通过实施校本课程，编写校本教材，提升了教师的课程开发能力。他组织教师深入开展“读书练字写文章”活动，培养师生读书习惯，大力营造书香氛围，积极创建书香校园。

三、他的学生家长总是体会到学校带来的荣誉感

他每到一间学校，都充满激情地努力工作，从理念确立到课程开发，从环境改造到文化建设，从教师提升到学生活动，他总是以示范性学校的标准来

要求自己，引领老师，培养学生，学生综合素养、教师专业能力不断提升，学校声誉不断提升，家长的荣誉感油然而生。在南山小学，他创立了全市首个家长委员会——“朝阳家委会”，到任县第一小学以后，又很快建立了“小太阳家委会”，逐步完善家长学校工作制度，积极开展“马路天使”、亲子拓展、亲子阅读、父母课堂等活动，精心组织书香家庭评选、家庭亲子才艺展示等活动。2022年3月，李钧为全县“家长委员会建设现场会”提供观摩现场和做专题报告，还应邀到安流镇中心小学、兴华中学、县第三小学、华强学校做专题讲座，家委会的会长、学校分管家委工作的行政和部分优秀班主任，也经常被邀请做家委工作分享。在他的引领下，五华县的中小学家长委员会工作开展得如火如荼，县第一小学“小太阳家长委员会”的工作方式逐渐从学校主导到家委自主管理，工作内容从初步尝试到深度合作，工作范围从家庭教育合作到参与民主管理，成为学校的合作伙伴和重要助手，也成了学校一张亮丽的名片。

四、他的工作总是充满着激情和活力

2003年以来，李钧同志先后担任五华县第三小学、第二小学、南山小学和第一小学党支部书记、校长。无论在哪所学校，他在老师们眼里，总是充满激情，总是不知疲倦，总是思路清晰，他总是用专业的教育思维指导教师发展，引领学生成长，他总是坚定地用自己的一言一行引导师生，为他们树立行动的标杆，点燃责任的火种。只要没有出差，老师们就能感觉到他飞快的工作节奏，制定学校发展规划，上课听课评课，检查巡视校园，指导校本研修，讨论课程建设，思考学校文化，参加学生活动，个别谈心谈话。老师们也感受到了他对细节的关注，学生行为、校园环境、厕所卫生、教工宿舍、楼梯角落，放眼所见，事无巨细，甚至连家长等候椅、开放阅读吧、种植体验园、作品展示栏都考虑到了。多年来，他一直就是这样，不停地工作，努力改变着学校的点点滴滴。参加工作29年，他总是坚持最早到校、最后离校，假日加班更是常态，从没因私事请过一天假，即使是父亲住院、女儿溺亡、妻子难产，都是早晚奔走于学校和医院之间，没耽误一天工作。“越努力，越幸运；越付出，越幸福！”就是他的座右铭。

李钧当校长18年来，他所到的学校师生奋发了，学校腾飞了！一块块闪亮的牌子、一面面鲜艳的锦旗挂在了荣誉室。李钧也连年获省市县表彰，是广东省小学名校长培养对象，梅州市“十佳校长”“嘉应名校长”，梅州市首批“名校长工作室”主持人。作为梅州市的名校长，李钧同志不仅努力打造名校，还积极发挥示范辐射作用，带领工作室成员积极开展学习研修，主动为工作室成员和薄弱学校校长做专题讲座，还被嘉应学院聘为乡村小学优秀校长研修班“跟岗实践指导老师”，被县进修学校聘为“客座教授”。

忠孝立身，书礼传家，乐做教育追梦人

——五华县第一小学李钧家庭参评全国“五好家庭”事迹材料

父母终生从教，热心公益；夫妻教坛耕耘，硕果累累；孩子明礼好学，全面发展。说起李钧、杨碧珍这个“以忠孝立身，以书礼传家”的教师家庭，大家都同声称羡。他们遵纪守法、爱岗敬业、积极进取，志趣高雅，夫妻恩爱，携手共进，家庭和睦，勤俭持家，热心公益，睦邻友善，崇尚科学，弘扬美德，深受领导和同事好评，先后被评为广东省“五好家庭”，梅州市首届“十大优秀书香之家”“第二届梅州市文明家庭”和五华县“文明家庭”。

一、夫妻爱岗敬业，携手共同进步

1993年，李钧与杨碧珍志同道合，结为夫妇。20多年来，他们生活中相互照顾、相互信任，工作上相互理解、相互支持，取得了累累硕果。

李钧同志先后担任县三小、县二小、南山小学和县第一小学校长。他坚持开展以“弘扬传统文化”为主题的德育活动，先后开展“诗歌进校园”“童话进校园”“书法进校园”活动，开设了礼仪、阅读、书法、足球等校本必修课程和50多门选修课程，组织成立了全县首个家长委员会，招募家长志愿者成立“马路天使”交通导护队，设立家长学校和“父母课堂”，动员家长捐赠图书，完善班级图书角，全面开展班级读书活动，组织“阅读之星”和“书香家庭”评比，开展书香校园创建活动。在教学教研工作上，李钧同志更是善于学习，勇于探索，他积极组织并亲自参与“语文主题学习”实验，其所在学校被评为“先进单位”，他主持的教育部和省教厅“十一五”规划课题先后被评为“优秀科研成果一等奖”和市“教学成果一等奖”，他本人被评为“优秀实验主持人”，其申报的“基于STEAM教育理念下的木偶系列课程开发实践与研究”再一次被省教育厅批准立项，撰写的十多篇教育科研论文获省市县奖励及在省级刊物发表。由于业绩显著，李钧同志先后被授予广东省“南粤教书育人优秀教师”，梅州市“十佳校长”“嘉应名校长”，梅州市阅读之星“优秀指导校长”，梅州市“支持少先队工作好校长”，梅州市“校园足球优秀校长”，市县“教改积极分子”等荣誉称号，是广东省“百千万人才培养工程”小学名校长培养对象。2013年12月，他还入选“梅州市优秀教师先进事迹宣讲团”，并在全市进行巡回宣讲，在县内外形成较大影响，学校师生和家长无不以此为荣。2022年以来，在他的带领下，家长委员会正式成立，木偶系列课程全面启动，校园文化充满特色，学校大力营造知书达理、好学上进的校园书香氛围，学校焕然一新，教师积极上进，学生快乐学习。近几年来，他所在学校先后被授予“全国图书馆工作先进集体”、“中国好老师”公益行动基地校，广东省“书香校园”“安全文明校园”“依法治校示范校”“规范汉字书写教育特色校”等十多个省以上荣誉称号。李钧同志充分发挥名校长的示范辐射作用，他多次在全县中小学校长会上做课程建设、家委建设、素质教育、特色学校建设等经验介绍，多次应邀为县妇联、安流中心小学、五华县第三小学、兴华中学、华强学校做家委会建设、家庭教育、学校管理做讲座，指导青年校长和年轻教师开展教育科研，促进专业成长。他还被遴选为梅州市首批“名校长工作室主持人”，并于2023年8月正式挂牌，努力带动县域小学校长专业发展，促进区域教育均衡发展。

李钧的妻子杨碧珍老师现在南山小学任教，是学校的教学骨干，一直担任毕业班英语教学工作，由于努力学习和勤奋工作，她所任教学科成绩总是居县镇前茅，多篇科研论文被发表或获市县奖励，并先后被评为县“教改积极分子”“教书育人优秀教师”。李钧同志任南山小学校长期间，她更是以自身的行动大力支持丈夫的工作，模范遵守学校制度，主动承担毕业班教学工作，积极辅导学生，坚持教学改革，从不闹特殊、争荣誉，任教学科稳居全县前列。

20多年来，他们互相交流思想，努力学习充实自己，共同为家庭的和谐、为教育事业的发展默默奉献。

二、父母老有所为，长期热心公益

李钧同志的父亲是一位令人尊敬的退休老校长，退休之前，一直是个“老先进”，曾获省人民政府颁发的从教25年和教育部“从事山区教育工作30年”荣誉证书，先后被评为县关心下一代“先进工作者”和镇“优秀党员”。同时，他也是一位书法和诗词楹联爱好者，是市县书协会员和楹联学会员，几十年来，一直义务为村里各家各户撰写春联、楼名。退休以后，他依然坚持每天读书看报，练字写诗。他订了《南方日报》《梅州日报》和《中国书法报》《老年报》等报刊，还购买了不少关于书法、诗联、文学和老年保健一类的书籍，他不但自己读书学习，还牵头成立了“老人会”，出钱购置书橱，订阅书报，完善老人会文化设施，为老人捐赠冬衣，组织村里老人们学习一些老年保健、家庭教育等知识等，深受村中老人的欢迎。在儿子的支持下，他还带头捐款建校修路，完成了玉茶大道、河堤大道的硬底化以及协和小学重建、玉茶小学复办，水寨镇“关心下一代工作委员会”“教育基金会”筹办等利乡益民的大事。这位可敬的老人还通过各种形式在村里进行爱国爱乡、敬老爱老的宣传，在村里形成了读书、敬老、爱乡的和谐氛围。他还是镇、村的关工委成员，一直坚持参与青少年教育活动，主动做好村中留守儿童的教育转化和奖教奖学工作。

他们活到老学到老、奉献到老的精神，让整个家庭充满正能量，李钧多次为老人事业、修建学校、铺设道路捐款。他们尊敬孝顺老人，严格教育子女的行为，也为家庭树起了一面旗帜，李钧和孩子们都能勤奋学习、努力工作、知书达礼、尊老睦邻。

三、家庭温馨和睦，促进邻里团结

李钧夫妇和父母、孩子组成了一个美好和谐的家庭。两位老人为了村里的公益事业和老人会事务奔忙，长年住在离县城不远的老家，李钧夫妇对父母参与村里的公益事业也非常理解，并大力支持。每个周末，他们都会安排好时间带孩子回到老家，跟父母团聚，陪他们说话，听他们的教诲，帮父母做家务。每当在外工作的兄弟回家时，他们都会在父亲的主持下，开一次家庭会议，总结工作生活中的成绩或不足。同时，他们每年都会带父母去做一次全面体检，老人身体但凡有一点不适，李钧夫妇都会马上带老人去检查、治疗，因为老人健康就是儿女最大的幸福。虽然老人年逾八旬，但由于儿子照顾周到细致，加上两老科学饮食、注意保健、坚持锻炼、乐观开朗，身体一直都健康。有时，对家庭事务意见不一，但李钧夫妇总能站在父母的角度来看待问题，充分尊重父母的意见。这些平凡的小事，就像催化剂使他们的感情日益融洽、家庭和睦快乐。在这个家庭里，虽然他们各人的性格、文化、志趣各不相同，但是家庭中很少出现矛盾，大家能互相体谅、尊老爱幼、民主平等、宽容谦让，长期以来，形成了“以忠孝立身，以书礼传家”的文明家风。

真心待人是他们全家的处事态度，一直以来都能与乡亲邻居和睦相处，乡亲邻居同事有事需要帮忙，他们都热心帮助，以自己的微薄之力为那些需要帮助的村民、同事、邻居解决一些燃眉之急。谈起李钧一家，村民邻居无不称赞，他们是在用实际行动为创建文明卫生县城、为建设美丽和谐乡村做贡献。

四、家风文明向上，注重书礼传家

李钧一家倡导文明科学的生活方式，不迷信，不奢侈，注重科学理财、合理消费、勤俭节约。工作之余，他们都会带孩子参加体育锻炼或家务劳动，他们时常教导孩子要勤劳节俭。在日常生活中，李钧一家人都能自觉遵守各项法律法规和社会公德，做人诚实守信，维护国家利益和集体利益，主动履行公民的权利和义务。李钧同志先后8次带头参加无偿献血，自觉参与志愿服务活动，工作中，坚持廉洁奉公，严以律已，宽以待人。在父亲的影响下，李钧夫妇和孩子都是书法爱好者，长期坚持练字。他们一家经常购书，热爱读书，坚持撰写读书心得，多年来，李钧家庭积累了藏书近万册。

他们的孩子文熠今年19岁了，在父母的教育和影响下，不娇气，不骄横，养成了勤俭的良好习惯。在学校里，孩子努力学习，崇尚科学，勤于实践，乐于助人，经常和同学一起到学校附近小区搞卫生，为“创卫”做宣传，大力弘扬社会美德，先后以优异成绩考入佛山名校华英中学、佛山市第三中学和广东省财经大学，是个品学兼优、多才多艺的好学生，曾被评为梅州市“品学兼优好学生”，连年被评为“三好学生”。他痴迷阅读，喜欢书法，酷爱运动，还是个诗词爱好者，曾获县书法比赛一等奖，他撰写的对联，入选高考励志名联，被悬挂在教学楼前，连续几年参加佛山市校园足球联赛获得冠军，2015年曾代表广东参加全国青少年足球邀请赛获冠军，并前往瑞典参加“2015‘哥德堡杯’世界青少年足球锦标赛”。

个幸福、快乐、和谐的家庭需要每个家庭成员共同的努力，实现富强民主文明和谐的中国梦需要无数个家庭的共同努力。李钧一家人坚持忠孝立身，书礼传家，乐做教育追梦人，为伟大的教育梦加上一块砖，添上一片瓦！

后记

书稿几经修改，终于完工。本书稿也只是我工作中的一些粗浅体会，因为个人教育理论功底薄、文字功底浅，可能很难入方家之眼，虽然基本成书，可是，当我想到要面对专家、读者的时候，心里却感到有些惶恐。我的经历很简单，个人能力也很有限，在担任校长的20年里，自己虽做出了一些成绩，但很多取得卓著成就的校长，都是用超凡的毅力和非凡的智慧，或从零起步创办名校，或力挽狂澜扭转乾坤，而我只能算是锦上添花而已，因为在我之前，我的前任班子和同事们早已呕心沥血做出了开拓性的贡献。既然站在了众人的肩膀上，我只能鞠躬尽瘁，潜心培桃育李。

30多年前，我怀着对教育事业无比崇尚的神圣情感，走上了三尺讲台，成为一名光荣的人民教师。既然选择了当教师，那就意味着选择了这个爱与奉献的事业。

有人说："世上没有无缘无故的爱。"在我看来，"师生"就是爱的缘由，作为一名教师，只有热爱学生，才会爱岗敬业、乐于奉献，才会竭尽全力地去关心学生。30多年来，我用自己平凡的言行体现着一名教师的人生追求。我曾在乡村任教多年，我踏遍了村里的每寸土地。我深深体会到山区孩子读书的艰辛，也正是孩子们那一双双渴求知识的眼神给了我无穷的动力和信心，因为在我心里，孩子们的快乐，是我最大的幸福；孩子们的进步，是我最大的欣慰；孩子们的优秀，是我最大的骄傲。

作为一名教师，我还时刻牢记教育家的谆谆告诫："你的冷眼里有牛顿，你的讥笑中有爱迪生。"因此，我从不用冷漠的眼光看学生，也从不讥笑学生的过失。我一直以来总是用关爱维护学生的尊严，以尊重换取学生的信任，在他们失败时，给予鼓励；在他们进步时，给予肯定；在他们迷惑时，给予指点；在他们困难时，给予帮助。家境困难的李淑娟同学患白血病住院，我知道后，安排科任教师和附近的学生轮流去看望她，为她补课，并带头捐款，还发动师生共捐款10000多元，为她家解了燃眉之急。虽然孩子最终还是没有被挽救过来，但她家长依然深情地对我说：“谢谢您，是您和全体师生的爱让孩子度过了最后一段快乐的时光……”

2003年，我成了一名校长，从此，一个更广阔的舞台展现在我面前，同时，也意味着一副更重的担子压在我肩上。

作为一名校长，首先要考虑的是：我要把学校带向何方？把孩子培养成什么样的人？大家知道，小学教育是基础教育中的基础，教育成功与否，不仅体现在对学生的现在负责，更应当体现在对学生的将来负责。多年来，我结合学校实际，以“提升师生的幸福感”为突破口，以“让学校、教师、学生可持续发展”为目标，先后提出“给孩子美好回忆，为学生终身奠基”“让师生幸福成长”“做更好的自己”的办学理念，着力创设良好氛围，让学生快乐学习、教师愉快工作。我们的学生是快乐的。为丰富德育内容，我要求少先队大队部积极参与省少工委组织的“飞扬的红领巾”主题队日竞赛活动，我们组织了一系列主题突出、特色鲜明的活动，并把活动资料及时上传，参加竞赛，先后有10个活动获奖，是梅州市获奖最多的学校。302中队的《请到我的家乡来》被评为广东省“十佳队日活动”。我们的学生也是幸福的。为培养孩子们的个性和创造力，在县文联的支持下，我先后在五华县第三小学和第二小学主持开展了“诗歌进校园”和“童话进校园”活动，在五华县南山小学和五华县第一小学开发了书法和“非遗”特色课程。活动期间，我国台湾著名诗人、作家周伯乃，岭南诗社社长张汉青，省儿童文学委员会主任王俊康以及县内外众多作家诗人先后与孩子们面对面交流，热情地引领着孩子们走进诗歌和童话的世界。张汉青参加第三小学小溪流儿童诗社成立大会时，即席挥毫赋诗称赞：“小小溪流激浪花，张张笑脸映朝霞，英雄自古少年出，大树千寻起嫩芽。”王俊康还亲自为孩子们上辅导课并留下“童诗稚歌，精神乳汁”的题词。2007年，五华县“儿童文学创作现场会”在学校举行，周伯乃和嘉应学院近百名师生前来观摩，他们都对学校的“童话进校园”活动给予高度评价。在这些著名作家诗人的鼓励和引导下，孩子们创作热情大大提高，诗歌和童话作品如春天里斗艳的鲜花争相绽放。我们先后出版了《小溪流儿童诗集》和《蒲公英童话作品集》，诗歌和童话的种子在孩子们心里发芽了，孩子们的理想也在这小小的诗集和童话集里放飞了……我们的老师也是幸福的。为全面确立教育教学新理念，我们还承担了教育部和省教育厅“十一五”“十三五”规划课题研究，令人欣慰的是，这些课题都得到专家组高度评价，先后通过结题验收，国家级课题被评为“优秀科研成果一等奖”，省级课题被评为“梅州市普通教育教学成果一等奖”。

作为一名校长，我还深深懂得：学校管理要以人为本！为此，我着力营造优美的环境，激发教师的工作热情。五华地处偏僻山区，是国家级贫困县，工资低，条件差，要让青年教师留下来安心工作，谈何容易！因此，我提出“待遇留人，感情留心，事业留魂”的管理方法。我想，只有留住了老师的心，才能真正留住老师的人。我想方设法提高教职工的福利待遇，改善工作环境与生活条件，充分发挥工会组织的作用，彰显对教师的人文关怀。我经常找教师谈心，征求他们对学校工作的建议，了解他们的思想和生活状况，帮助他们解决困难，为他们解除后顾之忧。同时，我尽一切可能给教师创造施展才华的机会：帮助他们做出专业发展规划，鼓励他们学习先进经验，安排他们外出研讨交流，指导他们参加各种比赛，让他们在反复磨砺中不断成长。“一花独放不是春，百花齐放春满园。”近年来，学校一大批优秀教师脱颖而出，他们有的被提拔为学校领导、有的获省市表彰、有的在各级各类比赛获奖。工作上的成就和政治上的进步给这些年轻教师以极大的激励，从而使其更加努力地学习、研究，能够全身心地投入工作中来。

孔子说过：“其身正，不令而行。其身不正，虽令不从。”作为一名校长，我深知“一个好校长就是一所好学校”的道理。因此，我在制定一系列管理制度、规范教师教育行为的同时，总是用自己的一言一行、一举一动对全校师生进行正面的引导，为他们树立行动的标杆，指明前进的方向，点燃责任的火种。在学校，我是最勤奋的员工，每天总是第一个到校，最后一个离校，我的儿子读小学时一直在我身边，他也因此成了最早到校最后离校的学生。每当我忙完手头的工作，送走最后一个学生，看到儿子在操场上无聊地拍着球或者托着下巴坐在台阶上发呆时，心里便感到一阵愧疚。参加工作21年，我从没因私事请过一天假，耽误过一节课。我永远不会忘记，2001年11月17日，翻开尘封了22年的记忆，那是个枯叶飘零、寒风凛冽的初冬的周末，正在学校加班的我接到家里的电话，因为要加班，前一天刚送回老家的我最疼爱的女儿溺水了。我脑子里“嗡”的一声，来不及多想，匆匆交代同事几句，骑上摩托车直奔老家。河堤上，一大群人围在那儿，旁边是呼天抢地的老母亲和默默垂泪的老父亲。我心里凉了，挤进人群，女儿正静静地躺在冰冷的地上，我默默蹲下身来，颤抖着伸出手，抚摸着她那冰凉发青的小脸，一下子觉得可爱的女儿离我竟是那样的遥远。我心如刀绞，抱起有点僵硬的女儿，一边不停地对她说着“对不起”，一边跌跌撞撞地往家里走。去中心小学评卷的妻子回来了，看到这样的场面，还没哭出来就晕了过去。邻居们手忙脚乱地把她救醒，她挣扎着爬起来，呆呆地看着躺在墙角的女儿，欲哭无声。看着眼光呆滞的妻子，我渐渐回过神来：人死不能复生，一味地悲伤无济于事，我不能倒下，年迈的父母需要我照顾，悲伤的妻子需要我安抚。我强忍泪水，拖着疲惫的身子，送走了女儿，安抚着痛不欲生的父母和妻子。可我还不能歇息，那时正是迎接市一级学校评估的关键时刻，学校需要我，学生需要我，我只能深藏对爱女的追思，毅然返回了学校。那段时间，我白天到学校上课、整理资料，晚上赶回去照顾家人。有时工作太累了，掏出女儿的照片，看着她，神情恍惚之下，常常感觉她好像就站在旁边，笑盈盈地为我递送资料纸张……于是，喝口水，继续工作。就这样，在女儿照片的陪伴下，我度过了一个最冷、最难熬的冬天，也圆满地完成了市一级学校评估的准备工作。之后几年，儿子难产出生，父亲几次住院，我都是早晚奔走于学校和医院之间，没耽误过一天工作。我要求自己做个好老师、好校长，却没有很好地尽到做父亲和儿子的责任，对此，我只能用“忠孝不能两全”来安慰自己。

时间如流水。在校长这个岗位上，我已工作了20个年头。20年来，在上级领导的关心下，在全体师生的共同努力下，学校奋发了，腾飞了！“广东省红旗大队”“广东省书香校园”“广东省基础教育党建示范校”“广东省中小学校本研修示范校”“广东省艺术教育特色学校”“全国青少年校园足球特色学校”“全国图书馆工作先进集体”……一块块闪亮的牌子、一面面鲜艳的锦旗挂在了我曾经工作过的学校的荣誉室。

在众多教师和校长当中，我只是普通的一员，普通得如同大海里的一滴水，但我有一颗热爱和忠诚于党的教育事业的赤诚之心，我愿意用毫无索取的付出放飞那一群群想要飞翔的小鸟！在美好的青春时光里也许我休息得少一些、辛劳得多一些，也许我只能作为众多绿叶中的一片，一辈子默默地奉献，但为了祖国未来的姹紫嫣红，为了教育事业的蒸蒸日上，我将一如既往，努力践行社会主义核心价值观，坚守教育这一块精神高地，用勤劳大爱培育桃李，以青春热血努力谱写一曲平凡而动人的乐章！

最后，在书稿完工之际，对多年来为学生成长和学校发展而默默奉献的同事们，对关心支持我的领导、朋友们表示感谢！对为本书校对的邹玉华、李秋婷、朱丽芬三位同志，对为书稿提出重要修改意见的江门出版社周艳主任，特此致以诚挚的谢意！